公共图书馆
智慧化阅读推广研究

朱姝　著

中国青年出版社

图书在版编目（CIP）数据

公共图书馆智慧化阅读推广研究 / 朱姝著 . -- 北京：
中国青年出版社 , 2025. 5. -- ISBN 978-7-5153-7870-1

Ⅰ . G252.17

中国国家版本馆 CIP 数据核字第 20251KN676 号

公共图书馆智慧化阅读推广研究

朱 姝 著

责任编辑：岳 超
封面设计：鸿儒文轩·末末美书
出版发行：中国青年出版社
社　　址：北京市东城区东四十二条 21 号
网　　址：www.cyp.com.cn
编辑中心：010-57350401
营销中心：010-57350370
经　　销：新华书店
印　　刷：三河市华东印刷有限公司
规　　格：710mm×1000mm　1/16
印　　张：19.75
字　　数：260 千字
版　　次：2025 年 5 月第 1 版
印　　次：2025 年 5 月第 1 次印刷
定　　价：78.00 元

前　言

书籍是人类进步的阶梯。阅读是人类传承文明的重要活动方式。自古以来，中华民族就是一个热爱读书的民族，"耕读传家久，诗书继世长"的理念早已融入国人的血脉。阅读，可以拓宽人们的生命宽度，增加生命厚度，让人们的精神世界更加宽阔而充实。阅读不仅是个人行为，对于提高全民族的文化素养、增强全民族的文化自信、建设创新型国家和学习型社会，更是发挥着重要的作用。2014年以来，"全民阅读"连续十一次被写入政府工作报告。《第十四个五年规划和2035年远景目标纲要》明确指出："深入推进全民阅读，建设'书香中国'。"全民阅读的重要性逐渐凸显，推动和促进全民阅读工作已成为国家战略之一。

全民阅读工作是一项社会文化系统工程，需要聚集全社会的共同力量。公共图书馆以其专业性、权威性和丰富的资源，在阅读推广上具有独特的优势，是倡导全民阅读、终身阅读等阅读理念的中坚力量，是联系全民阅读和个体阅读的桥梁，做好阅读推广工作是公共图书馆的天然使命。

近年来，公共图书馆正处于智慧化转型阶段，许多学者及图书馆工作者对智慧图书馆建设与发展的相关主题进行了广泛的探讨，取得了不少有意义的研究成果，并将其应用到图书馆的工作实践中，使得公共图书馆阅读推广的服务层次和水平有了较大的提高。笔者先后在公共图书馆的信息技术部、采编部、读者工作部工作，亲历了图书馆智慧化转型的点滴变化，逐步认识到，智慧化阅读推广已成为公共图书馆发展的必由之势。目前关于智慧图书馆建设的研究较多，智慧化阅读推广的专著很少，而深入、全面开展阅读推广活动，是公共图书馆的一项重要工作，这也是笔者撰写本书的出发点和目的。

　　本书在参考引用国内外专家学者的相关理论成果的基础上，从阅读和公共阅读推广出发，到各项技术赋能图书馆的智慧化转型，再到智慧图书馆阅读推广模式的探讨及实践案例的分析。期望本书能为图书馆馆员提供有价值的参考，吸引更多的图书馆馆员参与相关主题的研究，积极思考如何有效利用智慧化技术，开展各类智慧化阅读推广服务，促进全民阅读工作走深、走实。在本书的写作过程中，参考和引用了许多学者的著述，特别是严栋、武三林、韩雅鸣等诸位老师，没有他们研究成果的引领，我无法完成此书。在此，谨向这些作者表示衷心的感谢和诚挚的敬意！

　　因笔者水平所限，书中会有欠缺和不妥之处，恳请各位专家批评指正。

目 录

第六章 公共图书馆智慧阅读推广服务模式的探索与建设

第七章 公共图书馆智慧阅读推广的实践探索

第一章

阅读与阅读推广

中华民族自古以来就非常重视阅读。"忠厚传家久，诗书继世长"，这句话深刻地揭示了家庭美德和文化传承的重要性，而这一切与阅读有着密切的关系。阅读作为人类所特有的一种社会活动，其之于心灵不可或缺，犹如运动之于身体需时常进行。加拿大作家阿尔维托·曼古埃尔在其《阅读史》的开篇引用法国作家福楼拜的一句话："阅读是为了活着。"他认为："阅读，就如同呼吸一般，是我们的基本功能。"[1]在人的日常社交生活中，要与他人交流，要提高自身的表达能力，除了通过实践自主研究提升，最重要的就是通过阅读增长见识。因此，阅读在人的生活中扮演着极其重要的角色，人们通过阅读获取知识、拓宽视野、陶冶情操、提升个人素质和才干。

第一节

……………

阅读的含义和价值

　　自党的十六大提出了"形成全民学习、终身学习的学习型社会，促进人的全面发展"的目标，因"阅读"是终身学习、促进发展的重要一环，故全民阅读从一个局部慢热的话题，逐步升温为社会各界广泛关注的话题。当下阅读存在于人们生活的各个方面，为了发挥好阅读的价值，在此，本节将尝试厘清阅读的含义。

一、阅读的含义

（一）从"阅读"的词源含义角度看

　　在汉代许慎的《说文解字》中给出了"阅"字的释义，"具数于门中也"，即在门里清点东西。引申为"阅览"，如韩愈《秋怀》诗之三："归还阅书史，文字浩千顷。"《说文解字》中对"读"的解释是："读，诵书也"，即用嘴发出声音的念诵。引申为"观看"，如《孟子·万章下》："颂其诗，读其书，不知其人，可乎？"后世把"阅"和"读"加以结合，指人们观看并理解文字的行为。《汉语大辞典》的解释是："阅读：看（书、报、文件等），并领会其内容。"[2]

（二）从不同学科的研究者定义"阅读"的角度看

对于阅读定义的解读，近现代学术界有一个逐渐深入的过程。最初西方学者将对文字的识读行为界定为"阅读"。二十世纪二十年代，有关研究改变了对阅读的定义，阅读的内涵进一步扩展为不仅能识读文字，还要求能够流畅地理解其中的意思。法国、苏联等国家的学者围绕阅读进行学术探讨，开展研究活动，发表对阅读进行调查研究的结果，出版《读书：论阅读社会学》《如何读书》等关于阅读问题的专著。随着心理学、教育学、语言学等学科的兴起，人们逐渐以科学的态度来研究阅读及其相关问题，随着研究的不断深入，阅读的含义逐渐丰富，并被赋予新的含义。人们开始认识到：阅读过程和阅读者个体的知识、经验及心灵发展密切相关，阅读是"读者对生活意义理解的改写过程"。随着现代心理学的发展，人们从心理学的角度解读阅读，认为阅读是一种从书面语言中获得意义的心理过程。

关于"阅读"的定义，比较有代表性的观点主要有：

认知心理学家吉布森和利文认为："阅读乃是从文本中提取意义的过程。"[3]

维德森将阅读定义为："阅读是一个积极的过程，阅读是读者与文章（或作者）的交流过程，成功的阅读是一个创造过程，读者和阅读材料相互交流创造意义。"[4]

我国学者徐雁、王余光提出："阅读是指一个从书面语言和其他书面符号中获得意义的社会行为、实践活动和心理过程。阅读首先是作为一种特殊的交际方式而存在的社会现象，具有行为的社会性，它是以书面材料作为社会交际的中介。'作者—文本—读者'是构成一个完整的书面交际过程的三个基本要素。"[5]

胡继武在《现代阅读学》一书中对"阅读"所下的定义是："阅读是从信息符号中获取意义的一种复杂的智力活动。这种活动是人类所特有的，它不仅需要各种智力因素，如观察、记忆、思维、想象等积极参与，而且各种非智力因素，如动机、兴趣、意志、性格等，在阅读中也有着重要的作用。"[6]

综观上述种种定义，从中可以发现，学者们对阅读所做出的各种解读，基本上都是以吉布森和利文对"阅读"的定义为基础，做进一步的引申发展而成的。吉布森作为二十世纪著名的发展心理学家，对阅读的定义言简意赅，他的定义也被人们广为接受。人们普遍认为：阅读是一个心理过程，通过这一过程，人们可以获得信息、知识。

（三）从阅读的构成要素角度看

阅读行为的完成由阅读对象、阅读主体和阅读过程等要素构成。

1. 阅读对象

阅读对象有广义和狭义之分。广义阅读是指人们用眼睛捕捉、用心感悟自然和人类社会的一切。鲁迅曾提出"用自己的眼睛去读世间这部活书"，将"社会"看成读物；加拿大研究学者阿尔维托·曼古埃尔的《阅读史》认为阅读不仅是阅读书页上的字母，还包括天文学家阅读星象图、玩纸牌者阅读伙伴的手势、父母阅读婴儿的表情、渔夫阅读海流、农夫阅读天气等等。由此可见，广义的阅读是辨读与翻译阅读对象中的符号，而阅读对象包罗人类目之所及的一切事物，实乃"天地阅览室，万物皆书卷"（叶圣陶《读书二首》）。

狭义的阅读对象指的是特定的精神产品，这种产品既区别于自然事物和自然现象这类"自然客体"，也不同于社会存在和社会关系这类"社会客体"，以及社会思潮和个人心态这类"主观的精神客体"，而是一种"客观的精神客体"、一种"可传播的精神外化物"，主要以文字记录的书面材料形式呈现。学者曾祥芹基于马克思的"对象的主体占有性"理论，对阅读对象概念进行补充指出，只有当读物与读者建立阅读关系，并被读者认识和掌握时，它才成为现实的阅读对象；未建立这种关系的潜在读物，尚不能称之为阅读对象。朱永新认为"狭义的阅读对象"是一种精神产品，比如，书本、报纸、杂志等，它们是一种可供传播精神的外化物。在《现代汉语词典》中"对象"的释义为"行动或思考时作为目标的人或事物"，处于思考中的人或事物可称其为对象，不必强调要处在行为发生的过程中。将狭义的阅读对象定义为"一种以书面语言为主体符号的、固化在物质载体内的作者的精神产品"，即通常意义上的"文本"，比较符合人们的认知习惯。正因为阅读对象有广义、狭义之分，"阅读"概念便也有了广义与狭义的区分，从而形成不同的阅读方法和途径，有了不一样的阅读效果，最终形成了人们或开阔或狭隘的阅读视野。

2. 阅读主体

学者王余光、徐雁认为在阅读过程中从事阅读活动的人可以被定义为阅读主体，因为其从始至终决定着阅读的目的、任务、方式，并逐渐获得阅读对象的意义。而学者曾祥芹将阅读主体定义为"在具体阅读过程中正在从事阅读活动的人"，因为读者在阅读过程中始终处在一个积极的主动的地位，所以称之为"阅读主体"。两者都把"阅读主体"进行了严格限定，区别在于主体是否正处于阅读过程中。李长喜等在《中国大学生百科全书》中指出："一个人成为阅读主体需要同时具备三方面的条件：一是有阅读欲望；二是具备一定阅读能力；三是从事阅读活动，才是真正意义上的阅读主体。"[7]可以理解为只要喜欢阅读并从事阅读活动的所有人都可以称为阅读主体。从而可以看出，成为阅读主体是需要门槛的，并不是每一个人都可以。

由于阅读主体来源广泛，在性格气质、兴趣爱好、阅读心境、知识结构、思维方式等方面存在差异，自然阅读主体也是千差万别的。这种差别主要表现在阅读对象选择、阅读效应、阅读能力等方面，人们常说的"一千个读者，就有一千个哈姆雷特"就是对阅读主体差异性的形象描述。

3. 阅读过程

阅读是认知心理学研究的重要对象，阅读过程被定义为一种复杂的关于人类感知、认知的活动。因此，认知心理学家在大量的实验基础之上，建立了一些影响相当广泛的阅读过程模式，比如，众所周知的"自下而上""自上而下""相互作用"模式（如表1-1）。[8]

表 1-1　阅读过程模式表

阅读过程模式名称	代表人物	观点	适合对象
自下而上	高夫 (Gough)	从看到文字符号时起直到理解意义为止的整个阅读过程。	阅读初学者
自上而下	古德曼 (Goodman)	阅读是一种选择过程，读者被认为是带着假设来处理文本，然后利用文本材料来对先前的假定进行证实、否定或进一步提炼。	快速阅读者
相互作用	鲁梅哈特 (Rumelhart)	阅读包含自下而上和自上而下的互动，既是感知也是认知的过程。其中视觉感知需要视觉信息，而认知则来源于非视觉信息，总之各种信息在阅读时复杂地相互作用。	复杂阅读者

由此可见，无论阅读过程归为以上哪种模式，阅读主体都可以看作是译码行为的发起者和承担者，终归是实现了阅读主体对阅读对象译码的过程，而在狭义阅读中，文本恰恰就是译码的对象。在阅读过程中，阅读主体的世界观以及对世界的认识是他对阅读对象译码的前提。根据阅读的信息加工理论，上述译码过程即读者的阅读过程可以分为阅读前期、阅读中期、阅读后期三个阶段。阅读前期即阅读的准备阶段，阅读主体需要选择阅读对象，并对阅读对象进行初步感知和识别，以确定将要阅读的是哪个对象，此行为可称作选码和识码。阅读中期即阅读进行阶段。此阶段分为两个步骤，一是阅读主体需要理解和阐释文本语言代码的意义，并组

织编制新的认知结构，此行为可称作解码和编码（读者对阅读对象的意义重新编码）；二是阅读主体对阅读对象中表述的对象进行欣赏和评价，此行为可称作赏码和评码。阅读后期即阅读的结束阶段，读者需要把自己从文本中提取的信息进行储存并应用，以实现知识的增值和创新效应，此行为可称作储码和用码。由此可见，读者的阅读过程就是一个读者对信息进行选码、识码、解码、重新编码、赏码、评码、储码、用码的过程，分别对应认知心理学的感知、理解、评价、应用等不同阶段，最终达到知识迁移的目的。

二、阅读的价值

阅读主体与阅读对象相互作用的过程孕育着阅读价值的产生。脱离阅读行为实施过程，即使阅读主体有阅读的愿望和需求，也无法实现阅读价值。阅读价值产生的过程提示阅读主体必须落实于行动中，而不是停留在口头上，但阅读价值是隐性的且难以量化的。阅读主体阅读后，会将阅读对象中部分适应社会生活的内容转化为行动，其余部分有意或无意地存储于大脑中，在日后需要的时候再提取相关信息，释放能量，不断增值。

事物在产生与发展的过程中，除了具备基本价值还会衍生出新的作用，阅读也一样，下面我从个体与社会的角度分析阅读的价值。

（一）个体角度

1. 快速汲取知识

个体可以通过直接或间接的方式获得经验，而经验是知识的重要来源。人类依靠亲身实践获得直接经验，依靠学习获得间接经验，而阅读是学习的主要方式，通过阅读可以获取他人的实践和认识成果，用较短时间掌握长期积累的知识。[9] 有研究表明，一个人的知识建构，从实践中学习与积累的大约不足 20%，通过阅读获得的知识达到 80% 左右。可见，阅读尽管不是获取知识的唯一途径，但却是最主要的途径。无疑，阅读可以使人们广泛地、大量地、快速地获取知识、增长见识、开阔眼界。

2. 全面提升智能

阅读过程要求大脑持续参与到思考、想象、判断、推理和评价中，在此过程中，阅读主体需将新信息与已有知识联系起来，以便理解词句含义，而这一过程又可有效锻炼观察力、记忆力、注意力、思考力和创造力，从而提高阅读者的整体智能。有科学研究显示，婴儿期大脑信息的 80% 左右来自视觉，语言理解区域比口语表达区域发育得更早。这说明视觉刺激对幼儿大脑的网络发展非常重要，通过提供图文阅读材料，可以促进儿童视觉发展，加速大脑神经组织成熟，进而推动思维能力的提升。

3. 放松愉悦身心

阅读作为一项高级的精神活动和情感体验，从诸多方面影响着人们的心理状态，进而影响人们的身体状况。阅读主体通过阅读可以调节精神、释放情绪、减轻疲惫。如文学作品的绚丽多彩、变幻莫测，让人心动神驰，人们借此感受美、分享美。此外，阅读还能够满足和促进自己的兴趣，丰富阅读主体的业余生活。一个醉心于阅读的阅读主体，终会超越世俗的层面，进入精神的家园。

4. 修养品行

字里乾坤大，书中日月长。在阅读过程中，阅读主体时常在真与假、善与恶、野蛮与文明之间徘徊，而优秀的阅读对象可以在冥冥之中影响着阅读主体的思想、情操、道德和处事方式，在阅读中不断优化知识结构，开启思维，提供动力。阅读引导人们在人生的十字路口，迈向光明的彼岸。

5. 成就事业

影响人事业成功的因素很多，但知识、智能、品行是极其重要的。俗话说"机遇垂青有准备的头脑"，通过多阅读获取信息、增进知识、提升智能、修炼品行，从而等待机遇乘势而上。当下，各行各业都在高速发展，不断迭代升级，从业人员需要通过阅读进行终身学习，从而获得新思想、新知识、新方法、新技能，让事业的道路走得更宽广。

（二）社会角度

阅读不仅可以使社会的信息资源流向个人，加大个人的知识存储，还可以从个人的知识存储和独创信息流向社会信息库中。通过双向的知识流动，个体通过阅读完善、强大自身，也增强了整个社会文化的总体力量。

1. 传承文化

文化是社会发展的产物，为了文化的传承，人类通过多种方式保存、继承、传播、创新文化，其中以文献为代表的载体最为方便且富有生命力。阅读主体通过阅读汲取阅读对象中的文化精髓，内化、加工、创造出新的文化成果，传承发展社会文明。

2. 教化民众

国民的科学文化素质是社会文明程度的重要影响因素，而科学文化素质的提升需要阅读能力的支撑，阅读不足将会限制阅读主体的受教育能力，从而造成想象力与创造力的不足，以致影响国家的科技、文化、知识的创新能力。

3. 开发智源

知识作为一种资源，其重要性愈发受到人们的重视，而阅读主体通过对知识的有效阅读，将静止的知识活化并利用，从而产生社会价值，形成新智源再跨越时间和地理阻隔进行传播，最终产生更大的社会价值。

4. 促进创新

创新不是无源之水、无本之木，创新是在继承的基础上等待发展与提升，因而都需要获取并阅读大量的信息。此外，创新成果的推广也需要阅读对象，唯有如此，社会才能有源源不断的创新动力。

5. 助力生产

社会生产离不开生产管理者及产业从业者。企业管理者通过阅读可以获取有效的商业信息、先进的技术、经营之道，从而提高管理水平促进生产。此外对于生产从业者，阅读也有助于提高自身理解力等各项综合素质，提升生产效率。

第二节

....

阅读的动机和能力

一、阅读动机

（一）动机

动机（motivation）的研究起源于哲学思辨，然后先后转为生理需要的研究、对神经系统功能的研究以及对认知过程的研究，这一研究还在继续深入发展。

1. 动机的含义

动机是激发个体行为并使其朝向某一目标保持下去，从而使生理或心理需求得到满足的过程。[10]动机的词源来自拉丁语中的"movere"，意思是"行动起来"，动机促使人们做他们正在做的事。人的行为规律是需求决定动机，动机支配行为，行为指向目标，目标满足情绪，几者之间的关系，详见图 1-1：

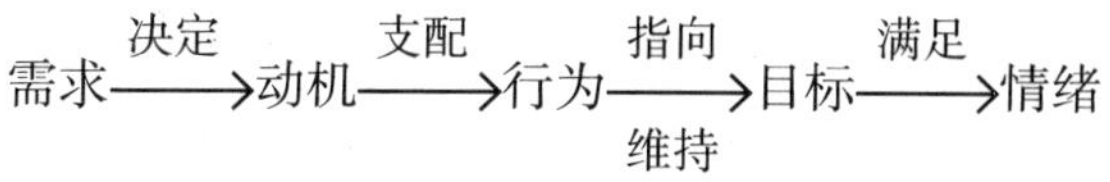

$$需求 \xrightarrow{决定} 动机 \xrightarrow{支配} 行为 \xrightarrow[维持]{指向} 目标 \xrightarrow{满足} 情绪$$

图 1-1　人的行为规律

2. 动机组成部分

心理学家认为动机由激活、持续和强度三个部分组成。在此，以动机在考试中的作用为例，在激活阶段，首先明确考试范围，然后搜集合适的材料，制订一个可行的复习计划。在持续阶段，落实计划内容，为实现目标，抵御诱惑，不畏困难。强度是指为了实现目标而集中精力，全神贯注。

3. 动机的分类

人类行为的动机可能比行为本身更复杂，因为动机通常不是孤立的，一个行为可能由多种动机驱动，且相似的动机可能产生不同的行为。因此，心理学从不同角度对动机进行了分类，如原始与衍生、生物与社会、原始与学得、生理与心理等动机。阅读动机被归类为心理性动机。

4. 动机的作用

动机能产生一定的驱动力，对行为主要有促动作用，引导行为的目标方向，维持行为的驱动力，以实现目标的三个作用。

（二）阅读动机内涵

由上节内容可知，人的行为离不开需求，而需求是通过动机来激起和推动行为的。读者的动机对其阅读行为具有直接的推动和调控作用。

1. 阅读动机的含义

在王余光的《中国读书大辞典》中，作者认为阅读动机是直接推动人进行阅读活动的心理动因，它是在阅读需求的基础上产生的，当阅读需求达到一定强度时，成为一种非阅读不可的内心紧张状态，有力地推动人去进行阅读活动，就变成了阅读动机。[11]

读者的阅读动机是引发、维持其阅读行为并将之导向一定目标的心理过程，是激励读者去阅读的主观原因，它萌生于阅读激活阶段即准备阶段，是属于阅读的"始动力"。阅读动机反映读者的阅读需求，引导读者的阅读行为，是满足读者阅读愿望的内部动力。

2. 阅读动机的分类

阅读需求驱动阅读动机，故阅读需求与阅读动机之间存在着一定程度的对应关系。笔者将从两者之间的联系角度进行分析，把阅读动机分为三种类型：

（1）学习动机

学习动机是阅读者的阅读动机中最重要的一种，其直接推动阅读者的阅读行为，以扩大知识面、训练思维、提升个人文化素质和学识修养层次为阅读目的。阅读过程中盲目性小，选择性大。它产生于阅读者的求知型阅读需要，表现为学习的意向、愿望和兴趣等形式，对阅读者的阅读行为起着巨大的促进作用。学习动机所导致的阅读行为是多方面的，如为了提高业务水平、为了扩大知识面、为了升学、为了文化考核、为了专业技术职称晋升等，但应对考试的阅读者最大的特点就是"急"。"急"的好处在于能激励人们勤于阅读，提升效率，培养习惯，将会终身受益，坏处是急躁可能导致浅尝辄止，难以深入思考，从而影响阅读质量。

（2）解疑动机

解疑动机指阅读者在工作、学习、科学研究、生产实践及社会生活中遇到了各种疑难问题，需要寻求知识、具象化办法的引导和启发以解决实际问题，从而产生的阅读动机。这类阅读者对新知识的兴趣以及对外部世界的求知欲很强，他们的阅读动机的专指性强，表现出的阅读行为多样，其对阅读内容的需求也是多方面、多主题、多层次的。

（3）娱乐动机

娱乐动机源于消遣阅读的需求，这是一种普遍且广泛的阅读动机。任何层次的阅读者都有这类动机。读者阅读的内容广泛、多样，更多地集中在文艺、体育、美学、社交、养生、旅游等时尚、流行读物上，这些读物可以丰富人们的精神文化生活，帮助人们在紧张的工作学习之余培养兴趣，调剂生活。

3. 阅读动机的作用

阅读动机对读者行为的产生和发展起着至关重要的作用，具体表现在：

（1）激发阅读行为，强化阅读认知过程

阅读动机是激发、维持和促进阅读者进行阅读活动的内在动力，它决定了阅读者在阅读过程中的效果。阅读者的行为和目标很大程度上受到特定阅读动机的驱动，因此可以说，阅读动机是社会需求与读者行为之间的心理桥梁。

（2）调动阅读主观能动性，强化阅读过程

阅读动机是激发阅读者进行阅读活动的直接动因。在所有阅读动机中，优势动机和主导动机能够使读者产生自觉的文献选择行为，遇到困难，阅读者在强烈的动机驱使下尝试用各种不同的方式最终达到对文献的利用目的。

（3）定向阅读行为，提高阅读效率的作用

阅读动机引导并维持阅读者去争取某种目标对象，以实现其志向和愿望。只要读者的阅读动机没有满足、转移或消亡，读者将持续努力而不会停止。因而阅读动机对阅读行为具有定向作用，使阅读者通过各种途径集中注意力，排除干扰，集中精力于所学的对象。

由此可见，不存在没有任何动机的阅读行为，只是不同类型的阅读动机产生或大或小、或优或劣的阅读效果罢了。

二、阅读能力

在王余光的《中国读书大辞典》中，作者认为阅读能力是指阅读者运用已有的知识经验，顺利而有效地完成阅读活动的能力。个体的阅读能力，是在一般能力发展的基础上，通过阅读实践而形成的多层次、多侧面的结构。

一般认为，阅读能力由以下要素构成：

（1）字词认读能力，将书面文字准确转换为语言信息的能力；

（2）语言理解能力，通过思维活动理解语义、语境并进行评价和鉴赏；

（3）语言吸收能力，指以独特方式处理语言信息，并记忆、存储和编码转换语言的意义和形式。

（4）语言自学技能，使用工具书和掌握阅读的步骤与方法，以及培养良好的阅读习惯。阅读活动基于人的认知和思维能力，同时也能促进智力发展。对书面语言的理解是阅读能力的核心。

下面我以图书馆读者为例，分析说明其阅读能力，掌握他们的阅读特点和心理活动的规律，以便采取有效对策，提供高质量的服务。

图书馆信息资源，其价值实现取决于读者对信息资源内容的获取、阅读、理解、运用，从而改善读者自身的知识结构，提高认识世界和解决实际问题的能力。读者在利用图书馆的过程中表现出来的阅读能力主要体现在选择信息、阅读技巧、理解文献内容、消化并运用知识这四个方面。

（1）选择信息的能力

在海量的信息环境中，读者必须了解自己所需要的信息范围和重点，掌握信息的检索途径与方法，能够鉴别信息内容，然后精选出最有价值、最适合自己需求的信息。

（2）学会、运用阅读方法的能力

学会使用各种阅读的方法，灵活有效地运用相关阅读技巧，是体现读者阅读能力的重要方面，是读者进行阅读活动并取得效果的保证。一般通过阅读速度和阅读成效这两个主要指标衡量阅读技能水平。

（3）理解信息内容的能力

理解信息就是在阅读的过程中通过直觉、联想、想象、逻辑分析和综合判断等一系列的思维活动，把符号及其作品还原为具有特定个人特征和社会情境特征的意义，简而言之是把语言变为意思，读明白阅读对象的内容。[12]因此，理解阅读材料需要一定的生活经验与表象积累，需要一定的直觉、联想、想象、逻辑分析和综合判断等思维能力。读者自身知识储备的结构越多元越扎实，理解能力越强，阅读效果越好。

（4）消化和运用知识的能力

阅读信息的最终目标，就是充分吸收信息所载的知识，并把这些变为个人知识体系的有效组成部分，然后灵活地加以运用。读者具备了这种能力，才会收到学以致用的效果，才会不断扩大自己的知识领域。

上述四个能力统一于阅读活动过程中。不同阅读能力的读者，在文献信息的选择、内容的鉴赏水平上，有较大的差别。一千个人心中有一千个哈姆雷特，这正说明了读者在对信息内容评价的能力上存在着差异。在信息的选择上，有的读者可以利用馆藏目录联机检索，有的从各类专题数据库中搜寻自己需要的信息，而有的则需要在工作人员的帮助下开展阅读。因此，图书馆馆员要掌握他们的阅读特点，提供针对性的服务。

不同层次的阅读能力呈现出不同的阅读水平。高层次的阅读能力与低层次的阅读能力并不是完全割裂的：从阅读能力的发展过程来看，高层次的阅读能力要以低层次的阅读能力为基础；从阅读一篇文章的过程来看，高层次的阅读也是从低层次的阅读开始的，所谓高层次的阅读能力，是大量低层次的阅读能力积累过后产生的质变。

第三节

阅读推广的定义和要素

2014 年以来，"全民阅读"连续十一次被写入政府工作报告。在"全民阅读"这一理念旗帜下，引发了诸多关于"阅读之学"和"读书之道"的话题，如何开展全民阅读、建设学习型社会，已成为当下需要全社会共同思考的问题，而阅读推广是培养阅读能力、激发阅读欲望的有力抓手。

一、阅读推广的定义

（一）阅读推广的由来

"阅读推广"一词源自英文"Reading Promotion"，联合国教科文组织在 1995 年将 4 月 23 日定为"世界读书日"，倡导全球人们养成阅读习惯，享受阅读乐趣。此后，该词被多个倡导全民阅读的国际组织采用，目前已有超过一百个国家和地区机构参与其中，使"世界读书日"成为推动全民阅读的重要平台。

我国学术界将"Reading Promotion"翻译为"阅读推广"，1997 年中宣部等九个部门共同组织实施"知识工程"，以"倡导全民阅读，建设阅读社会"为宗旨，使得"阅读推广"的理念首次进入到国家层面，"阅读推广"

逐渐成为国内图书馆界、教育界、出版界以及读书群体的一个常用高频词。近年来，各地由政府主导的读书活动日益增多，全民阅读进入蓬勃发展的时代，全国各级各类图书馆、出版机构、中小学校、大中专院校以及其他社会力量利用"世界读书日""全民读书月""图书馆服务宣传周"等契机，组织开展丰富多彩的阅读推广活动，促使更多的心灵向往阅读，感受悦读，提升公众阅读审美，追求精神升华。2003年7月，中国图书馆学会受文化部委托，开始组织全国图书馆行业的全民阅读活动，此后，中国图书馆学会持续发出关于开展全民阅读工作的通知，这些通知起到行业规章或政策作用，为全民阅读的推进做出了有益探索，阅读推广逐步成为公共文化服务新的着力点。

（二）阅读推广的概念

阅读推广是推动公众阅读最直接、最有效的方法，它可以将阅读理念和阅读文化有效地"嵌入"到公众的日常生活之中。很多国家都将阅读推广作为一项战略任务，推动全民阅读的持续发展。我国的阅读推广实践先于理论，传统的阅读推广如书目推荐、书友会、故事会、新书导读等活动经过不断的演变和创新，逐步形成了一些具有社会影响力的阅读推广活动案例和品牌，新的服务方式以及新的服务业态引发业界及相关领域对"阅读推广"这一概念的研究和关注。

张怀涛在文献《阅读推广的概念与实施》中阐述："阅读推广是在'阅读辅导''导读''读书指导''阅读宣传''阅读营销'等概念的基础上发展而来的；社会组织或个人为促进阅读这一人类独有的活动，采用相应的途径和方式，扩展阅读的作用范围，增强阅读的影响力度，使人们更有意愿、更有条件参与阅读的文化活动和事业。"概而言之，其主张将阅读推广定性为扩展作用和增强影响，囊括阅读推广的所有实践与活动。[13]

范并思从图书馆学的角度给出阅读推广的定义，其在文献《阅读推广与图书馆学：基础理论问题分析》中阐述："阅读推广是对阅读进行推广或促进，是图书馆服务的一种形式，是活动化、碎片化和介入式的服务；目标人群是全体公民，重点是特殊人群；阅读推广的最终目标是通过阅读提升公民素养，使不爱阅读的人爱上阅读，使不会阅读的人学会阅读，使阅读有困难的人跨越阅读的障碍。"此外，其还主张将阅读推广纳入图书馆服务的重要内容和形式之中。[14]

徐雁在文献《"丹桂有根，生于书香门第"——对于书香文雅的都市文化生活的愿景》中阐述："'全民阅读推广'这个概念，首先意味着要倡导'全员阅读'的学风，即社会三百六十行都是阅读推广的服务对象；其次意味着'终身阅读'也就是对于社会个体来说，阅读是一种贯穿人生全过程的学习使命；再次，对于图书馆和书店来说，还意味着一种'全品种的读物推广'要尽量尽力地对各品种的读物进行导读和推送，使一切图书资源尽可能多和快地实现阅读接受，向社会知识力转化。"[15]

由此可见，阅读推广不是一个从学术上定义出来的概念，更多的是在推广阅读的实践经验中发展和演变而来的对阅读推广的基本认知。推广的基本词义是推衍扩大，原本是指社会各产业在商业运营中常用的营销手段，即通过各种途径和方法手段促成一个事物或一个对象在更大范围内被知晓和产生影响，获得接受和认同，用于扩大实施或作用范围，从而产生使用或利用的欲望，以达到宣传、普及的目的。将推广和阅读联系起来运用于阅读推广，是指由阅读推广的主体独立或者参与发起组织的，运用有关推广主体的资源、空间、设备、活动和服务，通过一定的形式向公众传输知识和观念，培养民众的阅读兴趣、激发民众的阅读爱好、提升民众的阅读水平，通过对阅读资源、阅读方法、阅读服务等进行宣传、介绍、推介，吸引更多的人加入阅读的群体当中，助推和促进全民阅读所开展的所有活动和工作的总称。

二、阅读推广的要素

在赵俊玲、郭腊梅、杨绍志主编的《阅读推广：理念·方法·案例》一书中，作者给出了《阅读推广概念体系图》，具体如图 1-2 所示，可以看出阅读推广包含四个要素：阅读推广主体、阅读推广客体、阅读推广对象、阅读推广方式。[16]

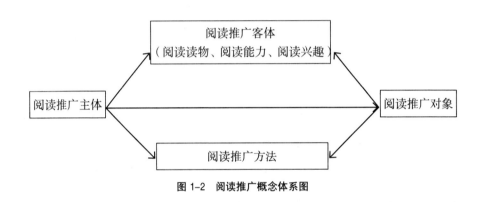

图 1-2　阅读推广概念体系图

（一）阅读推广实施的主体

阅读推广主体是指组织发起、指导策划和承担保障的阅读推广工作的责任团体和责任人，即阅读推广工作或活动的实施主体。推进全民阅读是一项系统性工程，需要动员社会各方力量参与。通过对相关主题文献的梳理，笔者认为阅读推广的实施主体呈现以下特征：

1. 阅读推广主体多样化

阅读推广主体从国际组织到各国政府、图书馆界、出版界、非营利机构、教育机构、医疗领域、大众传媒等，呈现出主体多样的特征，他们均推出了多元化的阅读推广项目。

（1）国际组织的阅读推广

联合国教科文组织（United Nations Educational, Scientific and Cultural Organization, 简称 UNESCO）倡导了多项包含阅读推广的活动，在 1982 年提出了"走向阅读社会八十年的目标"（Towards Reading Society; Targets forthe 1980s），在 1992 年提出了"全民阅读"。

国际图书馆联合会（International Federation of Library Associations and Institutions, 简称 IFLA）一直致力于提升民众的阅读素养，成立了阅读素养委员会，专门致力于阅读素养方面的研究和实践的推广，制定了《基于图书馆的素养项目指南》（Guidelines for Library–based Literacy）《易读材料指南》（Guidelines for Easy to Read）等，为实际开展阅读推广的机构提供了大量的实用性建议。

国际阅读协会（International Reading Association, 简称 IRA）有一百多个国家参与，世界各地有十万多会员，IRA 的宗旨是借由研究阅读过程及教学方法提升全民阅读质量，使每个人都拥有阅读的能力，并鼓励终身阅读。国际阅读协会主要通过阅读方面的研究、召开学术会议、出版学术刊物、组织评奖等多种方式推动阅读推广。

国际儿童读物联盟（International Board on Books for Young People, 简称 IBBY）设立了 IBBY 朝日阅读促进奖，该奖由日本《朝日新闻》报社提供赞助，每两年评选一次，每次评出一至两个在阅读推广中做出突出贡献的阅读推广项目。

（2）各国政府

政府部门在推动阅读推广方面发挥了关键作用，通过立法和组织全国性阅读活动来促进阅读推广。例如，日本在 2001 年颁布了《儿童阅读推进法》，明确国家、地方公共团体责任的同时，确定与推进儿童阅读相关的必要事项，系统推进儿童阅读。[17] 俄罗斯政府在 2006 年也通过《国家支持与

发展阅读纲要 》，为阅读推广提供财政和政策支持。[18]此外，政府还发起阅读运动，如英国首相布莱尔的"快速阅读"倡议和美国总统们对阅读的持续倡导，包括奥巴马总统与米歇尔参与的儿童读物朗读活动。

（3）图书馆界

图书馆是保存人类文化遗产、开展社会教育、传递科学情报和开发智力资源的文化教育机构，也是倡导和推进全民阅读最主要、最有力的组织者、实施者，是推进全民阅读的重要力量。不同类型的图书馆根据不同的服务人群开展了丰富多样的阅读推广活动，与此同时，图书馆业界作为一个整体，致力于整个社会阅读意识和能力的培养，美国图书馆界在美国国会的领导下以著名卡通形象苏斯博士等为代表，拍摄了一系列宣传阅读的公益视频，这些活动极大地推动了全民阅读的开展。

（4）社会组织

除了图书馆界，在阅读推广领域活跃着大量的社会组织和个人，这些机构规模不大却方式多样。在英国，英国素养信托基金和英国图书基金是非常重要的从事阅读推广的机构，他们开展大量影响深远的阅读推广项目。美国"每方都是赢家"阅读推广项目，由分支机构遍及美国十几个州的大型志愿阅读推广机构共同推进。近年来，我国也出现了很多从事阅读推广的民间机构，比如公益小书房采用加盟的方式推进加盟地区儿童阅读活动的开展。

（5）大众传媒和出版等机构

大众传媒指传递新闻信息的载体，包括报纸、通讯社、广播、电视、新闻纪录片和新闻期刊等。大众传媒机构中阅读推广最突出的案例是电视节目《奥普拉图书俱乐部》，自开播以来，已经连续促成了几十本畅销书的销售，共销售小说几千万册。我国也有很多关于阅读的电视节目，比如中央电视台的《子午书简》《朗读者》、凤凰卫视的《开卷八分钟》等；除了电视栏目，还有很多阅读类报纸和刊物，如《中国图书评论》《中国图书商报》《图书馆报》《博览群书》等，这些报纸和刊物或推荐读物，或展示阅读心得，从不同侧面推动阅读，此外一些听书的 App 应用、微信小程序、微信公众号，从读物推荐、开展阅读马拉松比赛等方式常态化推广阅读。

（6）医疗领域

几乎每个孩子在成长过程中都会接触医疗机构，因此医疗机构结合自身的特点推出了各种阅读推广项目，其中比较典型的代表是美国医疗领域的"触手可读"（Reach Out and Read）：孩子到医院进行体检时，医生向父母介绍如何促进孩子阅读，并送给孩子一本书，在候诊室设立阅读区供儿童候诊时阅读。加拿大新斯科舍省的"读给我听"项目，联合全省十一家医院在婴儿出生后的二十四小时内为每个新生儿送去一本书。

2. 阅读推广主体的合作化

图书馆、作家、出版商和图书销售商是阅读推广活动的重要参与者。此外，政府机构、商业企业、银行、医院、咖啡馆甚至篮球协会这样的非营利组织，亦可成为阅读推广活动的参与者。比如"英超俱乐部阅读之星"就是通过和英超各个足球俱乐部的合作，结合大家对足球的热爱来开展阅读；"触手可读"项目和 NBA 合作，通过那些篮球明星的阅读海报来推动阅读。澳大利亚在国家阅读年活动中和新光食品（Sunbeam Foods）以及企鹅图书出版公司（Penguin Books）合作，宣传健康阅读和健康零食的理念，在阅读推广期间，只要孩子购买三袋新光公司推出的零食产品就可以免费获得一本图书。[19]

3. 阅读推广主体的角色层次化

阅读推广的主体需要承担项目规划、资源整合、对相关机构指导等多层次角色。它和实施方可以是同一个机构，也可以是不同的机构，从目前国际上的发展形势来看，组织方和实施方不是同一个机构的偏多。比如说英国的"夏季阅读挑战"，该活动由英国阅读社组织策划，发布活动方案，对图书馆馆员进行培训，设计奖牌、奖励证书、悠悠球等活动产品。但是该机构并不组织具体的读书活动，具体活动由各个图书馆组织，各个图书馆要到学校、社区进行宣传，招募志愿者，组织相应的阅读活动。[20]

国内阅读推广机构往往将阅读推广的组织和实施这两个角色合一，通过举办各种各样的读书活动进行阅读推广，但现场活动由于种种原因，往往因其参与人数与影响范围有限，故需要国家图书馆、区域图书馆不仅承担阅读活动举办者的角色，更应该担起阅读活动指导者与组织者的角色，通过设计活动框架和指导方案，将自身阅读推广的经验总结出来，制定可操作的推广指南，便于其他机构选用符合自身机构特点的阅读推广方案开展活动。

（二）阅读推广客体分析

根据《阅读推广概念体系图》（图1-2），在此可以将阅读推广主体向用户推广的内容看作为阅读推广的客体。推广客体可以是阅读读物和阅读目的的结合，具体来说，推广客体不仅包括阅读读物，还包括阅读能力和阅读兴趣。

1. 阅读读物的不断拓展

从全球范围看，阅读推广的读物除了传统的出版物图书以外，还包括电影、音乐、游戏、网页等。以英国阅读社的"图书推荐数据库"（Find a Read）为例，图书、音视频、电子书、游戏、大字体书（服务于视力欠佳的读者）、报纸、杂志、无障碍网站都是数据库中的推荐对象。

2. 阅读能力和阅读意愿并重培养

阅读推广前期将工作重点放在培养阅读能力方面，随着阅读推广实践和研究的深入，我们发现存在拥有阅读能力的人，但是其阅读意愿不强烈，很可能长时间不阅读，长此以往，其阅读能力会有所下降，因此现在的阅读推广除了关注阅读能力，同时也要关注阅读意愿的培养，从而提升民众的阅读兴趣。

(三)阅读推广对象分析

通过文献分析法，本章节选取国外一些有影响力的阅读推广项目（如表1-2所示），以此为基础，分析阅读推广对象存在的特点。

表 1-2　较有影响力的阅读推广项目

国别	项目名称	阅读推广对象	措施
英国	阅读起跑线	婴幼儿	设计分级阅读指导计划，包括婴儿包（低龄幼儿绘本书单）、高级包（学步儿童游戏读物书单）和百宝箱（学龄前儿童启蒙读物书单）等
英国	英超俱乐部"阅读之星"	不爱阅读的小学高年级和初中低年级学生	用足球激发他们对阅读的热爱
英国	信箱俱乐部计划	5—13岁寄养家庭儿童	图书信托基金会(Booktrust)与莱斯特大学(the University of Leicester)合作组织的、发放合适寄养儿童年龄的阅读学习资料
英国	阅读六本书挑战赛	成人	规定时间内阅读完六本书
英国	夏季阅读挑战赛	4—11岁儿童	图书馆馆员宣传讲解活动；注册夏季阅读挑战活动；根据自己的喜好选择阅读六本书籍；在官方网站可以跟踪自己的阅读进度，分享阅读书目；完成六本书的阅读，可以获得一份证书和奖牌
新加坡	读吧，新加坡	各种职业	出租车司机、美容师
美国	一城一书	成人	同一时间段，读同一本书来触动他们，通过图书馆推荐社会民众读好书
挪威	运动和阅读	运动员	图书馆馆员将图书带到各运动俱乐部、比赛场地等，促进运动员的阅读
挪威	面向16—19岁高中生的阅读推广项目	16—19岁高中生	由挪威教育部发起，免费发放一本文学书籍，并附有面向教师的指南，告诉教师如何将该书和课堂教学结合起来

首先，从每个微观个体的阅读推广项目来看，阅读推广客体的定位明确，即活动的目标群体清晰，针对性强，不存在既又的现象。其次纵观各国有代表性、有影响力的阅读推广活动，以儿童和青少年为目标群体的活动较多，兼顾成人群体，针对成人群体涉及环保、音乐、电影等主题，根据主题灵活安排不同作家的讲座、演唱会、读书讨论等阅读推广活动。最后以上案例还突出了对弱势群体关注的特征。弱势群体通常指那些在经济和社会地位上处于劣势，缺乏权力、影响力、人脉和投票权的人群，他们往往遭受社会对之的标签化和歧视。阅读推广中对弱势群体的关注主要体现在两个方面，一是阅读推广的对象明确是弱势群体，比如面向寄养家庭儿童的"信箱俱乐部"；二是在整体的阅读推广项目中加入关注弱势群体的元素，在英国的"夏季阅读挑战赛"中，英国读书协会与国家图书服务中心合作，为有阅读障碍、听力障碍和视力障碍的儿童等特殊群体设计阅读指导、家长建议和书单等阅读材料，确保每个孩子都能参与并享受活动。

（四）阅读推广方式分析

1. 综合多种阅读推广方式

在一个具体的阅读推广项目中，会综合运用多种阅读推广方式开展阅读推广活动。这个特征在大型的阅读推广项目中尤其明显，比如澳大利亚的国家阅读年采用作家讲座、竞赛、加入图书馆等多种方式进行，即使是小型的阅读推广项目也注重推广方式的综合使用，比如英超俱乐部的"阅读之星"，将名人推荐、在线阅读竞赛和阅读活动有机地融合到一起，取得了很好的推广效果。[21]

2. 密切结合目标群体特点

紧密结合群体特点，采用多样化的阅读推广方法。比如，当英国"夏季阅读挑战"中的推广客体是儿童时，会在活动中设计多元化的卡通形象，并且让儿童选择某一个卡通形象进行角色带入；当阅读推广客体为青少年时，则将游戏的元素融入阅读推广中，以游戏激励青少年进行阅读行为，阅读完两本书，就可以升到更高的级别，解锁更高级的游戏，获得更好的游戏装备[22]；当阅读推广客体为老年人时，会抓住老人喜欢怀旧的特点，开展重温年轻时读过的经典图书等活动。

3. 注重使用交互工具

通过对经典阅读推广案例的考察，发现交互工具几乎被应用于每个阅读推广案例，如："夏季阅读挑战"的网站上提供了社交平台转发等工具。阅读推广方案的设计要充分考虑使用新技术，比如在传统的征文比赛的基础上，可以通过让学生制作并上传视频来推荐一本书，这样不仅能够结合学生喜欢新技术的特点，还能够引导学生向他人推荐图书，扩大了阅读推广的影响力。

4. 凝聚品牌的精神内涵增强传播力

阅读推广需长期坚持，在推广过程中注重品牌内涵的塑造以增强传播力。国外如"读遍美国"项目，统一标志、主题歌和获奖证书等元素，成功打造品牌。政府支持的"夏季阅读挑战"活动与多家媒体合作，包括BBC电台和网络媒体如Facebook、Twitter、Google，共同宣传推广活动中的图书以及图书的相关事宜。[23]

5. 合理评估促进推广实效

不管阅读推广的主体是哪类机构、面向何种阅读推广对象开展活动，都应该对阅读推广的效果进行评估，才能保证阅读推广的科学、可持续发展。[24]活动评估是激励、改进和提高资源利用效率的工具之一。美国的"一城一书"活动十分注重评估的重要性，在活动指南中指明评估为活动的最后一步。实践中的评估通常分为事前和事后两个阶段。例如，英国阅读社的"阅读六本书挑战赛"在开始和结束时都要求参与者填写问卷，分别了解他们对阅读态度和阅读能力的自我评估。为了确保评估的一致性，需要开发一套标准化的质量评估工具，以便各推广机构能用统一标准衡量和提升自己的表现。[25]

6. 规范的志愿者队伍的建设和管理

志愿者是阅读推广项目中一道亮丽的风景线，几乎所有的阅读推广项目中都有志愿者的身影。如英国的"夏季阅读挑战"，各图书馆的阅读推广项目非常注重志愿者队伍的建设，一方面培训图书馆如何对阅读推广志愿者进行科学的管理，包括志愿者的招募、培训、评估等；另一方面是各个图书馆鼓励志愿者设计富有创造力的阅读活动。目前在国内也有不少图书馆进行阅读推广时借助志愿者的力量，如志愿的故事妈妈、故事姐姐等，也出现了一些专门由志愿者开展的阅读推广项目，如公益小书房。

第四节

∙∙∙∙∙∙∙∙∙∙∙∙∙∙

阅读推广的基本理念

阅读推广是一项具有持续性、挑战性的工作，要想对阅读推广的客体产生影响，在阅读推广的全生命周期中，贯彻阅读推广理念十分重要，唯有如此，阅读推广工作才有可能可持续、常态化发展。

一、阅读推广的"全民"理念

1995 年联合国教科文组织宣布将 4 月 23 日由"世界图书与版权日"改为"世界读书日"，期待通过"世界读书日"的设立，号召"散居在世界各地的人，能享受阅读的乐趣，都能尊重和感谢为人类文明做出过巨大贡献的文学、文化、科学、思想大师们，都能保护知识产权"。[26] 从这一"期待"中可以解读出"全民"的含义，"全民阅读"一词由此也迅速传播开来并被各国政府所采纳。在中国的二十世纪二三十年代，金陵图书馆馆长李小缘提倡"人人有阅读权利"，强调"无论性别年龄，都应有学习机会"，并认为图书馆的真正革命在于让所有人享受阅读。李先生的主张体现了"全民阅读"的思想。尽管具体的阅读推广项目不能惠及所有人群，但整体推广应让所有公民受益。[27] 二十一世纪初，"全民阅读"理念深入人心。有学者认为，"全民阅读推广"包含三层含义，首先要倡导"全员阅读"的学风，其次是培育"终身阅读"的习惯，最后是对于图书馆和书店来说，是"全品种的读物推广"。这体现了现代阅读推广的"全民理念"。[28]

二、阅读推广的"服务"理念

范并思教授提出"阅读推广是一种服务"，无论是编制导读书目的形式，还是组织读书活动的形式，其本质都是为读者的阅读和学习提供服务。尽管"推广"是一种沟通、引导的过程，但其目的是帮助读者喜爱阅读、学会阅读，而不是对读者进行价值观与品行方面的评判教育。尽管"推广"还具有一定的教育属性，有人认为阅读推广应该对读者的阅读内容、阅读形式甚至阅读习惯进行教育。然而，这种教育是针对不爱阅读、不会阅读、存在阅读障碍的人群进行的，对于大多数普通读者而言，只需提供中立的、非干扰的服务型推广即可。同时，阅读推广作为一种公共文化服务，其本质是一种公共文化产品，正由于公共产品的公益性与非排他性，要求阅读推广保持服务的公平性，"图书馆员仅仅承担传递文献或咨询服务，不介入读者挑选文献的过程，而是将知识与信息的选择权完全交给读者，甚至保守读者秘密，不让他人知道读者阅读的内容"；[29] 图书馆也因其保持服务价值的中立性而受人赞美，认为它的存在是社会民主制度的一种安排。当下，阅读推广服务已成为图书馆的一种主流服务，尽管这种服务具有活动化和介入式的特征，却丝毫不影响其平等、包容、专业的优质服务理念，阅读推广人的行为也应该遵循图书馆的核心价值体系："开放、平等、包容、隐私、服务、阅读、管理、合作"。

三、阅读推广的"自由"理念

"自由"一词在法学、哲学领域及日常生活中均有使用。《现代汉语词典》定义了"自由"的三种含义：一是指在法律允许的范围内按个人意志行动的权利；二是指在哲学上，人们认识并自觉运用事物的发展规律于实践；三是指行为上不受约束和限制。[30] 阅读推广的自由可以理解为法律上的自由，涵盖阅读自由、藏书自由和信息自由三个主要方面。其中阅读自由是现代社会文明和图书馆应该奉行的宗旨圭臬。奥巴马曾在以"隐私与自由"为主题的演讲中将图书馆馆员誉为"保障我们自由思考和接受外界信息权利的全职捍卫者"，并认为"应该受到全国人民最深切的感激"。[31] 许多学者对藏书自由达成共识，他们认为，藏书自由是阅读自由的基础。当下能在市场采购到的书刊是已经审查筛选过的，图书馆馆员不能也不该对市场上的书刊进行额外的审查、选择。即使涉及需要成人指导的儿童，也应强调其自主阅读的重要性。信息自由包括信息获取的自由和信息表达的自由。《国际图联因特网宣言》规定："知识自由是每个人享有的持有和表达意见以及寻求和接收信息的权利；知识自由是民主的基石；知识自由是图书馆服务的核心。图书馆和信息服务机构提供不受阻碍的因特网入口，以支持社区及个人的自由、繁荣和发展。"[32] 阅读是获取知识的途径，要达到知识自由，必须先实现阅读自由。只有阅读自由，才能迎来阅读之后的自由之国和自由之民。

四、阅读推广的"权利"理念

"权利"是指权力和利益，与"义务"相对。阅读是现代公民社会应该遵守的一条铁律，是公众的一种权利。阅读推广遵循的"权利"理念是指任何的阅读推广主体在开展任何阅读推广活动时都应该保护公民的阅读权。所谓"阅读权"，是指人们依法享有的阅读权利和利益，强调自尊、自主和自由，体现了人本主义精神。"公民阅读权利"的概念是从文化权利、信息权利、图书馆权利、受教育权利、读者权利等相关概念演化而来的，利益、主张、资格、力量、自由是公民阅读权利的五要素。"[33] 具体来说，每个公民都拥有利用图书资源和阅读空间的权利、参与组织阅读的权利、开展创作和创造的权利以及阅读成果受到保护和推广的权利等。

为了保障公民的上述阅读权利，在 2013 年全民阅读立法进入国家立法工作计划，截至 2020 年 6 月，有十四个省市出台了全民阅读的地方性法规和政府规章，其中包含九份省级法规（江苏、湖北、辽宁、四川、黑龙江、吉林、广东、河南、贵州）和五份市级法规（深圳、石家庄、常州、烟台、宁波）。这一系列地方性法规更多是规范政府对于全民阅读的责任和义务，保障公民基本文化权益或公民阅读权利，而不是强制个人阅读。

立法中强调政府引导、社会参与和公益普惠原则，同时立法也要体现平等、服务、保障、优化、共享、协调、基层和文化传承等次要原则。在各地立法中，明确提及全民阅读资源、设施、活动、重点群体促进和保障机制。阅读立法保障了社会立场上的公民阅读权利，又保障了机构在立场上推广主体的职业权利，反映了国家的文化梦想和文化追求。

五、阅读推广的"创新"理念

阅读本质上是一种个性化与私密性的体验活动，阅读推广秉持的全民理念、服务理念、自由理念、权利理念，都必须遵循推广的逻辑前提——自愿行为的改变；即使是阅读立法，其出发点也仅仅是为阅读权利的实现创造更好的法律制度环境，而不是对公民的阅读行为进行限制或者强制。这就要求阅读推广的方式只能是"吸引"，不能是"强迫"。如何"吸引"呢？新事物总比旧事物更有吸引力，阅读推广也不例外。现代阅读推广尤其要秉持"创新"理念，在温故知新的基础上实现推陈出新。

在现有的全民阅读立法中提出，公共图书馆为代表的全民阅读服务场所的主要职责为资源的采集补充与更新、资源整合与共享、提供面向特定人群的阅读资源、推荐优秀读物等。近年来，许多图书馆创新运用服务空间再造、技术赋能整合多边资源、鼓励用户参与赋予用户话语权提升用户体验感、多元化传播渠道彰显品牌形象和影响力等方式开展阅读推广成为图书馆界、学界和业界关注的焦点。此外，阅读推广人作为阅读推广服务的具体提供者，其服务创意和服务能力也被提到了空前的高度。一位优秀的阅读推广人至少应该具备三方面的素质：一是在工作中自知不足、主动学习求创新的意识。通过阅读文献、走出馆舍去观摩、研讨、竞赛、跟班学习等方式，汲取各方面阅读推广的先进经验。二是开展创新性工作的能力，首先需要具备开展用户阅读习惯、阅读兴趣、阅读行为、阅读心理等方面调查研究的能力，不断更新馆员自身的知识储备，完善计算机操作技术、信息挖掘技术、数字设备运用等相关知识结构。通过学习先进案例，结合自身实际条件尝试主动探索阅读推广的新途径和新模式。三是具有调动社会资源的能力。移动互联网的出现打破了图书馆服务时空边界的限制，阅读推广人需要调动各方社会资源，形成阅读推广边界模糊的合作共同体，满足不断增加的多样化发展的用户需求。

一个未经培训的阅读推广人是不太可能全面具备这些素质的，但一群阅读推广人或者一个阅读推广团队使得具备所有这些素质的可能性大大提高。因此，开展阅读推广人培训、设立阅读推广组织机构已成为社会共识且正在付诸实践，也使得阅读推广"创新"理念的执行有了切实保障。

参考文献

[1] 阿尔维托·曼古埃尔. 阅读史 [M]. 吴昌杰，译. 北京：商务印书馆，2002:1.

[2] 张怀涛. "阅读"概念的词源含义、学术定义及其阐释 [J]. 图书情报研究，2013,

6(04):32—35.

[3] 彭聃龄, 张必隐. 认知心理学 [M]. 浙江教育出版社, 2004:475—484.

[4] 周艳. 图式理论在外语阅读教学中的建构与应用 [J]. 雁北师范学院学报, 2006, (03):56—58.

[5] 王余光, 徐雁. 中国读书大辞典 [M]. 南京：南京大学出版社, 1993:337—338.

[6] 胡继武. 现代阅读学 [M]. 广州：中山大学出版社, 1991:1—2.

[7] 张研, 孙洁. 河南省高校图书馆阅读推广创新研究 [J]. 艺术品鉴, 2015, (03):323—324.

[8] 李多. 基于任务的对外汉语中级阅读教学模式研究 [D]. 东北师范大学, 2015.

[9] 张怀涛. 阅读的多重价值 [J]. 华北水利水电学院学报 (社科版), 2013, 29(03):99—103.

[10] 韦恩·韦登. 心理学导论 [M]. 高定国, 译. 北京：机械工业出版社, 2023:384.

[11] 王余光. 中国读书大辞典 [M]. 南京大学出版社, 1993:343.

[12] 沈玉芬. 利用认知冲突, 进行有效阅读 [J]. 江苏教育研究, 2007, (04):40—42.

[13] 张怀涛. 阅读推广的概念与实施 [J]. 河南图书馆学刊, 2015, 35(01):2—5.

[14] 范并思. 阅读推广与图书馆学：基础理论问题分析 [J]. 中国图书馆学报, 2014, 40(05):4—13.

[15] 徐雁. "丹桂有根, 生于书香门第"——对于书香文雅的都市文化生态的愿景 [J]. 新世纪图书馆, 2013, (05):3—5.

[16] 赵俊玲, 郭腊梅, 杨绍志. 阅读推广 理念 方法 案例 [M]. 北京：国家图书馆出版社, 2013:3.

[17] 赵文涟. 日本少儿阅读推广发展及相关政策举措 [J]. 内蒙古科技与经济, 2020, (04):143—144.

[18][20] 寇东琳. 公共图书馆儿童早期阅读推广策略研究 [J]. 福建图书馆学刊, 2021, (01):63—66.

[19] 张章 . 中国图书馆学会阅读推广创新发展思路研究 [J]. 河南图书馆学刊 , 2015, 35(09):93—94.

[21][22][23] 陆宇辰 . 合肥市实体书店参与公共阅读推广工作调查分析 [D]. 安徽大学 , 2018.

[24] 赵俊玲 , 周田田 . "触手可读" ——对于一个阅读推广项目的考察和推介 [J]. 山东图书馆学刊 , 2013, (03):120—123.

[25] 张新杰 . 高校图书馆开展阅读推广活动的实践与思考——以南阳理工学院图书馆为例 [J]. 图书馆学研究 , 2015, (19):86—88+47.

[26][29] 范并思 . 阅读推广与图书馆学 : 基础理论问题分析 [J]. 中国图书馆学报 , 2014, 40(05):4—13.

[27][28][31] 刘时容 . 论阅读推广的现代理念 [J]. 图书馆研究 , 2018, 48(03):14—18.

[30] 中国社会科学院语言研究所词典编辑室 . 现代汉语词典 (第 5 版)[M]. 北京 : 商务出版社 , 2005:1809.

[32] 周淑云 , 陈代春 . 论图书馆服务对公众信息获取权的保障 [J]. 图书馆 , 2014, (02):21—23.

[33] 张春春 . 公民阅读权利的概念演变、协同与发展 [J]. 图书馆 , 2016, (06):9—13.

第二章

公共图书馆阅读推广

阅读是启智增慧、获取知识、培养道德的重要途径。习近平总书记在给国家图书馆老专家的回信中指出，图书馆是国家文化发展水平的重要标志，是滋养民族心灵、培育文化自信的重要场所。党的十八大以来，从《关于加快构建现代公共文化服务体系的意见》的发布，到《中华人民共和国公共图书馆法》《中华人民共和国公共文化服务保障法》的相继施行，构建现代公共文化服务体系作为一项民心工程，一直在稳步推进。截至 2022 年底，全国公共图书馆的实际持证读者数量达到 1.2229 亿，约占全国总人数（14.1175 亿）的 8.66%。[1] 亿万人走进图书馆，既是对公共图书馆服务的肯定和认可，也充分说明全民阅读已成为一种风尚。

第一节

公共图书馆与阅读推广

随着时代变迁和社会发展，公共图书馆作为重要的公益性公共文化设施，不仅为公众提供文献借阅、信息服务和阅读交流分享等服务，还逐步承担了公众的"第三空间"的功能，在促进知识传播和社会公众平等发展方面发挥着重要作用。阅读推广工作是一项系统性的文化工程，需要动员全社会各方面的力量共同参与。纵观国内外阅读推广工作的成功做法，公共图书馆在阅读推广体系中占据着核心地位。

一、公共图书馆的概念解读

自十九世纪公共图书馆在欧美兴起以来，公共图书馆的定义众说纷纭，在学界和业界并未达成共识。国际图联和联合国教科文组织确认的公共图书馆定义被视为国际公认的最为权威的公共图书馆定义。

国际图联将公共图书馆定义为："公共图书馆是由社区，如地方、地区或国家政府，或者一些其他社区组织支持和资助的机构，它通过提供一系列的资源和服务来满足人们对知识、信息和形象思维作品的需求，社区所有成员都有享受其服务的权利，而不受种族、国籍、年龄、性别、宗教信仰、语言、身体条件、经济及就业状况或教育程度的限制。"[2]《国际图书馆协会联合会—联合国教科文组织公共图书馆宣言（2022）》简称《公共图书馆宣言》（2022）（IFLA–UNESCO Public Library Manifesto 2022），由于宣言和指南的性质和文体不同，虽没有专门界定公共图书馆的定义，但《公共图书馆服务指南》在引言中说明公共图书馆的定义源自《公共图书馆宣言》（1994）规定的公共图书馆使命和目的。[3]《公共图书馆宣言》在序言中宣称："公共图书馆，是各地通向知识的门径，为个人和社会群体的终身学习、独立决策和文化发展提供基本条件"，并分"公共图书馆""公共图书馆的使命""拨款、立法与网络""运行与管理"几个部分对公共图书馆的定义、性质、价值和使命等做了全面的详细阐述。[4]

在我国，对公共图书馆的定义也是一个不断变化调整的过程，如在《公共图书馆服务规范》（2012.05）中对公共图书馆的定义为："由各级人民政府投资兴办，或由社会力量捐资兴办的向社会公众开放的图书馆，是具有文献信息资源收集、整理、存储、传播、研究和服务等功能的公益性公共文化与社会教育设施。"《中华人民共和国公共图书馆法》（2018.01）中的定义则为："公共图书馆是指向社会公众免费开放，收集、整理、保存文献信息并提供查询、借阅及相关服务，开展社会教育的公共文化设施。"从上述定义可以看出，官方更重视图书馆的开放性和公益性质。值得一提的是，在我国政府的文件、统计资料中所称的公共图书馆，仅包括县级及以上、由政府出资建立的公共图书馆。

二、公共图书馆的发展

图书馆的历史可追溯至古埃及和美索不达米亚时期。最初，图书馆多为私人收藏和使用，但到了中世纪和文艺复兴时期，欧洲开始出现面向特定群体的公共图书馆。十七至十八世纪的启蒙时代，公共图书馆得到一定发展，欧洲国家政府开始建立面向大众的图书馆。十九世纪，美国在独立后迅速发展公共图书馆系统，如波士顿公共图书馆（1848年成立）。二十世纪，公共图书馆在全球范围内普及，政府增加投入，支持其建设和运营。如今，公共图书馆不仅是知识和文化传承的中心，还具备了文化活动、教育培训和社区服务的作用，成为社区文化中心和知识交流平台。

我国的公共图书馆始于清晚期，晚清精英为寻求强国之道，学习西方制度和科技，在全国设立面向民众的图书馆。其中绍兴的徐树兰参照东西方各国的图书馆章程，出资建造古越藏书楼，于1904年正式向社会开放，被视为我国公共图书馆的发端。1910年（清宣统二年）清政府颁布《京师图书馆及各省图书馆通行章程》，规定"京师图书馆经费，由学部核定筹拨，撙节开支。各省由提学使司核定筹拨，撙节开支。各府、厅、州、县由地方公款内筹拨，撙节开支"[5] "凡中国官私通行图书、海外各国图书，皆为观览之类。观览图书，任人领取翻阅，惟不得污损剪裁及携出馆外"，[6]正式确立由公共经费支持、向普通社会公众提供服务的公共图书馆制度。在1904年至1914年之间，全国先后建起十八个省级公共图书馆。民国时期由教育部的社会教育司监管为促进公共图书馆的建设，先后颁布《通俗图书馆章程》和《图书馆章程》，公共图书馆的建设开始更注重服务普通民众，成为较为普遍的社会文化教育机构。1937年后，连年的战争对我国公共图书馆造成极大的破坏。新中国成立后，公共图书馆事业迅速恢复并建设，五十年代形成了省市县图书馆与农村社区厂矿基层图书馆（室）并行发展的局面。"文化大革命"期间，公共图书馆事业受到严重冲击。二十世纪八十年代，公共图书馆开始恢复并加快发展，《国民经济和社会发展计划第六个五年规划纲要》提出了"县县有图书馆"的建设目标，以乡镇万册图书馆为标志的县以下基层图书馆的建设再次形成高潮。2006年，《国民经济和社会发展第十一个五年规划纲要》明确提出，我国需要建设比较完备的公共文化服务体系。建设完善的、覆盖全社会的公共图书馆服务体系，自然也成为公共图书馆事业所追求的发展目标。

三、公共图书馆的使命

公共图书馆的使命是指公共图书馆所承担的任务与责任，是设立公共图书馆的理由和目的。图书馆界（包括相关的国际组织）为了定义公共图书馆的使命不断探索，产生了很多阐释公共图书馆使命的纲领性文献，其中联合国教科文组织的《公共图书馆宣言》是全世界宣传公共图书馆价值和使命的重要指南。

1949 年发布的《公共图书馆：民众教育的有生力量》，被图书馆界认定为《公共图书馆宣言》的最初版本。1972 年，联合国教科文组织对文件进行了修订并更名为《联合国教科文组织公共图书馆宣言》(《UNESCO Public Library Manifesto》，简称《公共图书馆宣言（1972）》)。在 1994 年和 2022 年，国际图联和联合国教科文组织对其进行了两次修订。《公共图书馆宣言（2022）》中公共图书馆的使命被归纳为以下十一项：

（1）提供广泛的不受审查制度限制的信息和思想利用，支持各级正式和非正式教育，以及终身学习，使在人生各个阶段的人都能够持续、自愿和自主地追求知识；

（2）为个人的创造性发展提供机会，激发想象力、创造力、好奇心和同理心；

（3）培养和加强儿童从出生到成年的阅读习惯；

（4）本着建设知情、民主社会的精神，发起、支持和参与素养活动与项目以培养读写技能，促进各年龄段人的媒体与信息素养和数字素养技能的发展；

（5）采用数字技术向社区提供现场服务和远程服务，使其尽可能地利用信息、馆藏和活动；

（6）确保所有人利用各种社区信息和各种组织社区的机会，从而认识图书馆在社会结构核心的作用；

（7）为社区提供科学知识的利用，例如能够影响用户生活的研究成果和健康信息，并使社区能够参与科学进步；

（8）为地方企业、社团和利益群体提供充分的信息服务；

（9）保存和利用地方与原住民的数据、知识和遗产（包括口述传统），根据地方社区的意愿，提供地方社区能在确认需要采集、保存和共享的资料中发挥积极作用的环境；

（10）促进文化间对话，支持文化多样性；

（11）促进文化表达与文化遗产、艺术欣赏的保存与有效利用，科学知识、研究与创新的开放利用，包括传统媒体，以及数字化资料与原生数字资料。[7]

根据上述公共图书馆文献对当代公共图书馆使命的陈述，公共图书馆的使命涵盖了知识普及、教育培训、文化传承、社区服务等多个方面，旨在为社会大众提供丰富的资源和服务，推动社会的文明进步和人的全面发展。

四、公共图书馆阅读推广的内涵阐释

"公共图书馆阅读推广"专指公共图书馆开展的与阅读推广活动相关的工作。这类工作与公共图书馆已开展如图书馆宣传、新书展览、书目推荐等活动，二者有着千丝万缕的联系，学界和业界专家利用他们的经验和理论知识，对"公共图书馆阅读推广"的含义进行了多角度的解释，形成了不同的学术流派：

1. 使命学派。使命学派认为图书馆的核心任务之一是推广阅读。这一观点在多个国际和国内的图书馆政策文件中得到支持，如英国图书馆事业重要政策指南《未来的框架——新十年的图书馆、学习和信息》、国际图联与联合国教科文组织提出的《公共图书馆宣言（2022）》、国际图联的《图书馆员指南》以及中国图书馆学会的《图书馆服务宣言》。在以上政策文件中可以看出，公共图书馆使命涵盖了知识普及、教育培训、文化传承、社区服务等多个方面。简而言之，图书馆的使命是为大众提供丰富的资源和服务，而阅读推广是实现这一目标的重要抓手。国内使命学派的代表人物是深圳图书馆馆长吴晞。吴馆长在《任务、使命与方向：图书馆的阅读推广工作》一文中提出，阅读推广是图书馆的必然发展方向之一。[8]使命学派认为可以将阅读推广整合至图书馆的发展战略规划中，统筹资源分配，在全民阅读的环境中，通过图书馆的不断探索与实践，培养公众的阅读习惯，营造良好的阅读环境。

2. 活动学派。活动学派理论源自国外，在国内公共图书馆界，许多图书馆通过专人或部门组织多样化的活动，如读书会、讲座、新书推荐、影视观摩、音乐欣赏、读书征文、亲子手工等，这些活动的鲜明特征就是以活动促进全民阅读工作。图书馆业界的不少学者基于此特征，提出阅读推广就是通过开展各类推广活动以促进全民阅读的观点，代表学者有李国新、王余光、王波等，虽然他们对阅读推广有不同的定义，但都强调了阅读推广的活动化特征。实际上图书馆推广活动不仅限于动态活动，还包括推荐书目等静态服务。随着图书馆的推广活动逐步受到重视，其规划、策略、资源需求等也日益受到关注，需要公共图书馆的综合部署和统筹，更需要持续不断地创新。

3. 服务学派。服务学派认为公共图书馆的阅读推广活动是图书馆的一种服务方式，其目的与传统的借阅、咨询服务一致，都是为用户提供阅读或者学习服务的，只是服务形态存在差异，具体表现为服务活动化和服务碎片化。其中服务活动化是图书馆的发展趋势和服务的新特征，故事会、读书会、知识竞赛在原有借阅时间、借阅场所开展，欢声笑语甚至歌舞音乐打破了图书馆原有的宁静，但读者用户和图书馆都接受了这种方式，而且确实也起到了吸引市民进入图书馆的目的。而服务活动化将导致服务碎片化，如在儿童借阅室开展各类故事会、手工等活动，馆员根据活动的人数和场地需求，不断调整桌椅布局，而这对馆员创新和优化资源配置以应对碎片化服务提出新的要求。服务说代表人物是范并思教授，其在《阅读推广的理论自觉》中指出，阅读推广是新型的图书馆服务，已经发展成为现代图书馆的一种主流服务。[9]此后他多次强调，图书馆的阅读推广研究需要将其当作一种图书馆服务。

4. 休闲学派。休闲说起源于西方高校图书馆。1927年，艾奥瓦大学的图书馆管理者建议学生每周安排时间阅读与学习工作无关的书籍。[10]随后美国其他多所高校图书馆，如耶鲁、哈佛，均设有休闲阅览室，并摆放流行及励志书籍。这些做法显著推动了美国的阅读推广，自此图书馆界开始重视休闲阅读，并产生了多项研究成果。至今，休闲阅读理念在美国的高校图书馆中仍具重要性。国内休闲学派的代表人物是于良芝教授，她指出阅读推广有助于培养阅读习惯和激发阅读兴趣，其主要影响的是非任务驱动的休闲阅读行为，而不是为了解决学习和工作中遇到的问题而进行的刚需阅读。

尽管休闲阅读在西方图书馆中很重要，但在中国，由于它并未包括专业阅读，因此未被广泛接受。如果公共图书馆开展阅读推广活动仅仅是为了影响读者的休闲阅读行为，那么是远远不够的。但在竞争激烈、压力增大的社会背景下，推广休闲阅读对于缓解精神压力、激发阅读兴趣还是具有一定的现实意义。西方图书馆对休闲阅读的重视值得中国图书馆界反思。

第二节

公共图书馆与全民阅读

全民阅读关乎国民素质、关乎文化强国、关乎国家现代化，是一项重大的国家文化战略。

一、全民阅读的起源及发展

（一）全民阅读的由来

人类的阅读历史源远流长，可以追溯到古代文明的诞生。然而，全民阅读的理念并非自古以来就存在。1995 年，联合国教科文组织将每年的 4 月 23 日设立为"世界图书与版权日"，也被称为"世界读书日"，希望可以引发人们对阅读重要性的关注。

随着"世界读书日"的设立，这一天逐渐演变成了一场全球性的读书盛会，世界各国都会举办各种形式的活动，这些活动包括但不限于阅读推广、作家讲座、书籍展览、阅读竞赛等，更主要的是激发人们的阅读热情，提升全民的文化素养。更为重要的是，一些国家甚至通过立法手段来推动全民阅读，让全民阅读成为国家战略的一部分，从而为公众提供更多的阅读资源和机会。这些法律法规的出台，标志着全民阅读已经从一种自发的文化活动，上升为国家层面的文化战略。

由此可见，当代意义上的全民阅读不仅仅是一种文化现象，更是一种国家政策的体现。通过各种形式的阅读促进活动和法律法规的支持，全民阅读已经成为推动社会进步和文化繁荣的重要力量。

在我国，全民阅读的推广和普及可以追溯到 1997 年 1 月，当时中共中央宣传部、文化部等部门联合发布了《关于在全国组织实施"知识工程"的通知》。在通知中提出了实施"倡导全民读书，建设阅读社会"知识工程的重要倡议，目的在于提高全民的文化素质，推动社会的进步和发展。[11]2004 年 4 月 23 日，全民阅读的推广活动又迈出了重要的一步。这一天，由全国知识工程领导小组和原文化部主办，中国图书馆学会和国家图书馆承办的以"倡导全民阅读、建设阅读社会"为主题的"世界读书日"宣传活动正式拉开序幕。这一活动不仅在国内引起了广泛关注，也将我国的全民阅读促进活动推向了国际舞台。[12]为了进一步推动全民阅读，活动组织者还将每年的 4 月定为"全民读书月"，以此为契机，鼓励和引导更多的人参与到阅读中来。这一系列的举措标志着我国全民阅读活动的正式启动，并且逐渐与国际接轨。这些活动的开展，不仅提高了全民的阅读兴趣，也促进了社会文化的发展和进步。全民阅读不仅是一种文化现象，更是一种社会发展的需要，它对于提升国民素质、推动社会文明进步具有重要意义。

（二）全民阅读战略的提出

2012 年，"开展全民阅读活动"这一重要倡议被正式纳入中国共产党的第十八次全国代表大会报告中。这一举措具有深远意义，因为它不仅体现了党中央对全民阅读的高度重视，更是将其提升到了国家战略的高度。紧接着，在国家层面的规划中，全民阅读的重要性得到了进一步的强调和具象化的体现。《国家基本公共服务体系"十二五"规划》明确提出了"全民阅读"的目标任务，期望通过系统的规划和实施，推进全民阅读活动在全国范围内广泛开展，让每一个公民都有机会接触到丰富的阅读资源，享受到阅读带来的乐趣和益处。这一目标任务的提出，为全民阅读活动的深入开展提供了坚实的政策支持和保障。

此外，《国家"十二五"时期文化改革发展规划纲要》也将"全民阅读"纳入公共文化服务体系的构建之中。这意味着全民阅读不仅仅是一项孤立的活动，而是与公共文化服务体系的建设紧密相连，成为其中不可或缺的一部分。通过将全民阅读融入公共文化服务体系，可以更好地整合资源，优化服务，提升全民阅读的覆盖面和影响力，从而为构建和谐社会、推动文化大发展大繁荣奠定坚实的基础。[13]

在 2014 年 3 月的第十二届全国人大第二次会议上，政府工作报告首次将"倡导全民阅读"纳入其中，这标志着将"全民阅读"这一理念提升到国家层面并明确倡导，无疑体现了国家对全民阅读重要性的高度重视和积极鼓励。自那以后，"倡导全民阅读"这一理念不断被强调，并多次出现在政府工作报告中，成为政府的一项重要文化工作。[14]

在 2016 年 3 月，中华人民共和国国务院正式发布了《中华人民共和国国民经济和社会发展第十三个五年规划纲要》，这份重要的文件将全民阅读纳入了"十三五"期间八大文化重点工程之一。此举标志着国家层面对全民阅读的高度重视和推动。紧接着，在 2016 年 12 月，原国家新闻出版广电总局进一步细化了全民阅读的相关规划，发布了我国首个国家级的"全民阅读"规划——《全民阅读"十三五"时期发展规划》。这一规划的出台，为全民阅读的实施提供了更为具体和系统的指导。[15]

到了 2017 年，司法部召开会议，审议并原则上通过了《全民阅读促进条例（草案）》。这一草案的通过，意味着全民阅读工作将不再仅仅依靠政策推动，而是上升到了法律法规的高度，为全民阅读的推广提供了更为有力的法律保障。这一系列的举措充分体现了国家对于提升国民文化素质和建设书香社会的坚定决心。[16]

进入 2021 年 3 月，国务院发布《中华人民共和国国民经济和社会发展第十四个五年规划和 2035 年远景目标纲要》，在这份新的规划纲要中，国家进一步强调了"深入推进全民阅读，建设'书香中国'"的重要性。这不仅表明了国家对于全民阅读工作的持续关注，也明确了未来一段时间内全民阅读的发展方向和目标。通过这些政策和规划的不断推进，全民阅读的理念将更加深入人心，书香中国建设也将逐步成为现实。

二、公共图书馆与全民阅读的关联关系

全民阅读是一项社会文化工程，需要政府部门、图书馆、出版机构和大众传媒等社会各界的共同努力。公共图书馆作为全民阅读保障制度中的重要环节，与全民阅读战略关系密切。

（一）全民阅读战略的实施，为公共图书馆提供了更广阔的发展空间和实践平台

在各级政府的积极推动和大力支持下，全民阅读战略得到了广泛的实施。政府不仅通过出台相关政策和提供财政经费支持，还直接发起了全域性的阅读推广活动。然而，更多的推广活动是通过图书馆尤其是公共图书馆来开展的。这些图书馆承担了持续性、常态化的阅读推广任务，为公共图书馆提供了广阔的发展空间和实践平台。

从我国全民阅读的发展历程中可以看出，自"知识工程"开始的一系列全民阅读推广政策文件，都强调了公共图书馆在其中的重要作用。特别是自 2018 年 1 月起施行的《中华人民共和国公共图书馆法》，明确指出"公共图书馆是社会主义公共文化服务体系的重要组成部分，应当将推动、引导、服务全民阅读作为其重要任务"。这一法律的实施，使得公共图书馆成为各级政府在全民阅读推广过程中的重要抓手，进一步推动了全民阅读推广

工作走深、走实。

（二）公共图书馆成为全民阅读工作的核心力量和重要组织者

国际图书馆协会与机构联合会（IFLA）、联合国教科文组织（UNESCO）联合发布的《公共图书馆宣言（2022版）》重申了公共图书馆开展阅读活动的使命，中国图书馆学会发布的《图书馆服务宣言（2023修订版）》，同样将全民阅读作为图书馆的重要服务使命之一。公共图书馆作为知识传播的重要基地，凭借其专门的馆舍建筑、完善的阅读设施设备、丰富的文献资源、专业精干的馆员队伍、数量庞大的读者群体、多年积累的良好口碑、世界各地的公共图书馆探索开展的阅读推广活动过程中积累的宝贵经验等优势，帮助公共图书馆将阅读推广活动从工作创新、服务延伸发展演变为常规项目。如此公共图书馆不仅为公众提供开放的阅读资源和阅读环境，同时通过各类阅读推广活动，开展阅读知识的教育、阅读价值的教育和阅读行为的教育，加强阅读方式的教育，以此培养全民阅读兴趣，帮助其掌握阅读方法，养成阅读习惯，让阅读成为人们日常生活的一部分，从而完成全民阅读战略中提升国民文化素质的使命。

目前，许多公共图书馆的阅读推广活动会被纳入政府全民阅读计划，这样可以更好地融合各行业的优势，在更广阔的平台上惠及公众，促进了新阅读推广机制的探索，为构建全民阅读推广服务体系发挥公共图书馆应有的作用。

第三节

公共图书馆阅读推广的基本条件分析

世界各国在阅读推广过程中十分重视发挥公共图书馆的作用，通过加强公共图书馆建设、改善公共图书馆办馆条件、提升公共图书馆服务功能等途径推动全民阅读。我国的公共图书馆主要是由政府举办、按行政区设置，包括国家图书馆、各省（自治区、直辖市）级图书馆、地级市（州、盟）图书馆、县（区）图书馆。根据文化和旅游部的数据，截至 2022 年末，全国共有公共图书馆 3303 座，藏书总量达 135959 万册。作为公共文化服务体系的重要组成部分，公共图书馆秉持平等、开放、免费的办馆宗旨，实行公益、均等、便利的服务要求，是各级政府保障人民群众基本文化权益的重要途径。

一、公共图书馆开展阅读推广的优势

公共图书馆既是政府推动各项阅读推广活动项目的支持帮扶对象，往往也是阅读推广活动的承办单位，其在阅读推广工作中主要有以下优势。

（一）公共图书馆有国家政策和资金的支持

中央和地方各级政府都十分重视公共图书馆的建设，先后出台多项政策、决定、法律及条例，推动公共图书馆事业的发展，为促进公共图书馆在全民阅读推广活动中发挥更大作用创造条件。

1997 年，中共中央宣传部、文化部等部门联合发起"知识工程"，以"完善公共图书馆布局和硬件建设，使公共图书馆的服务网点遍布城乡各地"为总体目标，在其实施过程中，公共图书馆的建设得到鼓励和扶持。从 2009 年开始，原文化部提出的"图书馆服务宣传周"（最初是每年 5 月份的最后一周，从 2023 年起，时间调整为每年的 4 月 23 日至 29 日），在此期间，全国的公共图书馆界开展集中性的宣传推广活动，展现了图书馆在全民阅读中的中坚力量。2012 年 11 月，"全民阅读"作为一项文化强国战略被写入党的十八大报告，国务院自 2014 年起连续十一年将"全民阅读"写入政府工作报告，随后《中华人民共和国国民经济和社会发展第十三个五年规划纲要》《中华人民共和国公共文化服务保障法》《中华人民共和国国民经济和社会发展第十四个五年规划和 2035 年远景目标纲要》纷纷将推进全民阅读作为一项重要工作目标，2018 年实施的《中华人民共和国公共图书馆法》正式以法律形式将推动、引导和服务全民阅读规定为公共图书馆的重要任务，为公共图书馆开展阅读推广提供了政策支持与法律依据。

公共图书馆是政府设立的文化机构，国家和地方各级财政给予了充分的支持和保障。2011 年文化部和财政部发布《关于推进全国美术馆、公共图书馆、文化馆（站）免费开放的意见》，强调文化场馆的公益性质，要求其免费提供基本服务，并对公共图书馆开展阅读活动提供经费保障。同时，在公共图书馆的评估定级中，要求地方财政随着经济和财政收入的增长，逐年增加对图书馆的投入，为改善条件、购入资源、更新设施提供了资金支持。此外，依托"全国文化信息资源共享工程""数字图书馆推广工程""公共电子阅览室建设计划"等重大文化惠民工程的建设，逐步形成了公共图书馆的国家、省、市、区县的四级服务网络。这一切为保障公共图书馆在推广全民阅读中的优势地位和主体作用奠定坚实基础。

（二）公共图书馆有优越的活动场地条件

我国公共图书馆开展的阅读推广活动，绝大部分都在本馆的馆舍内举办，因此，馆舍的空间功能与环境的改善成为公共图书馆发展阅读推广活动的基本保证条件之一。得益于中央和地方各级政府持续和稳定增长的经费投入，公共图书馆的办馆条件得到了改善，特别是自二十一世纪以来，新馆建设进入了新一轮高潮。"以人为本，服务至上"的理念贯穿于新馆建设的过程中。[17] 首先，在图书馆新馆的选址上，新馆大都选址在交通便利、人口集中、附近具有成熟文化氛围的地区，或者是在城市新发展、将会成为新的城市中心的区域。南京图书馆的新馆坐落在作为城市中心地标的"总统府"边上，上海图书馆东馆选址在浦东新区世纪公园旁，连云港市图书馆建设于万达广场商圈，这种选址方法方便市民到达图书馆，有助于增加人流量，并为阅读推广活动提供参与基础。其次，在图书馆建筑的设计上，在保证实现图书馆功能的同时兼顾人文环境性与建筑美观性。[18] 随着政府投入的资金更加充沛，馆舍的总面积不断增加，提升了图书馆用于读者活动的空间。同时，建筑本身更加绿色、功能更有创造性。如：北京城市图书馆获得了国际图书馆协会和机构联合会（IFLA）颁发的"2024年度公共图书馆奖"，这是中国首次荣获此项世界公共图书馆界最高荣誉。北京城市图书馆作为世界上最大的单体阅览空间，将书籍、人和自然通过独特的建筑设计连接起来，图书馆的数字化和技术解决方案、提升本地文化以及建筑主体屋顶上配备的气候控制系统（包括照明、声学控制和雨水回收等技术）等多个方面取得综合性成就受到评审团的好评。北京城市图书馆开馆9个多月，到馆人次已突破325万。读者的平均停留时间为2.5小时，约10%的读者停留超过6.5小时，举办1123场线上线下阅读推广活动，参与人次超1222万，亦收获了读者的好评。[19] 由此可见，新建筑能够显著提升图书馆的社会知晓度，成为吸引社会公众回归图书馆、回归阅读的一种重要阅读推广方式。

城市书房与分馆是公共图书馆服务空间的延伸。一方面，此类空间更贴近市民生活、工作地点，便于市民获取资源、参加各类阅读推广活动，扩大公共图书馆的服务群体；另一方面，公共图书馆可以根据周边常住群体的特点，开展有针对性的阅读推广活动，以便获得更好的推广效果。

（三）公共图书馆有丰富的阅读资源

丰富、多样态的阅读资源是阅读推广活动顺利开展的必备前提条件。在资源建设方面，公共图书馆经过多年的积累和不断的努力，纸媒和数字资源的数量和种类持续增加，资源优势明显，为公共图书馆开展阅读推广工作提供了坚实的基础。

馆藏资源建设一直都是公共图书馆的工作重点。近年来，随着公共图书馆服务理念的转变，在资源建设过程中，考虑到公众的休闲性、娱乐性的阅读需求，调整了资源建设的比例结构，从"专业"走向"普及"，从"经典"走向"广泛"，大众性、普及性的资源数量进一步增加，公众的休闲阅读不再被公共图书馆排斥。对于专业读者，可以通过荐购的方式，满足其专业而个性化的需求。此外，特色化资源建设的策略，既可增强图书馆对读者的吸引力，又可为公共图书馆资源共建共享联盟提供有价值的服务。

（四）公共图书馆有类型齐全的读者群

公共图书馆以其大众化和普适性拥有最全面、最广泛的读者群。上至耄耋老人、下至蹒跚学步的婴儿，都是公共图书馆的服务对象，所有人都可以在公共图书馆找到合适的阅读资料。图书馆可以根据阅读推广的需要，根据年龄、职业、专业等特征，划定不同的特色读者群体，开展有针对性的阅读推广活动，使得公共图书馆的阅读推广活动呈现出面向全体、彰显特色、多姿多彩的特点，产生持续而深远的社会影响。

（五）公共图书馆有良好口碑和丰富经验

公共图书馆作为知识的殿堂，多年实践积累了深厚的阅读推广经验，并且在社会各界中享有极佳的口碑。他们不仅为读者提供广泛的阅读资源，还通过举办各种形式的活动，如作家讲座、阅读俱乐部、"儿童故事时间"等活动，积极营造浓厚的阅读氛围。这些活动不仅丰富了人们的文化生活，也激发了不同年龄层次读者的阅读兴趣，从而有效地推广了阅读文化。此外，公共图书馆还利用现代信息技术，如在线数据库和电子图书，拓宽了服务的边界，使得阅读推广活动更加便捷和高效。通过这些综合性的努力，公共图书馆不仅成为知识传播的重要场所，也是推动全民阅读习惯形成和文化素养提升的重要力量。

（六）公共图书馆有来源广泛的阅读推广人

阅读推广人可能来自不同社会阶层和组织，而不局限于图书馆馆员，但他们有一个共性，那就是热爱阅读，并乐于分享。公共图书馆内丰富的资源，不仅可以帮助阅读推广人提升素质，也可为他们开展阅读推广工作奠定基础。此外，长期从事各项阅读推广工作的公共图书馆，积累了丰富的经验，图书馆可以辅助或指导社会机构或阅读推广人做好主题策划、阅读场景布置、推广活动组织等工作。依托公共图书馆平台，聚集了一批有志于阅读推广的人才，与公共图书馆一起推动全民阅读推广活动的开展。

正是因为拥有政策、资金、资源的服务优势，在阅读推广活动中，公共图书馆始终站在阅读推广活动的最前沿，履行着组织、领导和具体实施的职能，并对其他阅读推广主体的活动起到领航和示范的作用。

二、公共图书馆推荐阅读活动的策划常用方法

公共图书馆开展阅读推广活动，其目的是通过精心的创意、策划，引导更多的社会公众参与阅读，感受到阅读乐趣，学会阅读，在阅读中学习，促进个人发展，提升精神境界。而推荐阅读是图书馆经常采用的、最基本的阅读推广方式。

（一）推荐阅读活动的类型分析

目前国内公共图书馆所开展的阅读推广活动大致可分为三种。

1.吸引法。此法适用于阅读需求旺盛的资源，如登上各种阅读排行榜或成为近期社会热点的相关资源，一些经典主题的阅读资源，读者为学习或工作的需要迫切希望图书馆购买的资源、各图书馆"镇馆之宝"类的特色资源等等，这类资源自带光环，图书馆仅需集中推荐展示，读者得知消息后自会主动上门。吸引法的推荐阅读方式，是图书馆推荐阅读中最常规、最基本也是最容易采用的一种阅读推广形式，在实践应用中图书馆只需收集社会主流公认的一些好资源即可，不需要过多的人为策划。

2.推送法。此法适用于推荐需求不旺的小众资源或者休眠资源，如为配合政府"一带一路"建设和研究，图书馆采购了首批关于丝绸之路沿线国家的文献，这类资源的目标读者较少，图书馆需主动推广，否则研究者因信息不对称而导致资源未被利用。此外在图书馆普遍存在的一部分零使用率资源，这类资源直到被馆员或者研究专家偶然发现才可能大放异彩。推送法的推荐阅读方式，需要图书馆工作人员去发现、去创造，人为策划的成分较浓，因此推广的难度较大。关于前述的"一带一路"主题资源的推荐，既需图书馆了解当地研究人员情况，更需要图书馆从专业角度揭示资源对研究者的阅读和研究价值。美国的国会图书馆曾将难懂的图书放在显眼处，并标注只有博学之士才能理解，通过"激将法"调动读者阅读兴趣，增加这类资源的使用率。

3.随缘法。此法适用于推荐阅读需求不明的资源，图书馆抱着试试看的心理，将一批具有某种共同特征的图书推广出去，至于是否有效，具有很大的偶然性。随缘法的推荐阅读方式，需要图书馆具有强烈的策划感，如图书漂流就是随缘法的一种方式，这本书将漂向何方、谁会是下一个读者，一切随缘。对图书馆来说，随缘法容易操作，但要想取得好的效果，需要认真思量。

（二）推荐阅读的策划常用方法

推荐阅读作为图书馆推广阅读活动的常见方式，在具体策划时，通常会采用以下几种方法。

1.预设埋伏。提前做好充分准备，安排推荐活动，待预定时间一到，正式推出。如节庆日、重要文学奖项的颁布日，其发布时间是预先确定的，图书馆可以提前收集重点候选人的信息和作品，以便在获奖结果揭晓时，第一时间为读者推送相关资源。

2.紧扣热点。所谓紧扣热点，就是对突发的热点事件实时响应而开展的推荐阅读，这要求馆员平时多积累，才能在关键时候，结合社会热点，做好相关阅读推荐工作，以阅读引导思考。如在2020年新冠疫情初期，美国总统多次在公开场合甩锅中国，要求中国为病毒在美国的流行负责并赔偿。浙江图书馆官方抖音号从资源库里搜索到张文宏教授在讲座中关于1918年大流感的讲述，通过制作一条包含大流感、美国、死亡、2500万—5000万等元素的21秒视频，用数据、图片直戳美方的无理之举，以之前的流感联系到新冠疫情，引发公众对相关信息资源的阅读和思考。[20]

3.地方特色。所谓地方特色，是指不同地方的图书馆在推荐阅读时，要关注本地特殊的经济、社会和人文环境。如美国的"一书一城"活动，各个城市推荐阅读的图书是不一样的。同理，连云港地区的图书馆则可以围绕《西游记》《镜花缘》以及花果山、孙悟空等策划推荐阅读活动。

4.特定人群。所谓特定人群，是指阅读推荐要针对特定人群进行策划组织。比如针对未成年人，可以推出分级阅读资源，指导监护人从亲子阅读开始，让未成年人从学会阅读过渡到在阅读中学习，成长为一个热爱阅读的人。对于老年人群体，图书馆可以提供大字体书籍、有声读物等，以满足他们的特殊阅读需求。同时，还可以组织健康讲座、文化活动，让老年人在享受阅读的同时，也能关注健康和社交。

5.阅读积分。所谓阅读积分，就是读者阅读图书馆的相关资源时，可以获得相应的积分，而阅读积分可以兑换文具、礼品和获得参加活动的资格等。深圳图书馆联合多家图书馆推出"少儿智慧银行"阅读积分项目，鼓励儿童坚持阅读，培养阅读习惯。读者每借阅一册书获一个积分，积分可用于兑换礼品、获得参赛资格，积分高者还可获证书。阅读积分兑换激发了读者来馆借阅图书的热情，形成一个良性的阅读循环。[21]

第四节
....

公共图书馆的阅读推广策略研究

我国的阅读推广活动从总体发展状况来看可以说是成绩斐然，公共图书馆在其中起到核心作用。目前公共图书馆面临着前所未有的机遇和挑战，需要在借鉴和不断摸索中探寻可持续的阅读推广策略。

一、阅读推广理念由"阅读"向"悦读"转型

图书馆的阅读推广理念正经历从"阅读"到"悦读"的改变，相较而言，"悦读"更多地强调了读者的情感体验。在图书馆的阅读推广活动中，可以从两个不同的视角来理解"悦读"：一是通过阅读推广活动，激发读者兴趣，使其主动阅读；二是创造愉悦的阅读环境，让读者在获取知识的同时感到快乐。"悦读"这一理念源自英美，通过学习国外的成功案例，"悦读"也正发展成为国内公共图书馆界阅读推广活动的一个重要理念。

（一）创造舒适开放的阅读环境

多年前，美国学者和图书管理员曾探讨"星巴克与图书馆"现象。他们注意到年轻人更倾向于在咖啡馆如星巴克工作、学习和阅读，而图书馆则相对冷清。调查表明，许多人认为咖啡馆提供了更舒适的阅读和学习环境。

图书馆作为公益性的文化服务场所，近年将"市民的第二起居室""城市第三空间"作为现代城市图书馆的建设目标，希望现代图书馆可以提供开放和舒适的环境，满足多样化的读者需求，成为市民的休闲和学习中心。图书馆除了书籍，还提供餐饮服务和免费无线网络，实现无证件进入和通借通还服务。这样的改进不仅为读者提供安静的阅读空间，还鼓励其进行信息交流和社交互动，吸引更多市民利用图书馆资源成为图书馆有效的阅读推广方式之一。

（二）完善服务设施和馆藏资源

图书馆阅读条件的改善为阅读推广方式的多样化提供了有利的条件。首先，图书馆需向政府宣传国家全民阅读政策，介绍图书馆的设施、人员和藏书标准，以推动地方政府加强图书馆基础设施建设，确保完善设施和扩充藏书，改善阅读环境，适时建设城市书房和分馆，扩大图书馆服务的覆盖范围。其次，图书馆需提升服务效率，简化流程，以适应现代人对便捷生活的追求，例如简化借阅手续、延长开放时间、提供自助查询和精确书籍定位。为解决上班族晚上阅读、学习的需求，图书馆可设立二十四小时自助服务，便利读者借阅。最后，馆藏资源的丰富性和趣味性对图书馆的阅读推广也至关重要，图书馆推广阅读时，需考虑读者差异，选择适合的书籍版本。例如，对于初中生推荐名著缩写本，对于高中生及以上人群推荐原著。这要求图书馆藏书既丰富又完善。

（三）转变阅读的功利性色彩

图书馆阅读推广活动的成效常受限于公众对阅读的重要性认识不足、缺乏阅读动力等因素，这一点在少儿读者群体中尤为明显，他们因社会和家长的期望、学业压力而功利性地阅读，从而忽略了阅读的乐趣。一旦外在压力消失，他们便不再阅读。为此阅读推广应激发正确的阅读动力，引导读者从功利性转向审美性阅读，鼓励并支持读者成为终身阅读者。因而图书馆的阅读推广活动应聚焦于培养阅读兴趣，而非仅限于文化知识普及，此外阅读推广活动的宣传、形式、布置和主持方式应摒弃传统严肃刻板的风格，转而创造一个休闲、温馨的氛围。

二、重视个性化需求，提高推广效果

图书馆应遵循以人为本和服务均等化的原则，重视读者差异，研究不同群体的喜好和需求，定制个性化、精准化的阅读服务，以提高阅读推广活动的效果。

（一）细化阅读推广活动的目标人群

随着阅读推广活动参与者的增加，公共图书馆需要及时调整推广策略，细化读者分类，制定更有针对性的推广方式。例如，在少儿读者的推广中通过手工、游戏等方式加强亲子之间的关联互动，从而培养其阅读兴趣和习惯；在老年读者的推广中，图书馆可以从适老化服务着手，定期开展手机应用、摄影、健康等主题的讲座沙龙，帮助银发族更好地适应数字时代。

目前，图书馆的阅读推广主要针对幼儿园儿童与小学生，而对婴幼儿、中学生、成人和老年人的推广较少。这并非意味着这些群体不重要，而是由于他们各自的特点使得推广工作更具挑战性。如，婴幼儿语言和阅读能力有限，中学生忙于学业，成人忙于工作，老年人则可能面临健康和出行的限制。尽管如此，针对这些群体的阅读推广活动仍具有重要意义，公共图书馆应不断探索新的推广对象，并开展有针对性的活动，以促进社会整体发展。

（二）提供定制型阅读推广服务

图书馆曾通过单向方式推广阅读，但读者参与度不高，宣传效果不佳。随着信息系统普及和大数据技术的应用，图书馆能够记录每位读者的个人信息和行为信息，并基于此主动为读者推送相关的资源和活动信息。

目前图书馆能提供的定制阅读推广服务分为两类：一类是数字型资源定制阅读推广，另一类是服务对象分类型定制阅读推广。在数字型资源定制阅读推广服务中，图书馆先完成阅读推广活动需要的音视频、VR、AR 等资源建设，供读者登录账号按需定制获取。在服务对象分类型定制阅读推广服务中，根据读者兴趣或需求等特征，组织相应的阅读推广活动。尽管目前无法实现一对一定制服务，但分类型定制阅读推广活动能较好地满足个性化需求并高效利用资源。

（三）重视弱势群体的阅读推广

弱势群体一般由社会或生理性因素造成，他们难以像其他读者一样使用图书馆资源和参与活动，但他们对阅读和知识有着同健全人一样的追求。公共图书馆应关注这些群体，提供适合他们的阅读服务，保障他们的文化权益，体现图书馆的平等和公益原则。

公共图书馆在为弱势群体服务的过程中，要尊重并善待弱势群体，努力创造温馨、平等、充满人文关怀的阅读环境。不断增加对特殊群体阅读推广的投入，整合资源，完善各类阅读辅助工具，建立特殊馆藏资源，解决他们的阅读难题。在活动策划中考虑弱势群体的需求，提供定制化的阅读推广和专业个性化服务，如为视障人士设立专门的阅读室，提供辅助工具，招募志愿者为盲人提供阅读服务等。

三、培育优秀的阅读推广人

阅读推广活动的质量与推广队伍的能力和素质有较高相关度。图书馆应持续吸引优秀人才，建立高效阅读推广团队，确保阅读推广活动顺利进行。

（一）设立常设机构

阅读推广服务应与借阅和咨询服务一样，成为图书馆常态化开展的基础服务。图书馆通过建立阅读推广常设机构，指定专人负责研究、策划、组织和执行阅读推广活动。这不仅可以更加合理地安排人员和经费，制定并执行系统发展规划，还有助于图书馆培养专业人才，形成独特的工作模式，节约资源，提高工作成效。

（二）选拔培养专业队伍

阅读推广人员的素质直接影响推广效果。有效的推广是读者与资源之间的桥梁，这就要求馆员既要了解读者需求又要掌握资源内容，通过合适的推荐，激发读者持续阅读的热情。图书馆应选拔优秀员工，通过系统的培训和锻炼，提升其专业化水平，使其能熟练应用数字化、智能化的阅读推广工具，并通过激励反馈机制增强馆员与读者的有效互动，不断优化推广工作，形成良性循环。

（三）吸收意见领袖成为领读人

意见领袖是传播学概念，由社会学家保罗·拉扎斯菲尔德提出，指在人际网络中经常为他人传递信息、输出观点，并对他人施加影响且能左右他人态度倾向的"活跃分子"。[22]在网红时代，意见领袖能显著影响公众态度。图书馆利用这些有影响力的人物推广阅读，如：邀请著名作家、文化名人等领读人进行图书推介和阅读指导，可吸引粉丝和潜在阅读者参与，有效地推广阅读。

（四）招募阅读推广志愿者

图书馆通常招募两种阅读推广志愿者：一是专业型志愿者，他们拥有相关专业的学科背景，在接受阅读推广理论和实践培训后成为推广活动的中坚力量，可承担阅读推广人的重要角色；二是专项型志愿者，他们为特定活动招募，接受简单培训后协助完成任务。在国内外的公共图书馆，志愿者发挥着越来越重要的作用。因而，公共图书馆可以从依托志愿平台进行志愿服务信息"云管理"、统一管理机构"云匹配"志愿人力资源、多平台立体"云宣传"志愿服务信息、多元化"云激励"增加志愿者认同感等方面探索公共图书馆志愿者组织"智慧化"管理发展的路径，实现图书馆与志愿者的双赢。

四、重视品牌建设，促进阅读推广的可持续发展

在全国县级以上公共图书馆的评估定级中，阅读推广品牌的创建已成为重要考核指标。公共图书馆在阅读推广活动中，树立品牌意识，整合社会多方资源，以便形成地域特色和独特的品牌基调，并通过不断完善机制保障阅读推广品牌的可持续发展。

（一）坚持阅读推广活动品牌的定位原则

图书馆在创建阅读推广服务品牌的过程中，首先，需要紧扣本馆阅读推广的总目标，然后对总目标进行分层，建立个性化的子活动品牌。其次，挖掘馆藏特色，提炼文化内涵，确保资源与活动匹配，增强品牌的辨识度。再次，明确目标读者群体，根据他们的需求和习惯，精准设计活动内容和模式。最后，通过重组、整合、升级，使活动系列化和持续化，保持读者对推广活动的关注。

（二）加强阅读推广活动品牌的顶层设计

公共图书馆应与时俱进、因地制宜，不断优化阅读推广的顶层设计。通过借鉴国内外成功案例，邀请专家或借助智库资源，制定五至十年的发展战略的规划和框架。其中规划应包括品牌定位、名称与 LOGO、体系结构、推广运营、满意度测评、绩效评估及生命周期等，提出品牌建设的可实施的建议和措施。品牌的顶层设计有助于引导品牌的良性稳定发展，满足读者的新需求。

（三）重视阅读推广活动品牌的全生命周期管理

品牌建设是循序渐进的过程，离不开全生命周期的管理。一方面，图书馆可通过"服务品牌发展论坛"，邀请行业专家和学者共同探讨，提出图书

馆品牌建设的策略，同时可以广泛收集推广品牌的有效做法，为品牌规划提供实际参考，确保规划实施的可行性。另一方面，图书馆需要充分融合发挥现有的品牌优势，实施体系化品牌扶持策略，如基于读者需求分析数据、开发具有特色的品牌衍生产品并进行统一的运营管理，以实现品牌服务的精准化。图书馆通过不断创新服务内容，保障阅读推广活动的品牌持续性，从而维系品牌价值。

（四）通过跨界合作提升阅读推广品牌的社会效益

社会力量的跨界合作有助于图书馆扩大活动受众，丰富内容，提升品牌的社会效益。但合作时首先要解决利益分配问题，明确双方权责和服务边界，确保活动公益性和商业利益的平衡。其次评估合作对象的品牌运营能力及资源，确保合作的有效性和可持续性。最后是拓宽合作思路，提高合作深度，灵活运用资源，帮助合作方获取社会和经济效益。

五、建立阅读推广活动品牌的反馈机制

《公共图书馆服务发展指南》要求："图书馆应当定期评估其推广和宣传工作，并确保评估的结果能够成为未来项目规划的参考依据。"[22] 定期评估图书馆阅读推广活动有助于揭示品牌价值创造的路径，发现效益增长点，发展新用户，并为提升品牌竞争力提供决策支持。因此，图书馆界需要建立一个科学的评价体系，全面评估活动效果。这包括建立与读者沟通的渠道，如问卷调查和网络反馈，以及组织专家讨论和评价推广方式。通过分析这些反馈，图书馆可以为未来的活动和品牌建设提供依据。

参考文献

[1] 中华人民共和国文化和旅游部 . 中国文化文物和旅游统计年鉴（2023）[M]. 北京：
国家图书馆出版社 , 2023 : 24.

[2] 周德明 . 公共图书馆的社会职能及在城市文化建设中的作用——兼议上海市公共
图书馆系统 [J]. 图书馆研究与工作 , 2009, (02):2—8.

[3][4] 程焕文 . 公共图书馆的定义与性质——关于《中华人民共和国公共图书馆法》
的几点思考 [J]. 图书馆建设 , 2023, (06):22—30.

[5] 陈迪新 . 浅析我国近代图书馆事业发展的第一个黄金时期的主要成就 [J]. 科技信息 ,
2013, (12):24+26.

[6] 朱作丹 . 清末民初我国图书馆借阅制度考略 [J]. 四川图书馆学报 , 2023, (02):71—
76.

[7]《中国图书馆学报》编辑部 , 吴建中 . 国际图联 / 联合国教科文组织公共图书馆宣
言 2022[J]. 中国图书馆学报 , 2022, 48(06):126—128.

[8] 吴晞 . 任务、使命与方向 : 图书馆的阅读推广工作 [J]. 图书馆杂志 , 2014,
33(04):18—22.

[9] 范并思 . 阅读推广的理论自觉 [J]. 国家图书馆学刊 , 2014, 23(06):3—8.

[10] 王丹 , 范并思 . 图书馆阅读推广基础理论流派及其分析 [J]. 大学图书馆学报 ,
2016, 34(04):23—29.

[11][12] 黄文镝 . 近年来我国社会阅读活动概述 [J]. 图书与情报 , 2010, (03):30—35.

[13][14][15] 屈义华主编 . 阅读政策与图书馆阅读推广 [M]. 北京 : 朝华出版社 ,
2020:7—16.

[16][17] 丁文祎 .21 世纪中国公共图书馆阅读推广发展研究 [J]. 图书情报研究 , 2014,
(02):7—11+20.

[18] 路艳霞 . 北京城市图书馆荣获国际图联 2024 年度公共图书馆奖 [N]. 北京日报 ,

2024-10-09(001).

[19] 单骅, 洪烁. 探索公共图书馆阅读推广新模式——以浙江图书馆官方抖音号"大咖来了"为例 [J]. 图书馆杂志, 2021, 40(10):119—123.

[20] 冯睿. 基于"少儿智慧银行"的图书馆阅读推广联动模式探究 [J]. 图书馆研究与工作, 2017, (06):76—80.

[21] 刘俊冉. 新媒体环境下如何加强把关 [J]. 青年记者, 2018, (35):45—46.

[22] 刘银娣. 读者发展与连接学习:英美阅读推广战略及其给我国的启示 [J]. 出版发行研究, 2018, (06):81—85.

第三章

智慧时代公共图书馆阅读推广的
机遇与挑战

2008 年 IBM 第一次使用了"智慧地球"这一定义，2009 年公布了"智慧地球"的中国策略。IBM 认为，IT 技术可以充分运用于各行各业，简而言之，把感应器嵌入电网、铁路、隧道等万物中，形成物联网，然后基于云计算技术将物联网整合，最终达成智能化识别、定位、跟踪、监控和管理的"智慧"效果，以便严密和动态地管理公众的生产和生活，最终形成"智慧地球"。随后 IBM 提出了由"智慧能源""智慧建筑""智慧政府"等二十一个主题构成的"智慧地球"，"智慧地球"拓展至微观层面，进而完成智慧国家、智慧社区、智慧个人生活等全方位渗透，开启了智慧时代的发展序幕。

第一节
....

智慧时代图书馆发展的背景

一、社会需求变化背景

紧跟知识经济的兴起和信息技术水平的提高，人类社会开始迈向知识经济发展时期。知识已发展为关键的战略性资源。作为国家创新系统中的必要环节，知识创新决定了国家的实际竞争力。图书馆作为信息与知识汇集、利用与保存的重要场所，其提供服务的内容与服务方式，随着信息技术与用户需求的变化而不断发展，主要经历了从文献服务、信息服务到知识服务三个阶段。[1] 传统图书馆的知识管理与服务以"文献流"或"信息流"为基础。知识经济社会迫切需要图书馆提供智能化、知识化、网络化和个性化的"知识流"服务，社会发展需求的变化是智慧时代图书馆发展的出发点。

二、技术迅猛发展背景

二十一世纪初，国际电信联盟官方规范了物联网的定义，物联网建立了从人与人、人与物到物与物的彼此连接。云计算作为分布式计算、并行计算、效用计算、网络存储、虚拟化等传统计算机和网络技术深度融合的产物，[2]2008 年之后很快变成学术领域和各大产业内十分重视的焦点话题。IBM 于 2008 年描绘了"智慧地球"的整体设想，其后开展的智慧地球、智慧城市等实际探索，为智慧时代图书馆的出现，给予了充分的技术支持，人工智能技术的出现与崛起更是加速推进智慧时代图书馆的发展。

三、智慧图书馆的提出与相关研究

在国内外的图书馆学研究领域，"智慧图书馆"这一概念先于"智慧地球"出现并付诸实践。二十一世纪初期，加拿大的部分图书馆和博物馆共同组成了"Smart Library"联盟，能够给予用户一站式检索服务。澳大利亚昆士兰州立图书馆制定了以搭建"智慧图书馆网络"、整合虚拟和现实空间为目的的智慧社区发展政策。芬兰奥卢大学的图书馆也推出了"Smart Library"服务。这项服务可以打破时间和空间约束，提升用户感知，能够帮助用户找到所需信息。米勒等人将智慧图书馆视为海量软件质量工程（Software Quality Engineering，SQE）的实践，尽力让研发者和使用者规避以下问题：一是规避使用、配置、安装中的各种问题，二是由于运行情况发生转变造成的功效减少等类型的问题。综上所述，国外图书馆在智慧图书馆领域开展的相关研究开始由纯技术转变为服务、管理和社区建设等内容，代表了智慧图书馆建设的根本目标。

与国外的研究发展类似，国内的图书馆领域同样由智能图书馆研究拓展到智慧图书馆的探索和实践。上海图书馆带头推出手机图书馆的移动服务，台北市立图书馆借助 RFID 技术打造了无人服务的智慧图书馆。2010 年，学者严栋指出凭借不断更新的信息技术来转变用户与系统之间的信息资源交互形式，强调快速、灵活和高效，最终达成图书馆的智慧化服务和管理。[3]2011年，学者董晓霞等概括了智慧图书馆的关键特点，包括感知智慧化、阅读推广服务智慧化等。[4]同年，学者王世伟相继撰写《未来图书馆的新模式——

智慧图书馆》《论智慧图书馆的三大特点》《再论智慧图书馆》三篇文章，针对智慧图书馆的概念、特征和发展模式作出了详尽的说明。[5]2015 年以来，有关智慧图书馆的研究取得了很大的进步，无论是从事研究的学者数量、发表论文的情况或者是文章被引用的情况等都有了较大的提升，而且研究的主题范围更加广泛，研究内容更加深入和具体。

智慧图书馆的研究内容大致划分为四个方面。一是以技术探索为重点的研究，此方面的研究以不同的智能新兴技术的尝试为主，通过开展具体的技术实践，促使智慧图书馆建设的框架、模型、系统设计等宏观技术得到有效应用。二是以建设和发展为重点的研究，这类研究数量大，涉及范围广，主要包括阅读服务推广、图书馆发展转型等，相关的主题研究以引导用户享受图书馆提供的资源和服务，保证用户权益得到充分发挥，进而助力智慧图书馆的建设。三是以智慧服务为重点的研究，主要是指利用技术手段实现的服务创新与服务融合，由于受大数据、云计算、区块链等技术发展的影响，智慧服务研究内容的广度和深度逐渐扩大，对用户深层次的需求进行充分挖掘，据此面向用户提供定制个性化、精准化的知识推送服务。四是以智慧馆员为重点的研究，此类型的研究数量较少，智慧馆员通常扮演着知识服务提供者的角色，将满足用户资源和服务需求视为目标，负责凭借本身掌握的专业知识和技能来为用户提供定制化增值服务，但目前他们的综合能力影响了智慧服务的实践。

四、国家相关政策引导

2021 年 3 月，"十四五"规划纲要正式发布，第一次提出了发展"智慧图书馆"和"提供智慧便捷的公共服务"的规划内容，这部分内容具有划时代的意义，作为中国图书馆事业发展史上的关键时间节点，意味着中国的图书馆建设正式迈向了智慧图书馆建设的新时代。

数字图书馆试验自国家"九五计划"开始，在此梳理 1996 年之后的六个五年规划中涉及图书馆文化事业发展国家战略导向的相关内容。

在 1996 年国家发布的"九五"规划中，文化事业的总体发展战略导向为推动文化事业繁荣发展，提出"开发和利用图书馆信息资源；加强图书馆、文化馆、博物馆、剧场、音乐厅、美术馆、青少年活动基地、图书发行网点等公共文化设施建设"。[6]"九五"规划表现了国家对于加强图书馆建设和信息资源建设的重视程度。在 2001 年发布的"十五"规划中，国家要求"加强图书馆、博物馆、文化馆、科技馆、档案馆和青少年活动场所等文化设施建设"。[7]"十五"规划仍然强调了图书馆的建设，同时也明确了"提高文化生活质量"的新要求。2006 年发布的"十一五"规划中，提出"加大政府对文化事业的投入，逐步形成覆盖全社会的比较完备的公共文化服务体系"，并特地列出全国"文化信息资源共享工程"，重点强调了实施数字化建设，促进文化资源共建共享的总体目标。[8]2011 年发布的"十二五"规划中，提出"增强公共文化产品和服务供给；公共博物馆、图书馆、文化馆、纪念馆、美术馆等公共文化设施免费向社会开放；注重满足残疾人等特殊人群的公共文化服务需求；建立健全公共文化服务体系"。[9]2016 年发布的"十三五"规划中，提出"坚持以人民为中心的工作导向；推进基本公共文化服务标准化、均等化，完善公共文化设施网络，加强基层文化服务能力建设；加快公共数字文化建设，鼓励社会力量参与公共文化服务"。[10] 多项文化重大工程涉及了图书馆事业的发展，全民阅读被正式列入五年规划。2021 年发布的"十四五"规划中，第一次在文化发展规划范围以外的内容涉及智慧图书馆的发展，强调了加快公共图书馆的数字化发展和深入推进全民阅读的必要性，提出了多项与公共图书馆相关的文化繁荣发展工程。[11]

自"九五"规划的开始发布实施到"十四五"规划正式提出的二十余年间，能够发现五年规划中涉及图书馆事业的国家文化发展战略导向显露出三个主要特征和变化：第一点，对信息资源的建设由开发利用逐渐转变为资源数字化建设，由公共数字文化建设逐步向智慧图书馆和公共图书馆数字化建设发展；第二点，第一次在文化发展规划范围以外的内容提及智慧图书馆的发展，同时强调了要提供智慧便捷的公共文化服务；第三点，国家文化大数据体系第一次出现在国家重大文化工程的建设规划中。因此，国家"十四五"规划中提及智慧图书馆具有必然性，符合国家文化事业发展的规律。智慧图书馆是国家经济和社会发展到一定程度出现的全新事物，也是国家公共文化事业发展的必然选择。智慧图书馆未来会作为图书馆技术创新的核心支撑和图书馆服务公众的重要途径，也会变成图书馆实现事业高质量发展面临的重要机遇。

综上所述，在社会需要刺激、技术支撑、相关学术研究及实践的支持、国家相关政策引导的背景下，智慧时代图书馆的发展已从理念阶段转入实践阶段。

第二节

....

智慧图书馆的定义

智慧图书馆正处于不断发展、更新和完善中，并逐渐演变成一个新的科学体系。截至目前，智慧图书馆的定义尚未有统一定论，在本节梳理各发展阶段关于智慧图书馆的定义不同的观点，以便对智慧图书馆有更深入的认识。

一、国外对智慧图书馆的定义

智慧图书馆的理论与实践皆起源于国外，与实践相比，智慧图书馆的理论研究稍显滞后。最先将智慧图书馆应用到实践中的是 2001 年加拿大渥太华的"Smart Library"图书馆联盟。澳大利亚昆士兰州立图书馆也于这一年组成世界上最早的"智慧图书馆网络"，旨在依靠智慧图书馆的建设，连接虚拟和现实场景。2002 年，新加坡图书馆是国际上最早尝试运用无线射频识别（RFID）技术进行标签式管理的图书馆。2004 年，北美地区就有超过 130 家图书馆使用 RFID 技术。可见智慧图书馆在国外的发展速度非常快，已经得到了广泛的关注。2003 年，芬兰的 Aittola 创造性地提出了有关"智慧图书馆"的定义，把智慧图书馆视作应用无线射频标签、互联网和人工智能等新技术，并将传统服务向智慧化转型升级，从而使传统的图书馆服务成为突破时间和空间约束、具有易感性的移动式服务。之后的五年间，国外涉及智慧图书馆领域的理论探讨并不多，直到 IBM 在 2008 年 11 月提出"智慧地球"，"智慧"这一概念才逐渐进入研究人员的视野。

2009 年，美国的 Repanovici 和 Turcanuu 在第八届人工智能、知识工程和数据库国际会议上，对 RFID 技术在图书馆的应用进行了分析，认为 RFID 技术将给图书馆服务带来巨大改变，让图书馆变得更具智慧性。Spangler 等人着眼于技术研究，提出"智慧"的特征通常显示在系统易达成的自我保护、改进等自动化功能上。Yusof 等人把智慧图书馆定义成采用近场通信等人工智能相关技术的管理系统。Cao 等人认为智慧图书馆是指利用前沿技术感知用户、剖析用户行为进而了解和应对用户需求的手段。

二、国内智慧图书馆的定义

（一）智能图书馆

国内有关学者在"智慧图书馆"的概念提出之前，已对"智能图书馆"进行过研究。早在 1999 年，中国台湾地区林文睿对智能图书馆建筑概念与实践进行了系统的阐述，其被认为是国内最早对智能图书馆做过研究的学者。[12] 大陆最早对智能图书馆进行研究的是张洁和李瑾，其在 2000 年提出智能图书馆是将智能技术应用在图书馆建筑中的产物，也是图书馆建筑与数字图书馆相结合的产物。[13]2016 年，陈鸿鹄指出，智能图书馆是应用智能技术的智能建筑与数字图书馆的有机结合与创新。[14] 以上对智能图书馆的理解侧重于应用智能技术的智能建筑，虽然认识到智能技术的驱动作用，但仅从智能建筑角度进行论述，并没有涉及智慧化图书馆的建设与服务。

（二）智慧图书馆

严栋于 2010 年刊发的《基于物联网的智慧图书馆》，是国内智慧图书馆领域最早的研究成果。文章中创新性地提出了"智慧图书馆"的概念，将智慧图书馆描述成依靠更加智慧的途径，采取全新的技术手段来转变用户与系统之间的资源交流形式，促使信息交流变得更加清晰、灵活与快捷，最终构建一种"智慧化"的图书馆管理和服务模式。[15]此外，文章中将智慧图书馆描述为由图书馆实体和虚拟空间、云计算技术、物联网技术和智能化设备构成的集成系统。这些是图书馆智慧化服务和管理得以完成的必要元素。这篇文章为我国的图书馆研究打开了新思路，掀起了国内智慧图书馆研究的热潮。但是从总体上看，研究中对三种智慧属性范围内的理解还存在不足，在理论建构上略显割裂，没有清晰地阐述智慧图书馆的本质特征，更重要的是忽略了"智慧馆员"这一智慧图书馆中不可或缺的元素。近年来，许多学者对此开展大量研究，对"智慧图书馆"的概念提出各自的研究见解，研究成果虽多，但还未形成统一的定义，研究者往往因为研究角度不同，故给出了不同的定义，大致可以概括为以下几种：

1.感知论

感知论的研究者特别关注智慧图书馆的可感知性。感知论强调通过广泛应用物联网、人工智能等感知技术，让图书馆的构造环境、文献资源以及用户群体等系统中的核心元素可以及时、自发地得到关联感知数据。董晓霞等人指出，智慧图书馆是由感知和服务的智慧化二者充分结合而成的。[16]陈巧莲提出智慧图书馆的优势在于可以为用户群体营造出更加人性化、交互式的智能服务环境，建筑环境、文献资源、读者和设备资产等图书馆的各种关键数据能被及时感知与妥当处理。[17]侯松霞提出智慧图书馆是数字图书馆发展到比较高级的阶段的新目标，通过利用多种智能技术，对读者、各种形态的馆藏资源、图书馆工作人员和建筑设施等图书馆要素进行深度感知，并进行系统化的服务和管理。[18]乌恩认为人物互联是智慧图书馆的建设中最核心的环节，智慧图书馆是在该感知的基础上，在以 RFID 为代表的物联网环境下，应用云计算技术，连接智慧化设备，为用户提供智慧化的服务支持。[19]
邱均平认为智慧图书馆就是对资源和读者的感知，同时为用户提供智慧化服务。[20]胡海燕将智慧图书馆理解为流程化，先是对读者需求的信息进行感知、捕捉和统计分析，再对其提供快速高效的智慧化服务。[21]王新才认为智慧图书馆就是在无须人工干预的状态下，利用技术使图书馆的管理与服务向智慧化方向发展。[22]感知论较具有代表性，是我国智慧图书馆的研究学者关注较多的一种观点。

2. 智能技术论

智能技术理论突出智能技术对智慧图书馆发展的驱动作用，实现以物联网为基础的设备、系统、流程之间的互联互通。韩丽提出智慧图书馆最重要的是能利用物联网等智能技术，综合考虑用户的感知需求，并据此为用户提供智慧化服务和管理。[23]这是图书馆转型发展的阶段性目标与高级形态。李显志和邵波等人更加关注智慧图书馆建设中馆员与读者之间的协同感知和创新，认为智慧图书馆是融合技术、馆员、读者、服务与资源为一体的智慧协同体。[24]

3. 人文服务论

人文服务论强调馆员在构建智慧图书馆中的重要作用，表现在图书馆馆员在利用新技术解决问题方面的主观能动性。王世伟认为"智慧"应存在以下特征：一是以数字化、网络化、智能化的技术保障为前提；二是具有互联互通、高效快捷的沟通协调能力；三是追求数字惠民与绿色发展；四是整合集群与协同、服务泛在和跨越时空；五是具有模式创新和可持续性。[25]马然从宏观与微观两方面探究智慧图书馆的建设，即思想与技术属于宏观方面，资源建设与读者服务属于微观方面。[26]朱强指出智慧图书馆作为图书馆发展到新阶段的产物，自动形成了以人工智能等技术手段为支撑的知识服务系统。[27]

4. 要素论

要素论十分关注建设智慧图书馆客观事物的存在基础以及维持其产生、发展、变化等运动的必要的基本系统单位。目前智慧图书馆主要有"三要素论"和"五要素论"。智慧图书馆的"三要素论"是由刘丽斌提出的,包含人、资源、空间,以"人"这个要素为核心,"资源"与"空间"为基本点。[28]在"三要素论"中,通过技术基础改善服务效果。陈进提出智慧图书馆的构成要素有资源、服务、技术、馆员和读者五个,也就是典型的"五要素论"。[29]资源要素要求智慧图书馆提供多元、高效和优质的馆藏资源,为读者提供快、准、好的服务。服务要素要求智慧图书馆感知读者需求,泛在化地提供智慧化服务。技术要素要求智慧图书馆采取新的技术手段,使服务效率获得快速、有效地提高。馆员要素要求不断加强图书馆馆员的信息技术素养,以便其能够熟练使用新技术为用户提供智慧服务。在读者要素中,智慧图书馆要具有使用性、协同性和敏锐性,即确保读者能乐于使用系统与图书馆进行协同互动。

5. 综合论

综合论并没有从单一角度对智慧图书馆进行定义,而是综合考虑了资源、服务、技术、物理实体等多种因素。我国资深图书馆学专家初景利教授并未对智慧图书馆做出明确定义,他认为智慧图书馆是未来图书馆发展的最高形态,将驱动图书馆向前发展。刘炜赞认为智慧图书馆是在复合图书馆的基础上的一个更高级形态,以信息技术和智能设备为基础,可实现图书馆内的人、文献、设备、建筑之间的互联互通,向读者提供智慧化服务的目的。[30]孙利芳认为智慧图书馆的目的是让读者享受到图书馆的5A服务,即任何人(Anyone)、任何时间(Anytime)、任何地点(Anywhere)、通过任何方式(Anyway)、获得任何服务(Any service),其包含了智慧馆员、读者、管理和发现四个关键要素,手段是先进的技术设备。[31]李玉海指出智慧图书馆实现了虚拟和现实二者的有机统一，即通过信息化技术将图书馆的专业管理与智能设备的感知相融合，从而为读者提供快、准、好的各项资源和经过深加工的专业知识服务，让读者享受到智能空间和文化空间。[32]

通过以上分析可知，我国目前关于智慧图书馆的认识包括感知论、智能技术论、人文服务论、要素论和综合论。这些分类是依据学者对智慧图书馆认识的不同角度进行划分的，并不是以研究论文发布的先后顺序进行划分的。通过对相关文章的梳理，发现智慧图书馆的研究经历了由浅入深、从个体到整体、从局部到综合以及从致力于智能化建筑实体研究到提供系统化、专业化智慧服务的转变过程。我国的智慧图书馆涉及的技术与理念不仅越来越先进，而且越来越综合。图书馆的发展经历了两次重大转型：一是传统纸质藏书的物理图书馆向数字图书馆的转变；二是数字图书馆向智慧图书馆的转变。目前国内外的图书馆正在不断努力向第二阶段转变。

三、与时俱进的智慧图书馆的定义

随着技术不断革新，国内对智慧图书馆的定义众说纷纭，莫衷一是，智慧图书馆的定义不是固定的。为此笔者认为以历史上的定义为参考，结合当下环境分析智慧图书馆的定义比较合理。基于此，笔者比较认同 2021 年学者严栋在《智慧图书馆概论》一书中提出的智慧图书馆的定义。严栋认为，智慧图书馆是图书馆馆员利用物联网、人工智能等技术和智能化设备，完成对用户及图书馆海量资源和设备设施的全面感知和智慧化管理，能够为用户提供具有泛在化、高效化、便利化特征的智慧服务的新型图书馆模式。[33] 此定义可以看作是智慧图书馆"五要素论"的延伸，再次明确了技术、用户、馆员、资源与服务等是构成智慧图书馆的关键元素。在此严栋以"用户"代替了"读者"，丰富了传统图书馆服务对象的内涵和外延。笔者认为在公共图书馆智慧化转型过程中"用户"和"读者"将会同时存在，并存在混合使用的情况，随着公共图书馆智慧化转型的深入，"用户"将会逐步替代"读者"。技术是开展智慧图书馆建设、管理、服务的途径和手段。资源是智慧图书馆为用户提供服务的必要前提。馆员和服务是核心，也是智慧图书馆存在的价值。

信息技术不断拓展研究领域和应用边界，除了当下流行的移动互联网技术、RFID技术和物联网技术，还包括现有的人工智能技术（AI）、云计算技术、大数据技术、区块链技术等新兴技术，以及将来所运用的未知的更成熟的技术和设备。用户与资源的全面感知和交互具有很高的明确性，体现了智慧图书馆个性化、精准化、便利性的特点。智慧服务有更加泛在、高效、便利的特点。智慧服务和管理是这些要素的中枢，是智慧图书馆的关键所在，具有服务效率高效化、服务对象泛在化、服务内容多样化、服务方式智慧化等特点。

智慧图书馆的发展、完善不仅是出于现实的紧迫性，也是图书馆内部发展的要求，其并非与当前图书馆模式的彻底割裂，实际上是在当前图书馆模式的基础上，依托人员、技术、资源等核心要素的持续变化，实现管理与服务的全面优化与升级。

智慧图书馆就是利用先进的技术赋能图书馆建筑，物联网实现感知功能，大数据、区块链支持记忆功能，智能计算支持思考分析与判断功能，让读者畅游在一个现代化、智能化十足的阅读空间中。在资源建设方面，能够通过大数据分析，了解读者的阅读习惯，挖掘读者的潜在需求，从而对纸质图书与电子资源的采购起到指引作用，比读者的需求更早一步，全面掌握服务对接的主动性。在业务管理方面，通过智能化设备的管理，感知图书馆各种设备的运行状态，实现远程设备调试，并依据人流量的热感应对读者人群进行引导，特别是在一些特殊时期，人流管理显得尤其重要。在服务读者方面，智慧图书馆能提供的帮助相当多：一是通过大数据分析，了解用户需求，向用户提供个性化推荐和定制服务；二是通过地理信息系统和热感应系统将读者的需求与馆藏资源的位置进行匹配，帮助读者快速找到所需资源；三是读者能及时方便地将遇到的问题向系统反馈，与馆员进行无障碍沟通。新兴技术的介入是智慧图书馆建设的前提，确保了智慧图书馆的发展；为读者提供以人为本的服务是智慧图书馆建设的终极目标，也是其不断发展的原动力；协同共享是智慧图书馆在业务管理能力上的体现，也是智慧服务的保障。

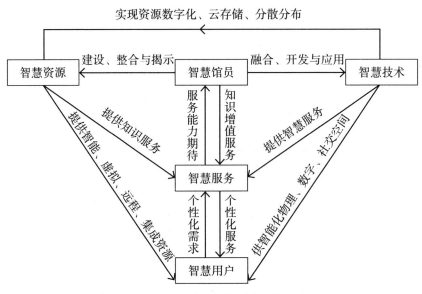

图3-1　智慧图书馆构成要素结构体系图

　　智慧图书馆是由智慧资源、智慧馆员、智慧技术、智慧服务和智慧用户五个要素共同构成的内部高度统一的新型平台，形成了完整的智慧化生态体系。其中智慧服务是连接所有要素的关键，也是系统有序运行的最终目的。智慧资源是要素间合理流动的前提，智慧馆员是服务质量的决定性因素，智慧技术是系统实现的总体支撑，智慧用户是系统服务的主要对象。

　　平台的内部结构体系详见图 3-1，当前结构说明了智慧馆员在智慧技术的支撑下是作为智慧资源、智慧用户和智慧服务三者之间相互连接的桥梁。[34]智慧馆员的核心素养包括：第一，要把提供智慧化服务当成长期奋斗的理想；第二，必须掌握丰富的理论知识，不断拓宽知识范围，不仅要学习图书馆学、情报学、计算机科学、行为心理学等相关学科知识，还要补充交叉学科知识，紧跟智慧图书馆领域的研究热点，及时调整知识结构，扩充知识面，提高文化素养；第三，培养认知能力和心理适应能力，积极尝试感知新事物，自觉主动地了解、接触、接受新兴技术和新需求，通过快速制定新策略、新规划来适应情况变化，探索情况变化规律；第四，熟练掌握信息技术知识和相关技能，培养创新性思维，促进智慧图书馆建设的快速发展。[35]

　　智慧图书馆建设的目的是更好地为读者提供服务。因此，智慧服务确立了其在智慧化生态体系中的核心地位。资源是图书馆维持高效运行和稳步发展的前提，也是图书馆历史文化传承作用的体现，没有资源，智慧图书馆就失去了发挥的对象。服务是馆员面向读者的单向输出，是图书馆的社会价值所在，也是智慧图书馆建设的关键所在。管理是图书馆服务的系统整合，只有实现了管理的智慧化，才能实现服务的智慧化。智慧图书馆的一切技术都应紧紧围绕服务来进行，这也是智慧图书馆的价值。技术的升级能帮助图书馆更好地感知读者需求，挖掘他们潜在的需求，并给予及时的回应，体现阅读服务的智慧化和个性化，从而使智慧图书馆成为由图书馆馆员的智慧加上物的智能而形成的一种可持续发展的新形态。

　　由此可见，智慧图书馆的理论基础在不断发展、更新和完善中，并逐渐演变成一个新的科学体系。

第三节

....

智慧图书馆特征

坚持"以人为本"的方针是智慧图书馆最重要的一个特征。智慧图书馆的"智慧"体现在图书馆能够智能感知并满足用户对显性知识的需求。传统图书馆处于被动满足用户显性知识需求的初级阶段，但智慧图书馆不仅可以主动为用户提供显性知识服务，还可以搜集、挖掘用户的隐性需求，主动更新、优化服务手段，持续践行"以人为本"的根本准则。为了实现这一系列目标，智慧图书馆需要不断引入新兴技术，吸收各种技术优势，借此调整传统图书馆的总体结构，促进图书馆结构的合理化，构建智慧服务创新模式，有利于全方位提升智慧服务质量。本节将从全面感知、互联互通、绿色发展和智慧管理与服务四个方面描述智慧图书馆的基本特征。其中，互联互通和全面感知代表了智慧图书馆服务与管理扎实的技术基础；绿色发展代表了智慧图书馆遵循不破坏平衡的可持续发展战略；智慧管理与服务是智慧图书馆建设的终极目标，同样被当作智慧图书馆最值得注意的特征。[36]

一、互通互联

互通互联的含义是利用数字化、网络化、智能化技术连接用户、资源和图书馆的管理，进而实现知识的互通和共享。馆员通过对知识进行智能管理，最终达成对用户知识需求的快速识别和高效响应。互联互通主要表现为泛在化、聚合化、协同化三个特征。

（一）泛在化

"泛在化"是指无处不在的图书馆智慧化服务，即所有人都能够按需获取图书馆任意类型的信息资源和任意形式的服务，无论用户处于何种时间和何种位置，不因用户的身份或时空变化而受影响。

1. 时间方面。一般情况下，实体图书馆通常有固定的开馆和闭馆时间。与此相比，线上图书馆可以不间断地面向使用者开放，为其提供所需的资源和服务。这意味着图书馆用户的选择权正在不断扩大，用户行为所受的限制正在不断减少。

2. 地域方面。在互联网的支持下，用户在任何有网络连接的地点都可以通过终端设备访问图书馆的信息资源，使用图书馆提供的服务。虚拟现实和增强现实技术展现出了良好的应用前景，建立具有虚拟现实功能的图书馆，真正成为随地存在的、用户身边的图书馆。

3. 终端方面。智慧图书馆利用互联网提供的服务可以支持多种终端设备，用户可以使用 PC，也可以使用智能手机、平板电脑、掌上电脑等设备和器材，充分地展示了图书馆服务获取途径的泛在性特点。

（二）聚合化

伴随着传统图书馆资源数字化程度的不断提高，之前图书馆的管理系统多数采用的 DC、MARC 等元数据标准，很难对全部资源的内容属性和结构特征进行明确地说明，而 RDF 技术的出现及应用，为不同格式的资源的描述、组织、整合提供了新的解决方案。智慧图书馆的资源管理具有多角度和立体化的特性，既可以实现馆内外跨部门资源的聚合，也可以实现不同类型的资源聚合。此外，随着大数据、云计算、人工智能等新一代信息技术的广泛应用，智慧馆员能够依靠这些技术展开资源整合和深度挖掘，有利于完成知识管理和知识增值，为图书馆用户提供全方位、便捷式的服务，帮助用户在有限的时间范围内完成资源的获取，并实现最大化的资源利用。

智慧图书馆可通过建立地区联盟、行业联盟或发展总分馆，有效地解决图书馆信息资源的同质化问题，从而实现人力、资源、资金的深度融合和优化配置，进而形成规模效应。

（三）协同化

智慧图书馆利用信息网络技术提供动态交互合作与服务平台。动态交互是指用户可以通过系统中的用户界面开展大量的交互式操作。这就要求进行系统的人机交互设计时，充分考虑用户的认知特点，降低操作的复杂度和学习成本。此外，也可以将人工智能、大数据等技术融入图书馆系统来预测需求和辅助操作，使用户之间通过系统平台实现流畅的协同阅读、学习、研究或工作。同时用户和馆员之间也可以使用该平台进行问答、参考咨询等服务，实现用户与馆员之间的协同探讨，实时交互。

智慧图书馆系统甚至可以开放源代码，通过活动悬赏等方式招募开发人员或组织，让用户也参与进来，对图书馆而言，既可以节省系统开发成本，缩短开发时间，也可以使系统平台更贴合用户自身的需求，不断地迭代优化。对用户而言，可以在系统的源代码中不断学习和进步。智慧图书馆系统具有高度的可拓展性，可以自由组配功能模块，做到数据和应用程序解绑，可以带来松耦合、系统模块自动更新和增减的热插拔。[37]

二、全面感知

图书馆依靠物联网和智能感知技术等融合应用来进行资源感知、人员感知、环境感知和服务质量感知四个方面的感知，从而面向用户提供智慧化的服务和管理。

（一）资源感知

资源感知可分为对馆内设备、纸质文献资源、数字资源的感知。对馆内设备及纸质资源的感知主要是依靠物联网技术，通过射频识别（RFID）、红外线感应、激光扫描、物体定位系统等软硬件技术，根据其特定的网络协议，将设备、纸质文献资源进行网络链接，与用户之间展开信息交互，以此完成对设备和信息资源的识别、定位、搜寻及管理。[38]

对数字资源的感知，智慧图书馆需要通过语义等人工智能技术，重新整合各类数字资源，为用户提供基于自然语言的一站式知识检索平台，便于读者在海量信息中准确高效地获取自己需要的知识。

（二）人员感知

1.对用户的感知，既包含对用户本体的感知，又包含对用户兴趣与需求的感知。通过自动感知门禁、人物定位、馆内地图自动导引等对用户本体的感知；借助云计算平台和大数据分析等技术，对用户个人信息的自然属性（年龄、性别、专业等）和用户的行为数据（借阅、浏览、预约）等进行挖掘分析，建立用户画像，实现对用户兴趣与需求的感知，基于画像，为其推荐相关资源与服务。

2.对馆员的感知。虽然智慧图书馆在目前阶段实现了很多服务的智能化、自动化，但仍然存在一些需要馆员提供服务的项目。智慧图书馆馆员需要从职能型向服务型和专业型转变。通过智能寻呼系统等平台将馆员工作的各个方面感知与用户感知相联系，实现馆员与用户交流与沟通的目的。

（三）环境感知

图书馆藏书众多，人员集聚，消防方面的防护十分重要。此外，图书馆环境中的温度、湿度、光线等监测与调节对古籍等馆藏资源也十分重要。智慧图书馆系统包含大量传感器模块，通过它们能够充分发挥系统的环境感知能力。环境感知的优势在于能够实时监控空气质量，定时通风换气和彻底消毒，随时监测建筑空间内部的温湿度，也能够防霉、防虫和防腐蚀。智慧化图书馆的消防安保、楼宇自动化等系统保证了发生地震、火灾等灾害时，馆员能够及时有效地疏散人群，达到降低风险的目的。

（四）服务质量感知

图书馆用户服务质量感知是指将用户对图书馆所提供的服务的期望和用户实际感受到的效果展开对比。智慧图书馆建设的根本目的就是优化服务质量和服务内容，提高用户的满意度，进而缩减用户期望效果与实际服务情况之间的差距。因此，用服务质量感知的效果来衡量智慧图书馆的建设水平是十分合理和必要的。在智慧图书馆的系统中，图书馆能够利用人工智能、大数据等技术取得相关数据，开展服务质量感知评价与分析，并以此为基础，制定优化策略。

三、绿色发展

绿色图书馆是指在图书馆建筑实体的寿命周期内提高建筑能效，降低对环境的负荷，为用户打造健康、经济和高质量的服务空间。

在设计图书馆时，应仔细选择最适宜的建筑地址，采用可降解和可再生材料，妥善解决废物处置问题，尽可能地降低图书馆建设给自然环境带来的消极影响，充分保证建筑内部的环境质量。在智慧图书馆的发展阶段，应坚持绿色可持续的发展理念，维护地区生态平衡，减少资源浪费，促进人与自然的和谐发展。从图书馆软硬件设施建设的角度来说，硬件设施包含节能减排的绿色环保建筑、经过优化的内外部环境，以及低能耗、高性能、易维护的设施设备等。软件建设包含了增强图书馆的可持续性与社会和谐的理念，牢固树立科学发展观，进一步贯彻落实国家战略方针。

四、智慧管理与服务

智慧图书馆的智慧管理和服务强调"以人为本"的重要性，通过整合资源，利用跨系统技术，构建了全方位、立体化的服务环境，为智慧管理奠定基础。同时也突破了信息获取的时间和空间限制，最大程度地依托图书馆的知识服务系统来为用户提供高效、便捷的智慧服务和智慧决策。智慧服务与管理是智慧图书馆具有的鲜明特点，也是建设的根本目标。

（一）智慧服务

智慧服务在智慧图书馆的建设中始终占主导地位。通俗来讲，图书馆需要做到"懂"用户，想用户所想，将用户需求放在首位，始终以用户需求为导向，以发展智慧服务为目的。只有这样，才能更好地和用户互动，使用户的自主创新力不断增强，知识的运用能力也能显著提升。图书馆可提供的服务逐渐由最初的文献服务到信息服务，再发展到知识服务，现在又开始向智慧服务迈进。智慧服务也是知识服务的升级与进化。

智慧图书馆展现出的公共性、智慧性和集群化管理等重要特性是用户顺利获取智慧服务的前提。

学者初景利、段美珍认为智慧图书馆对读者的智慧服务体现在服务场所泛在化、服务空间虚拟化、服务手段智能化、服务方式集成化、服务内容知识化、服务体验满意化等方面。[39]

服务场所泛在化。物联网、移动通信等技术应用，使图书馆突破了时空的限制，虚拟空间范围被不断延伸，服务空间日益扩大，为馆、人、书三者之间的交互提供了充足场所。

服务空间虚拟化。图书馆通过引入虚拟现实 VR、增强现实 AR、混合现实 MR 等技术，建立具有沉浸式体验感的虚拟现实图书馆服务场景，从而拓展了图书馆的虚拟空间。

服务手段智能化。图书馆依靠大数据和人工智能等技术对用户进行画像，从而得出每类用户的个性化需求，就可以有针对性地提供服务。

服务方式集成化。物联网技术集成了信息资源、人员、设备设施等要素，打造了互联互通的功能集成系统，另外通过对图书馆各个信息系统进行集成和整合，建立统一的图书馆信息门户，对所有资源的访问和查询实现一键查询，以此实现用户能够尽可能方便、快速、低成本地得到所需的资源与服务。

服务内容知识化。图书馆采用数据挖掘和数据分析等技术，对数据进行深度挖掘，并对文本所含信息进行深入分析，把知识资源转化为产品和服务内容向用户源源不断地输送。

服务体验满意化。由于人工智能、大数据等技术在图书馆领域的广泛应用，图书馆馆员的智慧服务能力会持续提升。自然而然，智慧图书馆也会紧跟时代发展潮流，积极推出更加人性化、精准化的服务内容。这也说明了图书馆所蕴含的深刻的人文情怀与智慧，已达成甚至远超用户期望的服务质量，带给用户绝佳的服务体验，以此提高图书馆用户的满意度。

服务实体场馆智能化。新一代信息技术为实体场馆的空间管理赋能，利用射频标签技术识别、标注文献资源的出入库信息，利用GPS技术对用户所需文献进行精准定位，利用摄像头和红外感应技术检测外来人员，利用监控保障系统运行安全。此外，利用人脸识别可对进馆人员进行有效管理，基于感应器的人工智能模型可以及时调整环境的温湿度变化，安装导览功能的智能机器人能够为用户提供必要的导览服务。

（二）智慧管理

智慧图书馆的智慧管理由两块内容构成，主要涉及两个角色。一个是馆员角色的智慧管理，另一个是管理者（或领导）角色的智慧决策。

图书馆馆员是维持智慧图书馆顺利运作的主体，主要任务是开展日常业务管理和为用户提供服务。智慧管理的目标既涉及了各类纸本资源、电子资源等信息资源，也涉及了建筑物和节能、安全消防等硬件设施。以上诸多对象通过智能感知设备链接至智慧图书馆平台中，智能平台对其状态信息进行采集和实时监控，经过大数据分析平台综合处理，实现对图书馆管理的日常控制。

图书馆管理者是图书馆工作发展的决策者，需要对人事、馆舍、采购、阅览、经费、咨询、设备等多方面的工作作出决策。来源于图书馆业务系统和其他信息系统大量的有关人员、资源、空间、设备、管理、服务等方面的信息包含难以估量的价值，采用数据挖掘、人工智能等技术，作为发现大数据价值的工具，从大量数据中发现有用的知识，变数据为知识，辅助管理者进行决策，推动图书馆服务模式不断创新，塑造良好的社会形象，从而更好地为用户服务。

第四节

智慧时代图书馆阅读推广的机遇与挑战

人类的阅读行为受媒介发展影响也在日益变化，从农耕时代的口耳相传到文书时代的笔、墨、竹、木，再到当前互联网时代的光、电、屏、键，社会形态更迭与信息载体的过渡，造就了信息传播与知识传承技术的不断变革。阅读推广的主体、对象、过程等构成要素在智慧图书馆时代发生了较大的变化，故图书馆的阅读推广工作迎来了新的机遇，也面临着新的挑战。

一、智慧时代图书馆阅读推广的机遇

（一）阅读推广的对象日益丰富

智慧时代阅读推广的对象已不再局限于纸质载体或数字载体的文字，图片、有声读物、视频、动漫等多媒体资源日趋丰富，降低了阅读的门槛，满足了不同用户的阅读需求。现在我国的部分图书出版集团正在探索元宇宙，利用 AR/VR、智能交互等技术手段构建出一个超现实的虚拟空间，利用沉浸式表达方式拓展服务空间，为用户带来直观、立体的感受，进而提高用户阅读的积极性。

（二）阅读推广的渠道和形式不断拓展

一方面，日益丰富的数字化资源、多样化的阅读终端平台逐渐打破了用户进行泛在化阅读的时空限制。另一方面，图书馆丰富多彩的线下阅读推广活动，如展览、讲座、读书会、培训、竞赛等，有效调动了用户的阅读兴趣，使他们和图书馆之间的交流更加密切和频繁。此外，还借助微信公众号、B站、抖音直播等不同平台进行阅读推广，打造了集互动、交流等多功能于一体的服务平台。这些举措既回应了用户的需求，也提升了图书馆的知名度和影响力。

（三）阅读推广精度和效率极大增强

智慧图书馆的建设为图书馆建设引入了大量的技术应用，很大程度上增强了阅读推广工作的精确度和工作效率。首先，智慧图书馆可以利用系统收集和分析用户的行为记录数据，利用数据挖掘、文本分析与语义识别等，熟练掌握用户的兴趣偏好和习惯等个人信息，不仅可为用户提供阅读分析、相关推荐等服务，还可为图书馆制定阅读推广策略提供有力的依据，让阅读推广内容极度贴合用户的真正想法，增强推广的精确度。其次，智慧图书馆通过引入自然语言处理、机器学习等技术，根据图书主题内容及用户使用行为，为图书进行自动分类和标注，打破图书馆根据主题和内容进行分类的传统文献分类法，更贴合用户的检索、阅读习惯。实践中，美国加州大学图书馆借助自然语言处理对图书进行主题分类，帮助用户凭借主题关键词快速找到需求的图书。此外，美国加州大学图书馆还通过机器学习分析了用户的检索内容与浏览记录，并根据这些为用户进行了个性化推荐。[40]

（四）公众与阅读推广的互动性和参与度不断提升

智慧图书馆拉近了社会公众与阅读推广的距离，公众的互动性和参与度不断提升，他们摆脱了被动接收信息的身份，转变为参与智慧图书馆阅读推广的主体。在元宇宙图书馆所呈现的虚拟阅读场景中，为用户提供及时连接、情感交互、虚实相生的沉浸式阅读空间与服务。用户能够选择独处享受阅读，也能够选择共同阅读。除了这两种选择，用户还可以"身临其境"进入阅读作品，在阅读中扮演角色，参与交流、互动，而不是依靠文字展开想象的"局外人"，这种虚实交互的新型阅读场景，能够极大丰富用户的阅读体验。

二、智慧时代图书馆阅读推广的挑战

（一）数据安全方面的挑战

智慧图书馆需要达成馆与馆、网与网、库与库、人与物之间的深度互连，智慧系统则要进行多维度数据的收集、存储、加工与利用。[41]而在智慧图书馆的建设与维护中，自然灾害的不可预测性、图书馆基础设施老化等硬件故障、软件系统的稳定性与兼容性不足、智慧馆员误操作或恶意泄露等问题都会导致数据受损、丢失，严重影响数据的安全性。

图书馆提供的智慧服务是数据驱动型的，智慧服务水准受限于数据价值的释放，但在很多情况下，数据的流动也带来了新的安全风险。在数据的存储过程中，不同类型、不同来源的数据集成，造成了服务数据管理问题的复杂性。在数据共享的过程中，数据挖掘与分析取得的知识成果，同样面临着信息泄露的问题。智慧图书馆服务离不开技术保障，信息安全和隐私保护也需要技术支持。不过，部分信息技术存在天然的短板。

图书馆依靠海量信息的存储，能够快速获得用户的显性信息，了解掌握用户的身份属性、兴趣属性、行为属性等多维度信息，再利用算法模型对数据展开文本分析和语义挖掘，进而获得用户的隐性需求并据此提供个性化服务。而庞大的数据资源是由图书馆与用户共同创造的，用户不仅是智慧化服务的主体，亦是被智慧化的对象，在享受智慧数据便利服务的同时存在个人隐私、数据安全及在思维、行为上陷入"信息茧房"等方面的风险。

（二）图书馆资源组织方面的挑战

智慧时代的图书馆阅读推广对象的粒度可以基于知识单元，但目前的资源组织大部分仍然维持在题名、摘要等基础水平，很难深入文献内容的部分。对图书馆来说，改变现有的资源组织方式具有急迫性。针对新入藏文献展开深层次标引工作，针对已有文献展开二次加工，并展开知识库建设。这些工作的推进需要 OCR 技术、自动标引、跨语言编目等技术与工具的辅助，还需要资金、人员、政策等多方面的保障。作为依靠财政拨款的公益性文化机构，图书馆很难在短时间内完成这项工作。由于图书馆馆藏资源十分丰富，挑选适宜的主题和文献资源，建设特定主题知识库，再一步步拓展涵盖范围。Chat GPT 的横空出世，为图书馆行业未来做好智能对话工具训练的"语料"开辟了新的思路。但在此阶段，营利性机构和图书馆之间存在的版权所有问题将逐渐暴露出来，这也会干扰到知识组织工作的推进。

（三）知识共享与产权保护矛盾的挑战

数据共享和知识产权保护是智慧图书馆在知识服务阶段面临的主要问题。知识产权保护的对象应该是数据本身，如文章和设计图。在智慧图书馆的全面互联阶段，文献资源在馆际间的交流易产生侵权纠纷，进而阻碍馆际资源共享，使图书馆陷入"信息孤岛"的困境。但是由于物联网、大数据等新兴技术应用仍存在漏洞，易出现信息泄露和侵犯版权等问题。因此，相关的元数据，倘若前期不能明确版权归哪方所有，一定会给后期工作留下隐患，不利于知识共享的实现。

面对知识产权与信息安全的问题，图书馆要做的不仅仅是提醒用户注意风险。因为智能对话类工具和用户间的沟通具有排他性，在谈话阶段用户容易暴露个人隐私和工作机密，会对个人财产和国家安全产生威胁。因此，图书馆不但要对用户进行必要的提醒，还要采取有效措施保护用户的相关信息，避免再次泄漏。对于智能对话类工具产出的内容，也要注意其知识产权的保护。当面临利用通用工具接口或自主开发工具提供对外服务产生的问题时，根据建设主体的不同，解决办法也不尽相同。不过有关系统工作流程和人员管理，要制定清晰明确的制度，并严格遵照实施，也要健全监督机制和风险预警机制。

（四）智慧馆员队伍建设的挑战

智慧馆员代表了智慧图书馆的人文精神，具有生动性和真实性，但智慧馆员队伍建设也面临着诸多挑战。第一，受当前馆员选拔标准的影响，馆员素养良莠不齐，馆员之间缺少沟通协作。但如果对馆员开展相关专业知识和技能的培训，会消耗大量的时间、人力、物力和财力，也很难控制新的学习工具。第二，智慧图书馆的建设过程中，需要引入一系列新兴信息技术。但当前很多馆员不能熟练掌握技术应用的关键，还有馆员完全不了解相关技术。这严重阻碍了信息技术在智慧图书馆建设中的应用。第三，从独立的图书馆角度来看，智慧馆员是馆际交流的核心，在互联共通中起到重要作用。除智慧馆员外的普通馆员在工作中可能会朝边缘化的方向发展，定题检索、查收查引等基础性工作可能被人工智能所替代。因此，除智慧馆员外的馆员也应该培训其相关业务知识，必要的话可进行轮岗。此外，由于智慧服务的开展，原有的岗位设置和工作流程不再符合当前工作的需要，会面临新的调整并产生新的相关岗位。对此，图书馆要开展招聘工作或进行人才的专门培养。

（五）智慧图书馆发展中经费问题的挑战

首先，图书馆需要增强自有资源的开发力度，建设特色专业数据库，为商业机构提供有价值的情报信息，以此补充建设经费。其次，图书馆应争取专项财政支持，加大对智慧图书馆建设的相关研发的投入力度。

然而，无论利用哪个渠道，当前时期多数中小型图书馆并不能采购所需的智能设备，数字化建设还处于起步时期。根据这种情况来看，图书馆一定要提高自身的服务能力，稳步发展基础功能，推行"智慧化"理念，结合自身情况，扬长避短，通过开展知识资源建设、向用户提供精准化服务等手段增强自身的影响力和竞争力。

参考文献

[1] 魏大威，王菲，肖慧琛.Web 3.0 背景下的智慧图书馆知识服务研究 [J]. 图书馆理论与实践，2023, (01):54—60+76.

[2] 张军玲 . 云计算环境下高校数字图书馆信息资源整合机制研究 [J]. 图书馆学研究，2012, (07):25—28.

[3] 严栋 . 基于物联网的智慧图书馆 [J]. 图书馆学刊，2010, 32(07):8—10.

[4] 董晓霞，龚向阳，张若林，等 . 智慧图书馆的定义、设计以及实现 [J]. 现代图书情报技术，2011, (02):76—80.

[5] 李浩 . 云计算、大数据、数字图书馆与智慧图书馆关联研究——用大数据打造智慧图书馆的思考 [J]. 四川图书馆学报，2014, (06):31—34.

[6][7][8][9] 李盼，何芳 . 从"一五"到"十二五"规划看我国图书馆事业的发展 [J]. 图书馆工作与研究，2012, (09):15—19.

[10][11] 王世伟 . 重新认知中国智慧图书馆发展的历史方位 [J]. 图书馆理论与实践，2022, (01):1—6.

[12] 林文睿 . 智慧型图书馆建筑思考 (节选)[J]. 南方建筑，1999, (03):14—15.

[13] 张洁，李瑾 . 智能图书馆 [J]. 图书馆理论与实践，2000, (06):12—13+31.

[14] 陈鸿鹄 . 智能图书馆设计思想及结构初探 [J]. 现代情报，2006, (01):116—118.

[15] 严栋 . 基于物联网的智慧图书馆 [J]. 图书馆学刊，2010, 32(07):8—10.

[16] 董晓霞，龚向阳，张若林，等．基于物联网的智能图书馆设计与实现 [J]. 图书馆杂志，2011, 30(03):65—68.

[17] 陈巧莲."双创"背景下高校图书馆开展服务模式创新之探索 [J]. 河南图书馆学刊，2020, 40(01):71—73.

[18] 侯松霞．智慧图书馆顶层设计研究 [J]. 图书馆工作与研究，2016, (06):5—9.

[19] 孙利芳，乌恩，刘伊敏．再论智慧图书馆定义 [J]. 图书馆工作与研究，2015, (08):17—19+68.

[20] 李小涛，邱均平，余厚强，等．论智慧图书馆与知识可视化 [J]. 情报资料工作，2014, (01):6—11.

[21] 胡海燕，赵全芝．基于全面感知的智慧图书馆创新服务研究 [J]. 现代情报，2014, 34(09):105—110.

[22] 王新才．解决异构系统的信息互通是关键 [N].2017–06–02(004).

[23] 韩丽．物联网环境下智慧图书馆的特点、发展现状及前景展望 [J]. 现代情报，2012, 32(05):48—50+54.

[24] 李显志，邵波．国内智慧图书馆理论研究现状分析与对策 [J]. 图书馆杂志，2013, 32(08):12—17.

[25] 王世伟．未来图书馆的新模式——智慧图书馆 [J]. 图书馆建设，2011, (12):1—5.

[26] 马然．馆员驾驭智慧图书馆的研究 [J]. 情报探索，2012, (09):109—111.

[27] 叶梓．科技创新绘未来，转型跨越谋发展 [N]. 新华书目报，2017–09–29 (002)．

[28] 刘丽斌．智慧图书馆探析 [J]. 图书馆建设，2013, (03):87—89+94.

[29] 陈进，郭晶，徐璟，等．智慧图书馆的架构规划 [J]. 数字图书馆论坛，2018, (06):2—7.

[30] 初景利，段美珍．从智能图书馆到智慧图书馆 [J]. 国家图书馆学刊，2019, 28(01):3—9.

[31] 孙利芳，乌恩，刘伊敏．再论智慧图书馆定义 [J]. 图书馆工作与研究，2015, (08):17—19+68.

[32] 李玉海 , 金喆 , 李佳会 , 等 . 我国智慧图书馆建设面临的五大问题 [J]. 中国图书馆

　　学报 , 2020, 46(02):17—26.

[33] 严栋 . 智慧图书馆概论 [M]. 大连 : 辽宁师范大学出版社 , 2021.

[34][35] 肖喆光 , 张兰兰 , 张一 . 智慧馆员的核心素养及其培养路径研究 [J]. 农业图书

　　情报学报 , 2023, 35(02):77—86.

[36] 刘丽斌 . 智慧图书馆探析 [J]. 图书馆建设 , 2013, (03):87—89+94.

[37] 肖奕夏 .5G 环境下的智慧图书馆研究 [D]. 华中师范大学 , 2020.

[38] 王冬侠 . 浅析智慧图书馆 [J]. 中小企业管理与科技 (中旬刊), 2014, (12):196—197.

[39] 段美珍 , 初景利 . 国内外智慧图书馆研究述评 [J]. 图书馆论坛 , 2019, 39(11):104—

　　112.

[40] 陈敏 . 智慧图书馆建设背景下公共图书馆阅读推广策略研究 [J]. 赤峰学院学报 (自

　　然科学版), 2023, 39(04):25—28.

[41] 王明辉 . 智慧图书馆发展困境及对策分析 [J]. 大学图书情报学刊 , 2020, 38(02):35—39.

第四章

智慧时代图书馆数字化资源的
挖掘与整合

图书馆作为知识的宝库，资源是其安身立命的基础。图书馆资源由传统纸质资源不断拓展延伸至各类数字化资源，甚至包括了图书馆的人力、空间等要素。二十世纪九十年代，中国数字图书馆工程开启了资源数字化的序幕。随后各类商业和自建的数字资源库如雨后春笋般涌现，为公众提供了便捷的服务。然而，这些资源分散于不同机构、数据存储结构不同、内容冗余度高以及信息孤岛等问题也逐渐显现。因此，图书馆资源的整合问题变得尤为迫切。二十一世纪以来，以数据挖掘为代表的大数据技术飞速发展，为图书馆的资源整合带来了新的发展契机。处于智慧化转型的图书馆必须紧跟时代步伐，充分利用现代信息技术，在整合理念、方式、范围与技术等方面突破原有的发展模式，使得原本分散的资源能够形成一个有机整体，为用户提供更加全面和深入的服务，推动知识的传播和利用。本章将从数字化资源的概述、挖掘和整合三个方面介绍智慧时代图书馆资源的建设、开发、利用这一系统而复杂的工程。

第一节

数字化资源概述

一、图书馆资源

在现实中，随着环境的变化和认识能力的提高，人类对资源认知的演变基本上沿着两条轨迹展开。一是对自然资源的理解和利用方式发生了巨大的变化。二是人们开始关注自然资源之外的其他要素，特别是社会学、管理学等社会科学领域中的资源性要素。这种转变使得人们逐渐从"自然资源"的小资源观念中走出来，开始接受和重视大资源观念。而大资源观念将会推动人们更加关注资源的高效利用，以达成可持续发展。图书馆是一个社会系统，因此，资源观下的图书馆系统也就是一个资源系统。

二十世纪八十年代中期，图书馆学界引入了文献资源和信息资源的概念，随后"图书馆资源"一词出现于相关文献中。进入九十年代，图书资源的研究进一步发展，其定义和组成，出现了多种不同的看法。代表性观点有两种：一种观点认为图书馆资源指为了资源利用而组织起来的动态信息资源体系；另一种观点认为图书馆资源是各类资源组成的有机整体。[1]尽管图书馆资源尚未有一个明确的定义，但可以尝试从特性分析角度讨论其定义：

1.可用性。图书馆资源的存在价值，是图书馆提供资源服务的基础。

2.有序性。利于图书馆资源的查询与使用，是图书馆提供服务的质量保障。

3.整体性。图书馆资源是构成要素紧密结合的有机整体，其整体的效益发挥呈现出"1+1>2"的效应。

4.联系性。图书馆资源内部要素之间彼此关联、互为影响。

5.动态性。图书馆资源是不断生长变化的体系，其内涵和外延不断丰富。

可以认为，图书馆资源是指图书馆为了促进资源的广泛利用而精心组织的、多种资源相互关联的、动态的有机整体。

二、图书馆资源的构成要素

关于图书馆资源的组成，存在多种不同的看法，这与我国图书馆学界早期关于图书馆构成要素的争论颇为相似。例如，"要素说"中，杜定友先生提出了"三要素"理论，[2] 刘国钧先生则提出了"四要素"[3] 和"五要素"[4] 理论，而黄宗忠先生则提出了"七要素"理论。[5] 从广义的图书馆资源定义来看，可以将图书馆的构成要素等同于图书馆资源的要素。传统上的主流观点认为信息资源、人力资源和设施资源是构成图书馆资源的三大要素。然而，随着图书馆智慧化转型的推进，图书馆每时每刻都在产生大量的数据，而这些数据极具价值，故也被纳入了图书馆资源的范畴。图书馆资源构成要素的内涵和外延都变得更加丰富。

（一）信息资源

信息资源是图书馆生存和发展的基础，涵盖了图书馆所能利用的所有信息资料。图书馆的信息资源可以划分为两大类：文献资源和网络资源。文献资源主要包括印刷型资料和电子型资料；而网络信息资源则通过联机方式向用户提供静态的数字化文献信息以及动态的社会信息服务。随后，图书馆信息资源理论进一步细化，将馆藏资源区分为现实馆藏和虚拟馆藏。[6] 现实馆藏指的是图书馆内实体的文献资源，而虚拟馆藏则指的是经过精心筛选和组织的网络信息资源。随着语义技术的发展，信息资源的描述单元变得越来越精细，其组织方式也趋向多样化。

（二）人力资源

人力资源是图书馆发展的关键因素，其包括图书馆各类人员及由人衍生出的管理方法。它主要分为馆员资源和用户资源，其中馆员资源包括图书馆理论、政策、技术等图书馆馆员的智力成果。传统上，图书馆的人力资源研究侧重于图书馆馆员，很少把馆员以外的用户资源纳入人力资源的研究范围中。[7] 而在实践中，用户资源的参与，也能为图书馆的管理带来新活力，如专家顾问团和志愿者服务队等。

（三）空间和设施资源

数字化、智慧化、场所化是未来图书馆发展的主要趋势，馆舍空间（各类功能空间）和各类设施成为图书馆资源的组成部分。设施资源虽与设备资源只有一字之差，但其范围要大于设备资源，此前设备是主要资源，其又可分为传统设备（如书架、阅览桌椅等）和现代化设备（如人脸识别、定位感知、自助借还、楼宇综合管理等），近几年空间资源逐步显示出其发展后劲，可满足用户学习讨论、休闲娱乐、社会交往的需求。总之，空间和设施资源是图书馆的物质基础，是智慧化图书馆的标志，因而越来越受到重视。

（四）数据资源

数据（data）这个词在拉丁文里是"已知"的意思，可理解为事实或者观察的结果，是对客观事物的逻辑归纳，用于表示客观事物未经加工的原始素材。[8] 数据可以是连续的值，比如声音、图像，称为模拟数据。也可以是离散的值，如符号、文字，称为数字数据。在计算机系统中，数据以二进制形式表示为 0 和 1。在图情领域，数据通常被放置在"数据—信息—知识—

智慧"的金字塔底端（如图 4-1 所示），因而，可以将数据看作信息的原生状态。数据本身没有意义，数据只有对实体行为产生影响时，才成为信息、知识。[9] 图书馆业务基本是围绕资源的采访、建设、推广、利用和维护等环节开展的，积累了大量的业务数据、用户数据，随着云计算、大数据、物联网等技术的应用，此类数据虽然不能像信息资源那样直接为用户服务，但是其蕴含的信息、知识，可以辅助图书馆的管理决策、服务创新。

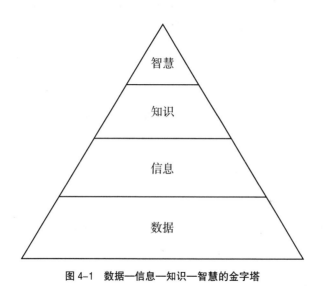

图 4-1　数据—信息—知识—智慧的金字塔

当今各类技术飞速发展、广泛应用，图书馆"信息垄断"的地位逐渐终结。图书馆四大资源正逐步融合，走向集成化，形成富有特色的资源体系。

三、资源的数字化与数据化

1996 年，美国麻省理工学院的教授尼古拉斯·尼葛洛庞帝在《数字化生存》（Being Digital）这部著作中，充分展示了数字化技术给人类社会带来的巨大变革，二十世纪九十年代末，网络技术和计算机技术发展迅速，网络数字资源变得极为丰富。[10]二十多年过去了，这部未来学著作描述的情景已全部实现，数字化已成为人们生活、工作、教育和娱乐的基本方式。我国资源的数字化从 1995 年左右起步，1998 年全面升温，对数字图书馆的认识、理论研究、关键技术准备等方面都取得了很大的进展。[11]数字图书馆如同一道光照进图书馆界，信息化、网络化、数字化为人类搭建起一个全新的数字时空。在数字图书馆时代，图书馆进行了大规模的文献资源的数字化加工，目的是将图书馆保存的印刷型文献资源转换为数字化的形态，从而更有效地保护原件，并通过数字化副本提供服务。这一过程不仅为用户带来了便利，同时也提升了资源的使用效率。

"数据化"（datafication）一词是数据科学家维克托·迈尔·舍恩伯格（Viktor Mayer Schonberger）和肯尼思·库克耶（Kenneth Cukier）提出的专业术语，描述了在网络空间，将社会行为转化为在线量化数据的技术趋势。[12]

随着大数据技术在图书馆领域的应用，该技术对知识的生产、服务和交流带来了根本性的变革。它引入了基于量化计算的研究方法，对资源形态提出了新的要求。目前数字化资源无法满足大规模自动化统计分析和计算的需求，资源的数据化已成为一种必然趋势。

（一）资源的数字化与数据化

"数字化（digitizing）"是把模拟信息转换成用 0 和 1 表示的二进制码，将资源转化成数字格式，以便利用计算机读取。"数据化（datalization）"是把信息转变为量化分析的过程，利于计算机处理、分析和计算。在图书情报与档案管理学科领域，关于数据化的观点主要集中在信息资源利用方式的变化，[13]两者的具体区别见表 4-1。笔者以数字化和数据化的实例讲解两者的区别。早在 2004 年 Google 将世界上版权允许范围内的书本内容进行数字化，以便让世界上的人们可以通过网络免费阅读。初期仅仅完成了相关文本的数字化扫描，便于用户远程访问。若用户仅需要某个文献片段，这就要用户自己确定片段所在文献的名称及其所处的章节位置。因为文献片段没有被数据化，无法被检索词检索到，也无法用作分析。后期 Google 使用了能识别数字文本的光学字符识别软件来识别文本的字、词、句和段落，将数字化的对象转化为了数据化文本。

表 4-1 数字化与数据化区别

内容名称	数字化	数据化
目的	把模拟信息转换成用 0 和 1 表示的二进制码，以便于利用计算机读取。	把信息转变为可量化分析对象的过程，以便计算机处理、分析和计算。
单位	比特 (bit)	字节 (byte)、字 (word)
文件格式	PDF、图像、音乐等。	RDF、XML 等。
主要任务	转录识别、描述增强、关联构建、矢量处理。	扫描著录
阅读对象	可用于人类阅读，但内容无法用于机器处理、分析和计算。	机器可理解、分析、计算。
用途	将图书馆保存的印刷型文献资源转换为数字化的形态，以利于更好地保存原件，而以数字化的版本提供服务。	引入量化计算的研究范式，实现大规模自动化的统计分析和计算。

（二）资源数字化、数据化的意义

数字化、数据化各类资源是智慧图书馆履行社会职能的主要物质基础。它对智慧图书馆的重要性相当于图书对于传统图书馆的重要性。数据化的资源系统和科学的信息资源组织策略，支持图书馆资源的快速切割、加密、分组、传播、复制，使得图书馆资源共享、重组、创造利用成为可能，进而提升资源的价值。公共图书馆作为城市文化的中心，向公众提供数字化信息服务，不仅顺应了时代发展的必然要求，也是拓展自身发展新空间的必要举措。因此，图书馆资源的数字化、数据化转换具有重大意义。

1.满足日益增长、更加精细的信息需求。移动互联网强势介入社会，为人们提供了信息、商务、沟通和娱乐的平台，对公众的阅读习惯产生了巨大的影响。由中国新闻出版研究院组织实施的第十九次全国国民阅读调查，结果于 2022 年 4 月 23 日在北京发布。调查显示，2021 年我国成年国民的综合阅读率为 81.6%，人均纸质图书阅读量为 4.76 本，人均电子书阅读量为 3.30 本，均较上年有所提高。[14] 综合阅读率较 2020 年的 81.3% 提升了 0.3 个百分点；图书阅读率为 59.7%，较 2020 年的 59.5% 增长了 0.2 个百分点；数字化阅读方式（网络在线阅读、手机阅读、电子阅读器阅读等）的接触率为 79.6%，较 2020 年的 79.4% 增长了 0.2 个百分点；人均电子书阅读量为 3.30 本，高于 2020 年的 3.29 本。"听书""视频讲书"等阅读形式为阅读者提供了更多的选择。然而形式复杂、数量激增的数字化资源给用户的使用也带来了很多困扰，他们对智慧阅读服务的需求日益迫切。图书馆应深入挖掘信息资源，揭示文献间的语义联系，不断改善资源数字化过程中的信息孤岛问题，通过提供精准咨询和个性化推送服务，满足用户的信息需求，保持图书馆信息服务中心的地位。

2.助力经济建设。一方面，公共图书馆利用其丰富的信息资源和较强的信息处理能力，为政府、研究机构等部门提供信息资料、数据统计和发展跟踪等服务，起到支持决策、促进发展的作用；另一方面，公共图书馆立足基层和社会信息发展需求，以"全国文化信息资源共享工程""数字图书馆推广工程""公共电子阅览室建设计划"三大工程及正在进行的"全国资源细颗粒度加工标引"工作为抓手，积极提供定制化的特色信息服务，助力基层、企业和个人在浩瀚的信息海洋中精准锁定所需资源。通过主动的信息供给和智能推送机制，将数字化资源直接送达用户手中，有效缩小信息鸿沟，促进经济社会的全面进步。

3.更好地承担区域文化、教育的职责。公共图书馆承担着信息资源存储与传播的重任，同时肩负着文化传承和公众教育的使命。实现资源的全面数字化，将有助于打造一个数字化信息服务网络，促进优秀文化的发展，并为公众提供服务。同时，通过资源的数据化，实现资源内部关系的挖掘、资源内容的重组，提升图书馆资源的可见度和可获取性，便于用户通过各种数字设备进行泛在化阅读，以促进知识积累和视野拓展。

四、数字化、数据化资源的特征

（一）数字化资源特征

1.资源表现形式多样

图书馆数字资源的表现形式多种多样，从商业数据库、书目数据库、索引数据库等，到统计报表、电子地图、电子留言板等。这些数字资源的表现形式既可以是文字、图表、网页等静态信息资料，又可以是图、文、声、像并茂的动态信息资源。各类数字资源还可以借助计算机实现任意组合编辑，随时进行资源格式的更新与变换。目前信息的组织方式正处于变革中，它以知识和信息作为基本单元，还能清晰地揭示这些单元之间的逻辑联系。

2.资源内容主题丰富

我国数字资源经过几十年的发展，其内容非常丰富，几乎覆盖了科技、工程、经济、商业、金融、财政、交通、税务、文教、卫生、新闻出版、能源和国家事务等各方面的信息。此外，还有很多原生态的数据库资源，比如国家图书馆的民俗记忆数据库、各公共图书馆自建的特色文化数据库等。

3.资源共享程度高

与传统纸质资源相比，数字化资源可共享性更高。主要体现在：第一，数字资源可以进行大量复制，其复制品与原件无任何差异，且复制过程对原件无损害，因此，数字资源本质上是一种易于共享的资源；第二，数字资源主要由计算机来读取，其是以计算机编码形式（"0"和"1"）存储，这种传输方式，不受时间和空间的限制，方便远距离传输，更容易共享。

4. 动态更新、时效性强

网络信息资源从根本上改变了人们发布信息、获取信息、交流信息的习惯，在一定程度上颠覆了传统的出版行业。在互联网思维之下，传统出版方式也发生了巨大变革，以电子期刊为例，投稿、评审、稿件编辑等都在网上进行，大幅缩短了文献编辑出版的时间，使得信息的时效性极大增强。在Web 2.0 环境下，传统出版物的修订更加容易，可以随时更新、发布最新动态。每一位用户都可以随时修改自己所发布的博客、微博、微信朋友圈等信息，使得信息动态性高、时效性强。

5. 资源获取更加便利

由于数字资源以二进制电子信号作为存储符号，其存储和传输依靠电流通信或光波，因此数字资源具有非常强的存储和传递能力。在数字资源时代，人们的信息检索更加便捷、高效，可以不受时间与地点的限制，进行多途径检索。

（二）数据化资源特征

1. 开发利用过程呈现人机协同特征

资源数据化必须满足"高质量"和"大规模"的要求，传统的手工操作方式已不再适用，迫切需要机器辅助来执行相关任务，以提升工作效率。以文档数据化为例，这一过程包括了由人工智能技术驱动的手写文档转录识别和自动化文本序列标注等关键环节。人类与机器协同参与决策数据化过程、选择数据化方法、评估数据化结果。目前的模式是机器辅助人类进行决策，[15] 而未来的发展趋势可能是人机融合。

2. 利用驱动资源数据化的过程

服务需求决定资源数据化的内容。资源数据化的过程又与资源开发利用服务呈现出相互验证和需求衔接的关系。例如，提供档案全文检索服务，需采用数字化扫描、转录和识别技术对档案进行数据化处理，以构建全文数据库和索引数据库来提供服务。

3. 数据化资源粒度更为细化

资源数据化的过程并不局限于转录，数据化包含对资源数据形态进行持续性改变的各个环节。文档数据化本身可以视作数据粒度细化且数据再组织的过程，如图 4-2 所示。以文本资源数据化的过程为例，扫描形成数字化文档，对其进行转录识别，形成扫描件的全文数据；然后对文档内容进行标注和描述，提高数据结构化的程度；构建本体，揭示文档所含概念之间的相互关系；最后对其中的知识实体进行抽取、关联、对齐，形成知识图谱。[16]整个过程中，数据对象粒度细化，每个步骤基于前一步骤，重新组织内容数据，共同构成文档的数据化流程。

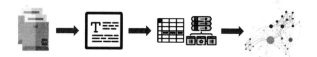

图 4-2　数据化过程中的数据粒度细化

4. 数据化资源可以面向计算

数据化资源可面向计算，意味着资源数据化后，结果能够被机器读取、理解并进行计算。以文档资源的数据化为例，当机器成为参与文档开发和利用的主体时，它识别和理解文档的内容数据的过程，可以与传统环境下人类阅读的文档内容相类比。[17]机器的计算过程则类似于人类对文档内容进行的梳理和分析。在数据化之前，文档资源主要是为了人类阅读而设计的，而数据化之后，这些资源则能够支持数据的计算、挖掘和分析工作。

5. 数据化资源促进图书馆服务由信息服务向知识服务转型

数字化技术显著提升了图书馆信息的更新频率和流通效率，然而，它尚未能揭示资源间的语义联系。因此，图书馆需要借助数据化技术，创新地组织和呈现数字资源，以加强对内容的管理，并促进信息服务向更深层次的知识服务转型。在这一数据化知识服务的进程中，图书馆馆员的作用至关重要。图书馆应构建一支专业的数据服务团队，借助知识管理平台提供有深度的知识服务，并对图书馆馆员定期开展数据管理培训，以持续提升图书馆馆员在资源挖掘和数据组织方面的能力。

第二节

....

数字化资源的挖掘

一、数据挖掘在图书馆的应用背景

二十世纪九十年代，随着数据库技术不断迭代升级，其存储和管理的对象，从简单的数据发展到图形、图像、音频、视频、电子档案、Web 页面等多种类型的复杂数据，且数据量也越来越大。目前处于互联网向移动互联网、物联网转型的阶段，传感器、摄像头、手机等移动终端所采集的数据，数量级和复杂程度远远超出了常规数据库管理软件的处理能力，大数据现象广泛存在。

自二十世纪起，信息技术的飞速发展引领了社会变革的浪潮，将人类社会从信息时代推向了数据时代。这一过程大致经历了信息鸿沟、信息过载以及数据泛在等阶段，如表 4-2 所示。

目前，人们迫切希望拥有对大量数据的深入分析能力，以便挖掘并提取其中潜藏的信息，从而更有效地利用这些数据资源。然而，传统的数据库管理系统在挖掘数据背后隐藏的知识方面存在天然的短板，它们无法揭示数据间的关系和规则，也无法基于现有数据预测未来的发展趋势。此外，在传统

表 4-2　信息鸿沟—信息过载—数据泛在比较分析

特征		信息鸿沟	信息过载	数据泛在
时间跨度		二十世纪四十年代至九十年代	二十世纪九十年代至二十一世纪初	二十一世纪初至未来
技术背景		计算机技术	互联网技术	物联网技术
危机现象		信息的贫富不均	信息的超越处理能力	数据无处不在
机遇产生		谁掌握信息谁获得优势	谁利用信息谁获得优势	谁在数据中发现价值谁获得优势
社会变革	科技创新	科学研究第三范式的出现	科学研究第三范式的成熟及第四范式的出现	科学研究第四范式的成熟
	经济潮流	信息经济	知识经济	智慧经济
	文化生活	个人计算机与互联网改变生活	WEB（电子商务、博客、微博、SNS 等）移动通信改变生活	智慧城市改变生活

统计分析领域，研究者通常分析的是通过随机抽样获得的样本数据，而非全部数据集。与此相对，数据挖掘技术则适用于处理庞大的数据量。因此，数据挖掘成为处理大数据的关键技术。正是在这样的背景下，数据挖掘技术被广泛应用于大数据的分析与处理中。

二、数字化资源挖掘的概念及意义

（一）图书馆数字化资源挖掘的定义

基于技术视角定义数据挖掘，可认为其就是从大量数据中提取有用信息的过程；基于商业视角定义数据挖掘，可将其视为一种商业信息处理技术，它对大量业务数据进行抽取、转换、分析、建模，从而得到辅助决策的信息。基于图书馆视角定义数据挖掘，可认为从图书馆的业务数据、信息资源数据、用户数据等海量数据中运用相关技术，提取有用信息，增强图书馆服务决策的准确性和科学性。

数据挖掘与传统数据分析方法之间存在根本性的差异：数据挖掘以整个大数据集为分析对象，并在没有预先设定假设的情况下进行知识的发现。相比之下，传统数据分析通常基于样本数据进行。此外，数据的挖掘揭示不依赖于先验知识的见解，且挖掘出的信息越是出人意料，其潜在价值可能就越大。

（二）图书馆数字化资源挖掘的意义

从数据中寻找有价值的信息，服务于某项工作是未来发展的常态。当今社会逐步失去"信息垄断"地位的图书馆，开展数字化资源挖掘工作具有十分重要的意义。

（1）挖掘数据资产价值，规划智慧图书馆发展的主流趋势

传统图书馆往往提供单一的阅读视角和线性的服务结构，受限于载体的数据容量，其服务的稳定性和针对性存在不足。[18] 然而，通过数据挖掘技术赋能，图书馆能够迅速分析用户数据，涵盖用户类型、偏好、使用频率等关键信息，并以用户访问量、热门借阅、社区活跃度、分享内容和搜索趋势等作为核心统计指标。这些指标对于确定智慧图书馆建设的关键内容至关重要，有助于制定针对性策略，推动图书馆的智慧化运营和持续发展。数据驱动的服务，打破了传统信息交流的局限。通过集成不同平台的逻辑，重构了用户的检索信息和路径。挖掘数据资产价值，对预测和勾勒智慧图书馆的主流趋势具有显著的实践效用。

（2）挖掘数据资产价值，铸造智慧服务

大数据时代，图书馆应强化服务意识，通过激活和整合数据，构建数据资产共同体。从大量信息流中筛选有用数据，识别用户喜好，建立新的服务模型，已成为可能。如图书馆借助数据流通，依据个人偏好可提供定制化服务；凭借馆内运转情况探测环境变化；通过用户借阅与访问轨迹

可视化热门书籍与研究前沿，使数据资产成为扩展智慧图书馆服务的有力武器。

（3）挖掘数据资产价值，促进图书馆资源的生产、利用和传播

技术赋能辅助图书馆找到数据兼容的平衡点，实现数据整合与激活，打破数据孤岛的壁垒。在这一过程中，获取数据的工具和存储数据的系统不断迭代更新，逐步扩展和延伸至智慧图书馆的多种服务。用户数据流动能够记录每一次服务展现的方式，而颠覆性技术则将此数据转化为智慧服务的产品。[19]5G 技术在多场景的应用以及区块链的去中心化存储和智能合约，正在推动第四次工业革命，改变企业、生态系统和产业链的面貌。这些技术的进步使得用户行为数据更加透明、更有价值，进而促进了图书馆资源的高效生产和传播。

三、图书馆数据的挖掘对象

数据挖掘的对象可以是任何类型的数据源。数据源是开展大数据研究的最基本的要素之一。图情领域的数据来源比较广泛，种类与形式也比较多。

（一）数字化对象来源角度分类

从其来源来看，图书馆的原生数据主要分为三大类：图书馆业务数据（包括用户数据、馆员数据以及智慧化设施和设备在场馆内收集的数据）、文献资源数据，以及来自互联网的其他数据。文献资源数据中，有的以结构化形式呈现，例如馆藏资源生成的书目信息；有的则以非结构化的文本或多媒体数据形式存在。此外，互联网上的信息数据，如政策法规和舆情等，也在不断地呈现指数级增长。这些途径产生的原生数据，在数量和类型上极大地丰富了图书馆的数据资源。

1. 业务数据

图书馆业务数据是业务部门在日常工作过程中产生的数据，是工作状态

数据。日常业务处理信息包括：注册用户的基本信息、用户浏览信息、服务器日志信息、借阅信息、用户访问资源信息、用户使用服务情况等。这些数据可以从 Web 服务器日志、代理服务器日志、浏览器日志、用户注册数据、客户端 Cookies、用户查询、书签数据、鼠标移动点击的信息、服务系统记录等处获得。用户信息，即用户的基本情况，包括姓名、性别、学历、职业、爱好、专业等。用户访问网站的行为，用户注册并登录图书馆平台后，系统利用账号信息对每个用户身份进行认定，同时记录用户行为，包括用户访问的历史站点、访问时间和访问资源等。如用户在使用检索时，用户检索的关键词及对查询结果的取舍、满意程度等，系统都可记录下来。在借阅服务中，系统也会记录下用户的流通信息。分析用户的流通记录，对于判断用户的偏好和进行图书馆数字资源的建设都具有非常重要的作用。同样，在图书馆平台提供的其他服务中，也将积累许多用户大量使用行为数据，如网站点击数据、电子资源阅读、下载等。在智慧场馆中，通过智能感知设备（传感器、射频器）获取的用户行为轨迹等数据也属于业务数据范畴。

2. 文献资源数据

文献资源数据在这里指采用购买或自建的数字化资源数据，包括书目数据库、期刊、数字图书、学位论文、会议论文、标准、专利、科技报告等各种文献类型的元数据及文献资源。

3. 互联网的外部数据

互联网上提供了丰富的数字资源，形式多种多样，包括政策法规、科技通信、科技论文等。随着数据挖掘技术的发展，Web 数据也成为数据挖掘的重要数据源对象。在数字资源整合中，还可使用数据挖掘技术对收集的网络资源进行自动分类等分析操作。

（二）数字化资源存储数据库的角度分类

数据资源分散存储于不同的数据库中，为人类处理这些数据带来了极大的不便。大数据时代先进的数据处理技术，不仅为挖掘这些数据背后的巨大价值提供了方法，也为处理不同数据库中的多元化数据提供了可能。下面我从数据资源存储的数据库分类角度出发，将数据的挖掘对象概括为以下几大类型：

1. 关系数据库

关系数据库是基于关系模型的数据库，使用集合代数处理数据，组织成具有描述性的表格形式，实现结构化数据管理。每个表格，也称为关系，包含用列表示的一个或更多的数据种类，每行包含一个唯一的数据实体。通过计算机软件和设备很容易对其进行数据的存储、计算、分析管理。关系数据库分为两类：一类是桌面数据库，例如 Access、FoxPro 和 dBase 等；另一类是客户 / 服务器数据库，例如 SQLServer、Oracle 和 Sybase 等。

2. 数据仓库

数据仓库是面向决策支持的。它根据确定的主题，可集成多种异构数据源，建立高度一体化的数据存储、处理环境。数据仓库中可包含详细和汇总性的数据、历史数据、整合性数据及解释数据等，为数据挖掘准备了良好的数据源。

3. 文本数据库

随着信息技术的不断进步，以电子文本为载体保存下来的信息越来越多，于是形成了文本数据库。文本数据库存储的内容均为文字，是长句、段落甚至全文。文本数据类型多数为非结构化的（如文章摘要和内容），也有些半结构化的（如 XML 数据、Email 邮件、学术期刊数据库等）。部分文本数据如果结构良好，也可用关系型数据库来实现（如文档的标题、作者、出版单位及分类号等）。文本数据库可进行文本分类、文本聚类、文本特征提取等挖掘处理。

4.流数据库

流数据是指连续、有序、变化、快速、大量的输入数据，如流媒体。正由于流数据的特征，这类数据在存储、查询、访问、实时性方面的要求与传统数据库相比都有很大区别。

5.多媒体数据库

多媒体数据库是数据库技术与多媒体技术相结合的产物，管理的数据类型包括图形、图像、音频、视频等。多媒体数据库的数据挖掘需要结合存储与检索技术，处理方式也有其独自的特点，不同于文本、数值处理。

6.空间数据库

空间数据库以描述空间位置和点、线、面、体特征的拓扑结构的位置数据为对象的数据库系统。对空间数据库的挖掘可以为城市规划、环境和资源管理、商业网络、森林保护、人口调查、交通及税收等领域的管理提供决策支持。[20]

7.时序数据库

时序数据库主要用于存放与时间相关的数据，它可用来反映随时间变化的即时数据或不同时间发生的不同事件。[21] 例如，图书借阅信息、门禁记录的读者入馆信息以及电子资源下载等信息。对时序数据的挖掘，可以发现事物的演变过程、隐藏特征及发展趋势。

8.Web 数据库

Web 数据库指在互联网中以 Web 查询接口方式访问的数据库资源。Web可以描述为在互联网上运行的、交互的、动态的、跨平台的、分布式的、图形化的超文本信息系统。Web 数据库中的数据类别有网页内的结构、网页间的结构、网页的内容、用户的注册信息及用户访问网页规律等数据，挖掘内容包括 Web 内容挖掘、Web 结构挖掘及 Web 使用挖掘等。由于 Web 本身具有数据规模庞大、高度复杂性、动态性和用户群体的多样性等特点，Web 挖掘具有挑战性。

（三）数据资源是否可以进行结构化角度分类

数据的世界不断发展壮大。数据挖掘对象的分类方式也越来越多元化。若以数据资源格式、大小、存储方式为分类标准，挖掘对象可分为结构化、非结构化、半结构化数据资源[22]（如表 4-3 所示）。

表 4-3　结构化、非结构化、半结构化数据的区别

类别	特点	存储逻辑	存储方式	举例
结构化数据	高度组织、格式化，便于检索，可挖掘性较差	先有结构后有数据	关系型数据库	日期、地址、身份证号等
非结构化数据	字段可变，便于挖掘，易扩展	先有数据后有结构	非关系型数据库	文档、图片、HTML 网页、音频、视频等
半结构化数据	数据结构自描述性、动态性等	/	方式不一，详见下文	HTML 文档、XML 文档、JSON、邮件等

1. 结构化数据

结构化数据通常存储在关系型数据库中，这种数据具有明确的结构，能够用二维表表示。关系型数据库在处理少量数据时效果良好，因此，在图书馆和档案馆等许多机构中，都采用关系型数据库来建立信息系统。以图书为例，图书馆系统可能未保存全文，但书籍分类号、位置、主题、作者等基础信息可查，这些即结构化数据。它们的字节长度固定，通过二维表格建立资源与检索路径的关系，在关系型数据库中，可以利用 SQL 语言进行便捷检索。[23]

2. 非结构化数据

数据的快速增长和多样化趋势显著，电子文件的归档和管理需求不断上升。这些电子文件通常是非结构化数据，需要存储在非关系型数据库中。目

前，非结构化数据的规模已超过结构化数据。非关系型数据库支持创建多种字段类型和长度的字段，突破了传统数据库的限制。它们不仅可存储非结构化数据，也兼容结构化数据，显示了强大的存储能力。此外非关系型数据库支持全文检索、统计分析和数据挖掘功能，从而显著提高了资源检索、统计和数据挖掘的质量与效率。[24]

3. 半结构化数据的存储

半结构化数据介于结构化数据（如存储于关系数据库中的数据）与非结构化数据（如声音和图像文件）之间的一种数据类型。这类数据既具有一定的结构性，又表现出较大的结构变化，因此难以采用传统结构化数据的处理方法，将其整齐地纳入二维表中。[25] 半结构化数据通常来源于不同的数据结构、数据模式多变的数据源。如在半结构化 XML 文档中，其属性与属性值可以随意进行增、删、修改，显现出半结构数据的灵活性。由于关系型数据库不支持半结构化的数据存储，通常采用两种方法处理半结构化数据：一是将数据转换为结构化形式（RDF），使用关系型数据库存储；二是使用 XML 文档存储，允许将不同信息分类存入一个或多个 XML 文档的不同属性中，修改信息时只需调整标签属性值。

受到 Google 公司开发的 MapReduce 技术的启发，Yahoo 公司开发了 Hadoop 软件。该软件成功解决了处理非结构化数据的难题，并推动了大数据发展的步伐迈入快速发展的阶段。

四、数字化资源挖掘的流程

数字资源挖掘的目标是在大量、潜在有用的数字资源数据中挖掘出有用的模式或信息。数字化资源挖掘的流程主要如图 4-3 所示。

挖掘对象的数据质量，直接决定着挖掘效果的好坏，数据质量的检测与纠正是进行数据挖掘前不可忽略的重要环节。

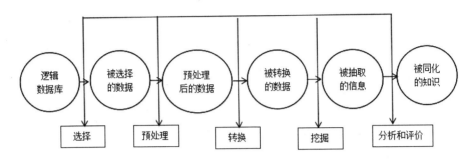

图 4-3　数字化资源的挖掘流程

（一）数据来源

图书馆数据挖掘所用的数据来源于图书馆数字化的资源数据、业务系统数据、互联网的外部数据，在上一小节已经介绍，这里不再赘述。

（二）数据预处理

数据挖掘算法对数据集合的完整性、冗余度、属性之间的相关性有一定的要求。尤其是当数据挖掘所需的数据源来自多方，彼此之间的数据可能冗余，不易综合查询访问，这些都会影响数据挖掘的效率。数据预处理就是根据用户的数据挖掘目标，确定挖掘任务，抽取与挖掘任务相关的数据源，使用清理、集成、转换、归约等预处理方法改善数据质量，生成挖掘算法所需要的目标数据。数据预处理的过程主要包括以下几方面任务：

1. 数据清洗

数据清洗是要去除源数据集中的噪声数据和无关数据，处理遗漏数据和清洗脏数据等，主要包括缺失数据处理、平滑消除噪声数据及纠正不一致的数据。[26]

（1）缺值数据处理。在导出的数据表中，与挖掘相关的主要属性不能出现空值的情况。若这些相关属性上具有空值，则需要将相关属性值补充完整。通常采用忽略该条记录、人工填写遗漏值、默认值填充遗漏值、平均值填充遗漏值、同类别均值填充遗漏值、最可能的值填充遗漏值等方法，进行遗漏数据处理。

（2）平滑消除噪声。数据噪声是被测量变量的一个随机错误和变化，可通过平滑数据消除。以分箱技术数据排序为例，平均值平滑是指以箱中数据的平均值替换该箱中的全部数据；中值平滑是指将用该箱中数据的中值替换箱中的全部数据；边界平滑是指用箱中最近的边界值替换箱中的数据。

去除噪声的方法还有聚类方法、人机结合检查方法、回归方法等。其中聚类方法通过聚类将相邻或相似的数据聚在一起形成集合，集合之外的数据被认为是异常数据。人机结合的检查方法通过人与计算机相结合的检查方法，可辅助发现异常数据。[27] 回归方法是利用拟合函数对数据进行平滑，可获得多个变量之间的一个拟合关系，从而帮助预测另一个变量的取值。如有读者在数字资源平台上对同一本书浏览了多次，在统计数字图书浏览次数时会形成累加，影响了对浏览情况的挖掘，因此在处理时，对这类记录均只保留一条。

（3）纠正不一致数据。数据仓库中经常出现数据记录内容的不一致，如使用编码不一致、数据表示的不一致等问题，可以依靠人工解决。

2.数据集成

数据集成不是简单的数据合并，而是将异构数据进行统一化、规范化的处理。另外，在数据集成时应尽量选择占用物理空间较小的数据类型，这对大规模数据集成而言，将大大减少系统开销。数据集成通常需要考虑以下三个问题：

（1）模式集成问题即实体识别问题，就是如何使来自多个数据源的实体相互匹配。常用定义元数据的方法解决数据源匹配问题。[28] 例如，如何确定图书借阅信息表的"reader_id"与读者信息表的"reader.num"表示的是同一实体。

（2）冗余问题，数据集成会导致数据冗余现象出现。以用户信息为例，"年龄""出生日期"可以相互导出，可通过删除其中一个属性来解决数据之间的冗余。此外，为"维"或"属性"命名时造成的不统一，也会导致集成后的数据集出现冗余情况。

（3）数据值冲突的检测与处理问题。对于现实世界的同一实体，由于收割于不同的数据源，其属性值可能不同。如：日期在不同数据源中显示不同格式，可能是"年–月–日""月–日–年"，资源的价格既可能以人民币或美元为单位等，这类由表示、比例、编码、数据类型、单位不同等造成的数据冲突，可以由统一格式、统一单位来解决。[29]

3. 数据转换

数据转换就是将数据转换或统一成适合数据挖掘的描述形式，数据转换包含以下处理内容：[30]

（1）平滑处理，即去除数据中的噪声，主要技术方法有分箱方法、聚类方法和回归方法。

（2）聚集处理，对数据进行汇总或聚合操作。如每月、每年的资源借阅情况，可以通过汇总操作获得。通常这一操作用来构造数据立方体或对数据进行多粒度的分析。

（3）数据泛化处理，使用概念分层，用更抽象、更高层次的概念来取代低层次或数据层的数据。对于数值型的属性，如"年龄"属性，就可以映射到更高层次的概念，如少年、青年、中年、老年。

（4）格式化处理就是将有关属性数据按比例缩放，使之落入一个特定的区域，以消除数值型属性因大小不一而造成的挖掘结果的偏差。

（5）属性构造处理就是利用已有的属性集构造新的属性，并加入现有的属性集合中，以帮助挖掘更深层次的模式知识，提高挖掘结果的准确性。

4. 数据归约

如对所有海量数据进行分析和挖掘，不仅会增加挖掘的时间和存储空间成本，还极有可能导致错误的结果。因此，选择有效的数据十分必要。数据归约是指在理解数据内容和挖掘任务的基础上，初步确定发现目标的数据特征，合理减小数据规模，在保持数据原貌的前提下，最大限度地精简数据量，从而得到数据集的归约表示，使得数据挖掘更有效。

数据归约过程中可采用以下策略：数据立方合计，这类聚集操作主要作用于数据立方中的数据，对该数据进行处理；维度归约，检测并删除不相关、弱相关或冗余的属性或维度；数据压缩，检查和消除不相关、弱相关或冗余的属性，并使用编码机制压缩数据集；数据块压缩，用替代的、较小的数据表示、替换或估计数据；离散化和概念层次树生成，属性的原始数据值用区间值或较高层的概念替换。概念分层是数据挖掘强有力的工具，允许挖掘多个抽象层次的数据。

五、数字化资源挖掘的方法

选择恰当的数据挖掘技术方法对于整个数据挖掘流程至关重要。数据挖掘中常用的技术方法包括分类、聚类、关联规则、回归分析、变化和偏差分析等。分类法，是利用分类模型将数据库中的数据项映射到预定义的类别中；聚类法，是将一组数据根据相似性和差异性划分为若干个类别，最大化同一类别内数据的相似度，同时最小化不同类别间数据的相似度；关联规则法，能够根据事务中某些项的出现，推断出其他项在同一事务中出现的概率，从而揭示数据间隐藏的有趣联系；回归分析法，用于反映事务数据库中属性值随时间变化的特征，并生成一个函数，将数据项映射到实值预测变量，以发现变量或属性间的依赖关系；变化和偏差分析法，通过分析分类中的异常实例、模式的例外、观察结果与预期的偏差等现象，寻找观察结果与参照量之间有意义的差异，以便揭示潜在的有趣知识。WEB 页挖掘法，涉及收集政治、经济、政策、科技等相关信息，并对这些信息进行分析和处理，以识别、分析、评估和应对危机。这些技术在图书馆数字化资源挖掘领域的实践应用，将帮助图书馆更深入地理解用户需求，优化资源的组织结构，提高服务质量。

第三节

....

数字化资源的整合

随着大数据、人工智能等技术的不断进步和广泛应用，资源数字化工作正深入发展，并取得了显著的阶段性成果。然而，图书馆现有的非标准化管理体系和服务方式，可能会影响资源共享、用户体验。为了破解这些问题，通过整合数字资源，构建一个协同共享的环境，为用户提供更深层次、一体化的资源服务，已经成为国内外图书馆领域追求的重要目标。

一、数字资源整合的必要性

（一）数字化资源整合的含义

数字化资源整合是依据一定的需求，综合利用各种技术与手段，对来源不同、建设主体不同、协议不同、分散异构的数据进行融合、类聚、重组，重新构成一个新的效能更好、效率更高的数字资源体系。[31] 对图书馆而言，数字化资源的整合就是指，根据用户的需求和资源的特点，将图书馆相对独立的众多数字资源按照它们之间内在的知识关联进行重组，形成统一的高效利用的数字资源体系。

整合后形成的数字资源体系可以是物理的，也可以是逻辑的。物理的数字资源体系与逻辑的数字资源体系的差别，在于是否具有整个数字资源体系的中央库，物理的数字资源体系拥有一个真实存在的中央库，逻辑资源体系不存在中央库，只是整合后逻辑意义上的统一表达。

（二）图书馆数字资源整合的现状

目前，图书馆数字资源整合的现状不容乐观，表现为以下几方面的问题：

1. 资源数据库著录不规范，整合系统间难以兼容

图书馆建设资源数据库的年代不同，采用的著录方式也不同。由于缺乏相关著录标准，致使数据库之间无法通用统一的检索方式。此外，检索结果呈现各异，用户难以理解所有的检索结果。

2. 缺乏对多媒体资源和网络资源及智能感知设备数据的整合

目前图书馆资源整合的对象，多限于本馆数字化文本资源，尚未实现对图片、多媒体、网络资源及智能感知设备获取数据的大融合，因而无法提供相应的检索途径。

3. 基于数据层面的整合较多，基于知识层面的整合处于起步阶段

目前的数字资源导航建设，仅定位在数字资源的形式层，而不能提供内容层面的服务。一是当用户无法进行题名检索时，不得不对可能包含此类主题的数据库进行逐次查找；二是某些数字资源导航系统虽然对网络资源做了一定的导航，但导航的深度不够，某些网站或者数据库只给了一个维度的信息检索，用户想要进一步了解信息的内容则无从入门。图书馆和数据开发商对数字资源的导航杂乱无章，致使用户陷入信息迷航、信息孤岛。[32]

（三）数字化资源整合的必要性

图书馆对数字化资源进行整合，可以消除由于资源异构造成的壁垒，还可以最大限度地保证知识体系的连续性和完整性。对于图书馆用户而言，通过统一的操作界面输入检索目标，得到来源于不同的数据库的相关结果。这

样可以缩短用户的检索时间，改善用户的体验。数字化资源整合的最终目标是实现图书馆数字资源的知识层面的整合。

1. 降低数字化资源获取难度

人类对资源的组织和揭示能力，远远落后于资源的增长速度。海量资源与有效利用形成一对矛盾。数字化资源的组织和传播依赖于系统平台，但资源异构性、描述多样、分散于不同平台等现状，给用户的使用造成很大的困扰。用户迫切希望图书馆能够将不同的系统平台、数据库的资源整合在一起，实现一站式的知识发现，最大可能地节省用户的时间，降低用户的使用难度。

2. 建立相互关联的数字化资源体系

现阶段数字化资源以模块形式存在居多，无法体现细颗粒度知识间的联系，更无法体现学科知识的内在联系。资源模块间的知识关联度较低，增加了用户知识衔接的负担。日趋成熟的细颗粒度描述组织技术、语义技术，可提升各资源体系间知识的关联度管理水平，从而建立相互关联的知识资源体系。

3. 优化海量资源管理方式

图书馆管理资源和提供服务必须遵循"成本／效益"原则，需要图书馆通过一个架构不断优化海量数字资源的管理，为不同的使用群体分配相对合理的使用权限，帮助用户更加快捷、方便、准确地获得所需资源，提高了用户满意度。

4. 图书馆数字资源的共享需要

图书馆建立有效的资源整合机制，可对分布式异构资源系统进行整合，最终实现图书馆、博物馆、档案馆等文化机构之间的数据交换与利用，从而实现广义上的数字资源共享。

二、数字化资源整合的原则与内容

数字化资源整合是根据用户需求，对相对独立的各类数字资源系统中的数据对象、功能结构、内容关系进行重组、聚合，并形成新的有机整体的过程。数字化资源整合的目标是将各类资源按其内容的关联程度进行无缝的链接与聚合，让用户通过网络环境便捷地使用这些资源。

（一）数字化资源整合的原则

为了保障图书馆数字化资源服务用户的最终宗旨，在进行数字化资源的整合时，需要遵循以下原则：

1. 科学性原则

科学性原则，在资源建设的过程中，必须确保资源的科学性和完整性。整合后的数字资源系统应涵盖各子系统的相关内容与功能，以体现各学科知识之间的内在联系，避免任意拼凑。

2. 整体性原则

数字化资源整合是一项系统性工程，需要统一规划、布局和管理，以充分发挥其整体效益。通过激发图书馆的积极性，将图书馆内的各类资源视为一个整体进行考量，实现人力资源、物质资源与信息资源的全面整合。实施建设、维护与应用并重的策略，构建一个共享型的图书馆数字资源整合系统。

3. 层次性原则

数字化资源整合具有结构性，而数字化资源本身和用户需求又是有层次的，所以要按多种类型、多种方式进行多层次的整合，更好地满足特定用户的不同需求。[33]

4. 规范性原则

图书馆数字化资源整合模式要遵循统一的规范标准，如数据库建设规则和数据加工处理技术相关标准。模式的最终实现，要达到规范性的管理和服务要求，还要建立评价标准以保证系统有序运行。[34]

5. 经济性原则

经济性原则是从图书馆的整合工作说起，在整合过程中涉及的物理层、数据层和服务层都需要有资金投入，尽量剔除冗余信息，为图书馆创造更大的价值。

6. 用户参与原则

用户参与原则要求在图书馆数字化资源的整合过程中，体现用户需求的核心作用，研究用户的信息需求、信息行为和资源利用规律，据此构建图书馆数字资源整合模式，并以此为基础，配合相应的资源组织技术和管理措施。

（二）数字化资源的整合内容

数字化资源整合的内容包括数据、信息内容、服务流程、服务功能、标准和规范五个方面。

1. 数据整合

数据整合是指在逻辑上或物理上对异构资源系统中的异质、异类的结构化数据进行有机的集中，并提供统一的表示和操作，以解决多种异构数据的互联与共享。具体来说，数据整合是将来自多个数据库中的数据整合形成一个物理或者逻辑上的数据库，降低运营成本，提高资源访问的完整性、可靠性、可扩展性，满足用户需求，提高资源的利用率。

数据整合一般包含数据准备、数据挖掘和知识评估等。其中数据准备和数据挖掘相关内容及过程见第四章第二节第四部分，这里不再赘述。在图书馆整合异构数据的过程中，还要考虑中间数据产生、网络传输、用户访问限制三个方面的问题。在数据整合的过程中，为了提高数据挖掘的效率，需要根据用户需求，从数据输入系统中抽取高综合度数据，因而会产生大量中间数据；在数据整合的过程中，还要选择可跨越平台的架构组件，按普遍适用的应用程序框架进行开发，便于整合后的资源在网络中不受限制地传输；此外，尽量避免设置软、硬件的门槛，便于用户访问整合后的资源。

2. 信息内容整合

信息内容整合是指通过信息资源整合机制和标准，对不同来源的非结构化数字资源进行集成、描述和链接。这一过程深入揭示并整合了蕴藏在数据或信息集合中的关联内容，使得原本相对独立的信息内容彼此间形成内在联系，真正实现数字资源的"全方位整合"和"一站式"获取。其本质就是通过一定的技术手段，将数字资源基本属性间的多种复杂关系进行衔接与整合，使分散、异构的文献及其关系形成一个有机关联的整体。这是在数据整合基础上的进一步深化，实现信息内容之间的多重关联揭示，使用户在查全、查准的基础上，获取内容关联资源的推荐。[35]

信息内容的整合应充分体现数字资源的组织机制，其内容包括数字资源组织、信息内容揭示及统一标识系统等。具体而言，通过分类法和主题词表等信息组织体系，科学地整理各类数据。同时，利用元数据对数据的内容、位置和关系进行深入揭示和详细描述。再将 URI/DOI 作为数字信息内容对象的标识基准，以实现有效的链接。[36]

3. 服务流程整合

服务流程整合就是在数据和内容整合的基础上，不断改造和完善数字资源服务流程。其包含两层含义：一是将图书馆内部分散的信息组织规则和不同载体提供可利用的业务流程优化组合，形成外显化的服务流程和规范化的搜索平台，为用户充分利用图书馆的数字资源提供了个性化的多种选择通道。二是可以提高图书馆服务过程的自动化水平和执行过程的整体效率，增强图书馆协同服务和合作服务的能力，为实现数字资源共享提供有效的服务保障。[37]

4. 服务功能整合

服务功能的整合是在图书馆数字化资源服务业务流程的逻辑层面上进行

再优化和集成。通过对服务功能进行不同粒度的封装，提供标准化的功能组件和服务，以此作为不同应用系统间的标准接口，用于所有符合这个应用标准的调用请求。[38]

5. 标准和规范整合

标准化和规范化是实现数据化整合与共享的前提与保证，也是数据整合的主要内容。图书馆的数字化资源涉及的学科范围广、类型多、数据量庞大，需要对多种的数字化表达进行无缝连接。解决这一问题的关键就在于标准化，应当在充分调研实践的基础上，逐步推出如数字化资源的储存、描述与标识、检索查询、交换和使用的标准与规范，通过规范数字化资源的开发、生产和组织管理行为，从而实现理想化的数据整合。

三、图书馆数字化资源的整合机制

数字资源的整合机制是数据整合的核心问题。在整合过程中除了运用数据整合技术之外，还需要运用系统原理，构建数字资源利用的服务体系。根据数据整合平台的构建结构的不同，数字资源整合机制主要有数据仓库整合机制、中间件整合机制两种。

（一）数据仓库整合机制 [39]

数据仓库整合是一种物理整合方式，从多个内容相关、物理和逻辑上都相互独立的数据源中，提取面向主题的数据集合。数据仓库整合数字资源，具有数据组织的主题性、数据存储的集成性、数据格式的一致性、数据传递的相对稳定性、数据内容的系统性等特点。由于数据仓库集中管理了来源不同的多个数据库系统，其不仅可提供各种数据的整体报表，还支持数据的多维分析，更重要的是其是数据挖掘技术的基础。运用数据仓库机制整合数字资源，可以形成一个较完整的结构体系，各层功能如表4-4所示，结构图如图4-4所示：

表 4-4　数据仓库整合机制结构体系功能表

结构体系名称	功能
异构数据源层	实现结构化业务数据、非结构化业务数据和元数据的获取、建库与更新
元数据抽取与创建层	对数据进行预处理，通常包括数据抽取、数据转换、数据净化等过程
数据仓库构建层	对来自异构数据源的数据转换、净化，并向元数据库进行转移和加载，创建数据仓库
数据仓库管理层	提供对数据仓库的管理和支持，包括数据仓库的数据管理和元数据管理两部分
应用层	展示数据仓库检索界面，提供查询工具，从而实现数据仓库的应用服务

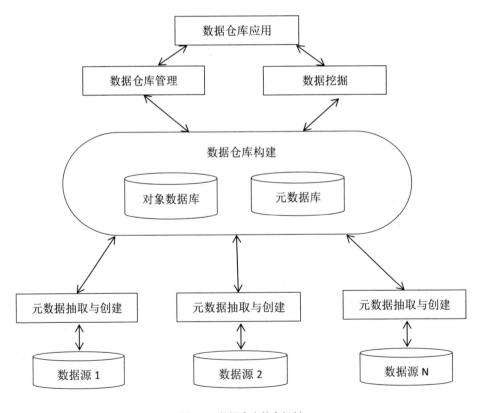

图 4-4　数据仓库整合机制

数据仓库整合数字资源技术涵盖了数字资源的存储与管理、数据抽取、数据挖掘与分析以及数字信息的监控与更新等多个方面。然而，数据仓库的运用必须建立在合法获取系统数字资源的基础之上。

随着数据仓库整合机制应用范围的扩展，数据整合表现出以下发展趋势：一是数据仓库集成对象，来源范围不断拓展，从传统的异构数据库向 Web 数据集成发展；二是数据仓库对数据源的整合方式从对异构数据源被动"抽取"数据向主动"收获"数据的方式转变。

（二）中间件整合机制 [40]

运用中间件整合数字化资源的实质是并不将各数据源的数据集中存放，而是通过中间件，进行逻辑结构的整合，具体过程如 4-5 图所示。中间件接收用户查询并将之转换成中间格式，然后提交给相应的封装器，而封装器则对异构数字资源进行链接、查询和封装，并将用户的查询转换为基于异构数据源的公共数据模型（Common Data Model, CDM），其查询执行引擎（Query Execute Engine）再通过各数据源的封装器将结果抽取出来，实现对多个分布式资源的检索，并对从封装器或其他中间件中获取的查询结果信息进行整合处理，最后由中间件将结果集成并返回给用户。

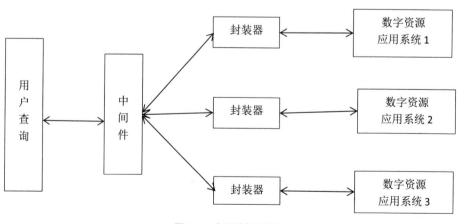

图 4-5 中间件整合机制

由此可见，数据整合不需要数据集中存储，依靠中间件对数字资源封装处理后提供给用户使用，所以中间件整合机制保持数字资源分布式组织模式的相对稳定，解决了数据整合中的数据更新问题，弥补了数据仓库整合机制中数据更新不及时的缺点。此外，中间件整合机制提高了数据整合平台组件的实用性，降低了数据整合系统开发的成本。

中间件整合机制正迅速发展，通过运用本体技术和语义相关技术构建分布式数据整合平台，提高了数据整合的效率和准确性，有效解决了基于用户信息需求的知识整合和个性化服务等问题。目前，中间件整合机制已成为实现数据整合的主流方法。

参考文献

[1][6][7] 薛淑芳, 崔焕平. 有关图书馆与图书馆资源的一点看法 [J]. 中国科教创新导刊, 2008, (13):218.

[2] 杜定友. 图书馆管理法上之新观点 [J]. 浙江图书馆月刊, 1923, (3):23—28.

[3] 刘国钧. 图书馆学要旨 [M]. 上海: 中华书局, 1934.

[4] 刘国钧. 什么是图书馆学 [J]. 中国科学院图书馆通讯, 1957, (1):1—5.

[5] 黄宗忠. 图书馆管理学 [M]. 武汉: 武汉大学出版社, 1992.

[8][9] 刘平, 史莉莉, 张延新, 等. 公共数据开放相关法律问题研究 [C]//2018 年政府法制研究. 上海市人民政府法制办公室; 上海市行政法制研究所; 上海市行政法制研究所研究一室; 上海市人民政府法制办公室社会法规处; 上海市行政法制研究所研究二室; 2018:49.

[10] 尼葛洛庞帝. 数字化生存 [M]. 胡泳, 范海燕, 译. 海口: 海南出版社, 1996.

[11] 徐小涛, 孙月光, 孙少兰. 基于 Web 的分布式数字图书馆运用研究 [J]. 办公自动化,

2008, (12):34—36.

[12] 维克托·迈尔·舍恩伯格, 肯尼思·库克耶. 大数据时代: 生活、工作与思维的大变革 [M]. 盛杨燕, 周涛, 译. 浙江: 浙江人民出版社, 2013:104.

[13] 金胜勇, 张琪. 论我国图书馆学发展的数据化趋势 [J]. 情报资料工作, 2021, 42(01):42—49.

[14] 第十九次全国国民阅读调查结果发布 [J]. 国家图书馆学刊, 2022, 31(03):38.

[15][16][17] 杨建梁, 刘越男, 祁天娇. 文档数据化: 概念、框架与方法 [J]. 中国图书馆学报, 2022, 48(03):63—78.

[18][19] 于兴尚, 董红丽, 郭畅. 数据驱动的智慧图书馆建设与智慧服务研究 [J]. 图书馆, 2020, (06):29—36.

[20] 汪明冲, 赵军, 李玉琳. 空间数据库引擎及其解决方案分析 [J]. 地理信息世界, 2006, (04):63—66.

[21] 谢杰. 学生在线学习行为评估系统的设计与实现 [D]. 中南大学, 2013.

[22][23][24][25] 裴阳. 基于数字人文的城市记忆资源整合与服务研究 [D]. 郑州航空工业管理学院, 2020.

[26] 郑玲, 刘晓建, 蒲强. 基于个性化服务的 WEB 数据挖掘研究 [J]. 中国电力教育, 2008, (S1):369—371.

[27] 杜建军, 李海玉, 马蓉. 数据预处理与决策树在客户行为分析中的应用 [J]. 信息技术, 2008, 32(12):47—51.

[28] 况莉莉. 数据挖掘中数据预处理在图书借阅中的应用 [J]. 淮北职业技术学院学报, 2011, 10(03):117—119.

[30] 江明华. 数据挖掘技术在篮球技术动作中的应用研究 [D]. 重庆大学, 2007.

[31] 汪玉红, 马胜利, 张倩. 基于门户的高校图书馆信息资源整合探析 [J]. 图书馆工作与研究, 2010, (12):29—31.

[32] 田青.Medalink 与图书馆数字资源的一站式整合 [J]. 长春师范大学学报, 2014,

33(10):154—156.

[33][34] 张闫. 基于知识链的数字图书馆信息资源整合的原则和模式 [J]. 情报杂志, 2011, 30(01):182—185.

[37][38] 廖球. 区域内高校图书馆与公共图书馆的服务整合 [J]. 四川图书馆学报, 2011, (01):66—69.

[35][36][39][40] 武三林, 韩雅鸣等. 基于技术融合的图书馆数字资源利用服务机制研究 [M]. 北京: 科学技术文献出版社, 2017.

公共图书馆阅读推广智慧化技术应用

      智慧图书馆是继传统图书馆、复合图书馆、数字图书馆之后图书馆发展的新阶段。智慧图书馆通过融合应用移动互联网、云计算、物联网、大数据等先进技术，构建了一个互动性强、可视化程度高、泛在化特征明显的智慧图书馆系统。这个系统不仅实现了高效的服务管理，还整合了互联的文化数据环境和多元化的信息共享空间，形成了一个综合性的智慧服务体系。基于智慧化技术的智慧阅读，作为一种新兴的阅读方式，显著降低了阅读的门槛，丰富了阅读的形式，扩展了阅读内容，并保障了用户的阅读权益。智慧阅读对于促进用户的身心健康具有深远的现实意义。本章将详细介绍与公共图书馆智慧阅读推广紧密相关的技术，包括移动互联网、云计算、物联网、大数据和区块链等。

第一节
....

移动互联网技术

二十世纪末，互联网技术推动信息时代深入发展，移动互联网（Mobile Internet）就是在这样的背景下孕育、产生并发展起来的，并显现出超越传统互联网的趋势。

一、移动互联网概念解读

（一）移动互联网的定义

移动通信技术与互联网技术逐步融合，形成移动互联网技术，但业界并未对其定义达成共识。这里介绍几种有代表性的移动互联网的定义。

一种观点认为：移动互联网是指移动通信终端与互联网结合为一体，是用户使用手机、PAD 或其他无线终端设备时通过速率较高的移动网络，在移动状态下（如乘坐地铁、公交车时）随时、随地访问 Internet 以获取信息或进行商务、娱乐等活动的各种网络服务。

另一种观点认为：移动互联网是指使用移动无线 modem，或者整合在手机或独立设备（如 USB modem 和 PCMCIA 卡等）上的无线 modem 接入互联网。[1]

国内由中兴通讯股份有限公司在《移动互联网发展白皮书》给出的定义，比较有代表性。狭义定义是指用户使用移动终端设备，通过无线通信网络接入互联网。广义定义是指用户使用移动终端设备，通过各种无线网络（包括移动无线网络和固定无线网，即：WLAN、BWLL、GSM 和 CDMA 等）接入互联网。[2]

通过对以上定义的分析，移动互联网包含两个层次和三个要素。首先运营商为用户提供稳定、高效的移动网络数据接入服务，确保用户能够在任何时间、任何地点以及任何设备上实现便捷的数据访问。其次是在该通道上，用户能够享受到语音、数据以及视频等多元化的业务服务，这一新兴业态的崛起，有力地推动了移动互联网的普及。在所述通道上，移动互联网由终端、网络和软件应用三个要素组成。

终端包括智能手机、平板电脑、手持阅读器和可穿戴设备等；移动通信网络接入，包括 3G、4G、5G 等；软件包括操作系统、中间件、数据库和安全软件等。它们通过 Web、WAP 的方式为公众提供互联网服务。

我国已拥有全球最大的移动终端用户规模，根据中国互联网络信息中心（CNNIC）在京发布的第 54 次《中国互联网络发展状况统计报告》，截至 2024 年 6 月，我国网民规模达 10.9967 亿。

（二）移动互联网与 PC 互联网对比分析

移动互联网与 PC 互联网是两个不一样的概念，移动互联网并不是 PC 互联网 2.0 的衍生产品，它有着自己的特点，下面笔者将从操作系统平台、硬件、终端特性、使用条件和应用场景、入口、商业模式等方面做出对比分析，详见表 5-1：

移动互联网和传统互联网之间既有联系又有不同，智能手机的普及、4G 和 5G 技术的开发应用以及基础设施的配套完善，都为移动互联网的发展奠定了坚实的基础。虽然传统互联网跟不上人们"快节奏"的生活，但并不是

表 5-1 PC 互联网与移动互联网对比分析表

项目 网络型	PC 互联网	移动互联网
操作系统平台	主要有 Windows 操作系统、UNIX 操作系统、Linux 操作系统和 Mac OS 操作系统，相对稳定。	主要有 iOS、Android、WP、黑莓等多种系统平台，各类应用需要开发适配不同的 iOS 版本，操作系统以月为单位更新迭代。
硬件平台	有键盘和鼠标等输入装置、U 盘、移动硬盘、打印机、投影机等各类输出装置。	以触屏输入为主，兼具语音文字录入功能，强大的视频数据处理、存储功能，非常丰富的通信方式，移动用户既可以通过 GSM、CDMA、WCDMA、EDGE、4G、5G 等无线运营网通讯，也可以通过无线局域网、蓝牙和红外设备进行通信。
终端特性	具备强大的计算和处理能力，可以运行复杂的软件和应用程序。	可以进行语音通话、拍照、听音乐、玩游戏，而且还可以实现全球定位、位移、距离、重力、电磁波、压缩、影像、语音、NFC、二维码、支付、指纹卡片扫描、身份证卡片扫描、条码卡片扫描、RFID 条码扫描、IC 卡扫描，以及对各种酒精自动检测等丰富多样的技术功能，产生了更丰富的互联网应用和商业模式。
使用条件应用场景	通常是在办公室或家中使用，时间比较固定且具有持久性，网速快且花费也比较少。	可泛在化使用，但终端电池容量、移动网络覆盖率、上网速度、费用等诸多因素制约着移动终端的运行，要综合考虑用户在使用过程中的流量消耗、用电时间、设备使用便捷性等各种影响因素。
入口	浏览器技术是互联网最重要的技术入口。	App 是移动互联网最重要的技术入口，兼具浏览器技术入口。
商业模式	通过引入一款核心应用产品吸引客户，进而掌握网络流量，并最终通过流量变现手段实现盈利。	通过提供产品与服务，吸引并累积用户基础，将用户转化为忠实的"粉丝"，通过跨界的资源整合，为用户群体提供更优质的产品与体验，最终实现提升用户期待的目标。

一无是处，还是可以起到促进移动互联网发展的作用，但论发展速度和发展轨迹，移动互联网的想象空间和发展动力更大，其实效性相较于传统互联网更胜一筹。

二、移动互联网的主要技术特征

移动互联网与传统宽带互联网存在一定的差异，它融合了用户的身份认证、环境的感知能力、智能化的终端以及泛在无线技术等业务集成。移动互联网技术通过特定的转换过程，将宽带互联网应用业务的定制化和个性化呈现于各类用户移动终端之上，满足用户的多元化需求，其主要包括以下典型技术特征：

（一）技术开放性

开放性是移动互联网的本质特征之一，移动互联网通过简单的 API 或数据库访问等途径，将封闭的电信业务与 Web 方式的应用业务相融合，为同时扮演内容提供者角色和业务开发者角色的企业和个人用户提供集成的开发工具，以满足其多元化的需求。

（二）业务融合化

在移动互联网时代，用户需求呈现出明显的个性化和多元化趋势。传统、单一的网络服务模式已无法充分满足用户多元、个性的需求。技术的开放性促进了不同业务领域之间的融合，开拓了更多渠道以应对用户不断增长的多样化需求。此外，业务融合技术突破了传统的垂直业务结构，推动其向水平结构转变，进而催生了更多创新的事物。

（三）终端的集成性、融合性和智能化

随着集成电路、软件技术以及芯片技术的深入发展，移动终端得到了赋能，不仅具备了通讯功能，还融入了互联网接入能力，为软件运行和内容服务开辟了广阔的天地。股票、新闻、天气预报、交通监控以及音乐和图片下载等增值业务的实现，使得"随时随地为每个人提供信息"的理想成为现实。此外，移动终端与消费电子技术的紧密结合，甚至使移动终端转变成了便携式金融终端。

(四)网络异构化

基于 IP 传输数据的宽带互联网络和电信网络承载着移动互联网的各类应用，但网络的组织架构和管理方式千差万别。通过聚合业务的提取能力，屏蔽承载网络的多样性，实现网络异构化层业务的接入无关性。

(五)个性化

移动终端不仅具备门户个性化、业务个性化、内容个性化等互联网所具备的一系列个性化能力，还可以实现定位等功能，所以移动互联网成为个性化越来越强的个人互联网。

从使用主体的角度分析，移动互联网以 4G、5G 网络为主要接入方式，其主要用户和移动通信用户一样，以个人客户为主，这一特点决定了移动互联网应用将以个人业务为主体。

从使用场景的角度分析，用户对移动互联网业务的使用，多以实时性和间歇性为主。由于移动终端的随身性和个人化特点，使得移动互联网对实时业务具有天然的支持优势，移植于互联网的即时通信业务是移动互联网中比较成功的业务之一。然而，当用户面临长时间连续且专注地利用移动互联网进行工作时，可能会遭遇一些挑战。移动端短视频的迅猛发展与长视频领域的相对缓慢，恰好可以佐证这一情况。

从移动互联网应用的角度分析，受限于移动终端的性能、尺寸和操作方式，其对终端的依赖性比较高。但移动互联网对用户的感知度明显优于宽带互联网。

(六)终端移动性

用户可以随身、随时、随处通过终端接入并使用互联网服务。

(七)终端和网络的局限性

无线网络能力受限于传输环境及技术能力等因素。终端能力受限于终端的尺寸、电池容量、处理能力等因素。任何一部分的滞后都会延缓移动互联网发展的步伐。

（八）业务与终端、网络的强关联性

业务内容开发需要匹配网络技术规格和终端类型。如带宽不够会影响在线视频、视频通话、移动网络游戏等应用效果。同时，根据各种移动终端设备的不同，提供的服务也有差异。

（九）业务使用的私密性

移动互联网服务涉及更多私密信息，如移动支付业务等。

三、移动互联网与智慧图书馆阅读推广

移动图书馆是移动互联网与智慧图书馆融合发展的产物，它通过移动终端设备获取资源，是传统服务的延伸和补充。具体而言，移动图书馆实现用户随时、随地、随心地访问图书馆的各类资源和服务。最常见的如超星移动图书馆、书生移动图书馆和汇文移动图书馆、基于微信服务平台的移动图书馆。目前的移动数字图书馆主要提供以下几种服务：OPAC 检索、信息咨询服务、数字馆藏访问、构建我的图书馆、流媒体播放等应用。

（一）移动图书馆的发展过程

移动图书馆的典型服务模式包括 SMS 模式、WAP 模式、App 模式，分别代表移动图书馆发展变迁的三个阶段。[3]

移动图书馆 1.0: 基于 SMS（Short Message Service，SMS）服务模式的移动图书馆，通过手机短信推送活动通知、借阅提醒等，还允许用户通过发送特定文本进行借阅情况和书目信息的咨询应答。该服务便捷且实用，但不支持深层次的资源检索和浏览。

移动图书馆 2.0: 在移动互联网的 WAP（Wireless Application Protocol，WAP）模式下，用户通过移动设备基于无线应用协议接入互联网，访问图书馆的 WAP 网站，检索资源、查询借还信息、进行续借等操作。尽管

WAP 模式在资源检索和浏览方面优于 SMS 模式，但因其与移动设备的兼容性不佳、网页内容保存方面存在问题，限制了 WAP 移动图书馆服务的发展。

移动图书馆 3.0: 移动互联网和智能终端的发展与普及，App（Application）模式的移动图书馆服务逐步取代了 SMS 和 WAP 模式。用户通过安装 App 获取图书馆服务的模式，极大地提升了系统兼容性和资源检索效率，实现了服务的革命性升级，并为基于大数据的个性化服务打下了基础。此外，微信公众平台和小程序的广泛应用，提升了移动图书馆服务的便捷性。

（二）移动图书馆具备的功能

第四代和第五代移动通信技术（4G/5G）以及无线局域网（Wi-Fi）提供了更高速的数据传输能力，支持无线网络接入和无线多媒体服务。这使得配置较高的个人智能终端能在全球范围内广泛地开展高质量的移动阅读和视听活动。目前，移动图书馆已经实现了以下功能：

1. 基于元数据的一站式检索

元数据整合技术在移动图书馆领域得到广泛应用，这一技术使得用户能够轻松地在馆内外实现各种类型的资源（图书、期刊、报纸、学位论文、标准、专利等）一站式检索、导航和全文获取服务。用户不再受限于物理位置，随时随地都可以享受到全面、丰富的信息资源服务。

2. 自助式移动服务

移动图书馆集成了 OPAC，用户可通过移动图书馆查询书目信息、馆藏信息、借阅历史，还可以进行个人信息修改、续借、预约、挂失等操作。此外，还能进行咨询，获取热门书排行榜等信息。

3. 短信服务

随时获取图书馆发送的各种提醒服务信息。诸如：临时闭馆、读者活动、讲座、到期还书等，以此提升图书馆的信息传播效率。

4. 分享和评价

分享用户在阅读过程中所使用的搜索词、收藏标签、对文献的评价意见、订阅信息的推送提醒、阅读所做的批注以及设置的书签等。

5. 二维码的广泛使用

二维码因高容量、高精度以及良好的纠错和加密特性而备受青睐。用户可利用移动终端的摄像头读取二维码信息，再通过解码软件还原出访问网址等原始信息，从而避免了手动输入网址的烦琐过程。

6. 听书服务

图书馆应当关注社会上弱势群体的需求，不仅在线下空间中提供实体资源的借阅服务，还应当努力为社会各界提供平等的阅读机会，以便他们能够方便地获取和利用数字资源。通过对移动图书馆的应用，可以有效地缩小信息获取、利用的鸿沟。如：移动图书馆提供的听书服务，使阅读有障碍的人群能平等地获取知识、享受阅读的乐趣，从而更好地履行图书馆促进知识普及和信息公平获取的社会责任。

7. 图形化显示馆藏图书位置

升级 OPAC 系统，增加图形化展示图书位置的功能。借助物联网技术定位功能，准确获取书籍所在架位的信息。用户通过移动终端获取寻找检索文献路线图，并为之导航，这将为不熟悉图书馆布局的用户提供帮助。

8. 流媒体下载与在线播放服务

移动流媒体技术的核心优势在于无需在客户端保存流媒体文件的情况下，实现音频、视频及多媒体内容的实时播放。流媒体服务得以顺利开展离不开移动网络的高速传输能力。

9. 导航服务

导航服务，顾名思义，就是指帮助用户通过地图、语音和短信的提示到达目的地。移动图书馆受此启发，可以提供基于位置的相关服务，如图书馆位置、资源获取路径、交通信息查询。

10. 用户远程教育服务

用户可以利用移动终端设备，通过移动互联网泛在化获取多种类型的教育资源，开展个性化学习。

（三）移动图书馆的特点

1. 便捷性和移动性

移动终端设备体积小、便于携带、可移动，便于实现"随时、随地、随心"浏览、下载和阅读的功能，帮助用户及时获取所需信息，便捷地享受图书馆服务，真正实现了"行万里路，读万卷书"。

2. 交互性

移动图书馆改变了用户被动地接受信息或知识的局面。用户可以个性化定制智慧图书馆的服务内容，拥有了更大的自主性，体现了图书馆向个性化服务方向的转变。此外，移动图书馆还支持用户开展图文、视频的沟通和交流。

3. 定位性

移动终端最为典型的应用就是位置服务，具体为以下几种：位置签到、位置分享及基于位置的社交应用；基于位置围栏的用户监控及消息通知服务；生活导航及优惠券集成服务；基于位置的娱乐和电子商务应用。

4. 丰富性

移动图书馆是传统图书馆功能的拓展与延伸，它充分利用了现代科技手段，将图书馆丰富的资源和专业服务通过移动设备传递给用户。因而移动图书馆不仅继承了传统图书馆的海量信息资源，还具备了随时随地获取知识的便捷性，为用户提供了更加灵活、高效的学习和研究途径。

（四）移动图书馆的载体

基于移动互联网的移动图书馆，为用户提供热门资源推荐、全文获取保障、碎片时间阅读、在线帮助等泛在化服务，提高了图书馆资源的利用价值。然而，移动图书馆服务依赖于多元化的平台载体。近年来，其发展已由单一平台应用逐步扩展至包括 SMS 服务平台、图书馆 WAP 网站服务平台、图书馆自动化系统 App 平台（超星、书生、汇文等）、资源数据库商 App 平台（知网）以及微信公众号平台及小程序在内的多种平台应用，以满足用户日益多样化的需求。在此，笔者以基于 App 的移动图书馆和微信移动图书馆为例，分析移动图书馆的服务载体。

1. 基于 App 的移动图书馆

基于 App 的移动图书馆是移动图书馆的 3.0 阶段。它的出现与发展是移动互联网广泛应用和智能终端普及的结果，已成为移动图书馆的主流服务模式。用户需要安装 App，才可以获取移动图书馆的各类服务。基于 App 的移动图书馆兼具个性化的服务、交流互动的平台和强大的社交功能，使移动图书馆实现了革命性升级，为用户提供了更加便捷、高效、多元的学习体验，也为开展基于大数据的移动图书馆个性化服务奠定了基础。

2. 微信的移动图书馆

微信公众平台是腾讯公司在微信的基础上后增的功能模块，以此实现与特定群体的文字、图片及语音的全方位沟通、互动。在移动互联网背景下，智能手机等智能终端飞速发展，图书馆需要集与用户进行交流互动、提供自助服务、主动推送于一身等平台，来深化移动图书馆的移动服务。图书馆通过微信公众平台与自动化系统的对接，可实现读者证解绑、当前借阅信息查询、图书的续借预约及荐购，可进行馆藏查询，电子图书、电子期刊在线阅读，各类活动预告、线上展览、数字资源线上展示等服务。[4] 目前，越来越多的图书馆都开通了微信图书馆服务。

3. 基于 App 移动图书馆与微信图书馆的对比

基于 App 的移动图书馆和微信图书馆两者都是为用户提供移动图书馆

服务的重要途径，下面笔者就两者的实现方式和已经实现的服务功能进行比较。

（1）实现方式和传播效果比较

基于App移动图书馆服务，用户需通过下载并安装专门的移动图书馆客户端才能使用其功能。目前，在国内市场上，超星移动图书馆、书生移动图书馆、知网等几款应用已相对成熟且广泛普及。图书馆在引进这些应用时，需投入较多的经费，并在后续的应用与推广过程中，遵循先安装后使用的模式，这一流程在某种程度上可能削弱用户使用移动图书馆的意愿。

微信图书馆则是基于微信公众平台，构建成本较低，普适性也较强，用户基数大，具备超强的用户渗透力和影响力。理论上，其更容易受到用户关注，更容易推广。但目前图书馆的微信公众号名称不规范，为用户在搜索和利用过程中带来了不便和混淆。图书馆应在不断深化微信图书馆的基础上，逐步将移动图书馆的功能整合到微信图书馆，最终实现两者的结合。[5]

（2）服务功能比较

移动图书馆App经过多年的探索与发展，在技术和功能上已经日趋成熟，具有界面设计灵活、资源统一检索和全文在线阅读等特点，更侧重于提供资源利用的相关服务，可满足用户资源快速发现与即时获取的需求。微信图书馆的构建成本低、周期短，可以根据需要设置功能，具有开放性、简单、易交互、易推广的特点，更侧重于提供与用户互动的服务，为用户提供馆藏和借阅信息查询、图书预约、推荐购书、新闻更新等服务，同时支持在线咨询、互动和消息推送等功能。移动图书馆和微信图书馆可通过互补，共同提升服务体验。一些图书馆已同时提供这两种服务。随着微信图书馆功能的增强和技术的进步，移动图书馆的功能有望整合进微信，形成基于微信的移动图书馆服务。

第二节

·············

云计算技术

从云计算提出至今，云计算的浪潮已席卷全球。云计算产品、产业基地及政府相关扶持政策先后落地，云计算再也不是"云里雾里"的事物，云计算已逐渐被政府、企业以及个人所熟知，并作为一种新型的服务，逐渐成为智能时代的基础设施，如水、电、网络通信般不可或缺，渗透进人们的日常生活和生产工作当中。云计算正在深刻地改变人类的生活与生产方式。

一、云计算的概念解读

（一）云计算的定义

云计算的技术、策略、结构存在差异，业界和学术界尚未对云计算形成一个统一的概念，但各方根据自己的理解给出略有差异的云计算的概念解读。

作为网格计算（Grid Computing）之父，伊安·福斯特（Ian Foster）认为云计算是"一种由规模经济效应驱动的大规模分布式计算模式，可以通过网络向客户提供其所需的计算能力、存储及带宽服务等可动态扩展的资源"。

IBM 将云计算看作一个虚拟化的计算机资源池，在白皮书《"智慧的地球"——IBM 云计算 2.0》中阐述云计算是一种计算模式，在这种模式中，应用、数据、IT 资源以服务的方式通过网络提供给用户使用；云计算也是一种以基础架构管理的方法论，用于动态创建高度虚拟化的 IT 资源池以供用户使用。IBM 思科前大中华区副总裁殷康提出了一个明确而严格的云计算定义：云计算是一个基于互联网的虚拟化资源平台，整合了所有的资源，提供规模化 ICT（Information Communications Technology，简称 ICT）应用。[6]

Google 的商业就是云计算，其前大中华地区总裁李开复博士将整个互联网比作一朵云，而云计算服务就是以互联网这朵云为中心。在安全可信的标准协议的基础上，云计算为客户提供数据存储、网络计算等服务，并允许客户采用任何方式方便快捷地访问、使用相关服务。[7]

目前受到广泛认同并具有权威性的云计算定义，是由美国国家标准和技术研究院（NIST）于 2009 年所提出的："云计算是一种可以通过网络接入虚拟资源池以获取计算资源（如网络、服务器、存储、应用和服务等）的模式，只需要投入较少的管理工作和耗费极少的人为干预就能实现资源的快速获取和释放，且具有随时随地、便利且按需使用等特点。"

（二）云计算的概念模型

云计算是基于并行、分布式处理和网格计算的一种新型的网络资源模式，通过网络将计算任务拆分为众多较小的子程序，并与存储在计算机中的大量数据和处理器资源协作，即：云计算通过集中化的方式整合计算资源，并借助专业软件实现自我维护和自动化管理。用户能够通过互联网动态地申请所需资源，以支持各类应用程序的运行（如图 5-1 所示）。这种模式使得用户能够更加专注于自身核心业务的发展，从而有助于提升工作效率、降低运营成本并促进技术创新。云计算以互联网为中心，以公开的标准和服务为基础，为网民提供快速、安全、便捷的数据存储和网络计算服务。

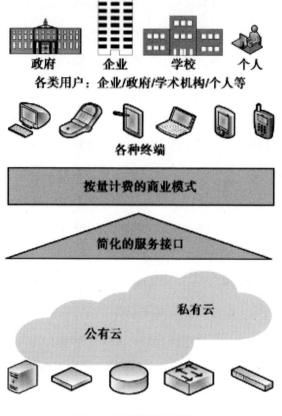

图 5-1　云计算的概念模型

二、云计算的工作原理

云计算既可以被描绘成为一种用于构建应用程序的基础设施，类似于操作系统，也可以指代云服务应用。计算云是一个虚拟化的计算资源池，可通过部署的方式被安排到物理设备上，以适应不同的场景需求。基于分布式的计算技术，云计算技术能够将计算能力分配至更广泛范围内的设备，并利用冗余资源实现容错。[8]

云计算系统通过网络连接前端和后端。前端指的是用户的计算机或客户端，后端指的是系统由各种各样的计算机、服务器和数据存储系统组成的计算集群，俗称"云"。用户通过网络接入"云"并提出需求，"云"则组织资源通过网络为用户服务。这样用户终端功能得以简化，复杂的计算和处理过程由后端"云"完成。

在理论上，云计算系统能够支持任何计算机程序的运行。用户所使用的应用程序在互联网的服务器集群中运行，而非用户设备。用户处理的数据存储在互联网的数据中心，而非本地设备。云计算服务提供商能够灵活分配资源给应用程序，并让用户按需访问计算和存储系统。用户通过云计算享受按使用付费的服务，便捷了网络访问和可配置的计算资源共享。

三、云计算架构

云计算架构分为服务和管理两大部分。云计算管理以云管理层为主，确保整个云计算中心安全、稳定地运行，并且能够被有效管理。云服务是指为用户提供基于云的各种服务，包含 SaaS、PaaS 和 IaaS。

（一）云服务

从用户角度而言，云服务是独立的，它们面向不同的用户，提供完全不同的服务。但从技术角度而言，云服务的这三层有一定的依赖关系。一个 SaaS 层的产品和服务不仅需要使用 SaaS 层的技术，还依赖 PaaS 层所提供的开发和部署平台，以及 IaaS 层的计算资源，而 PaaS 层的产品和服务也可能构建于 IaaS 层服务之上。

1. SaaS —软件即服务

SaaS，即 Software-as-a-Service（软件即服务），是二十一世纪初兴起的一种软件应用模式。它通过互联网为用户提供软件和应用程序服务，是云计算领域中最成熟且应用最广泛的模式。由于 SaaS 软件托管在服务提供商的服务器上，仅在用户需求时启动，因此也被称为"按需"软件，故减少了用户管理与维护的成本，同时享受更高的可靠性。Salesforce 便是 SaaS 模式的一个典型代表。

2. PaaS —平台即服务

PaaS，即 Platform-as-a-Service（平台即服务），云计算服务提供商通过 Web 将计算环境和开发环境等平台作为一项服务来提供，如此，软件开发人员无需购置服务器即可开发新的应用程序。Google 的 App 引擎、微软的 Azure 是 PaaS 服务的典型代表。

3. IaaS —基础设施即服务

IaaS，即 Infrastructure-as-a-Service（基础设施即服务），这是一种商业模式，它通过网络将数据中心和基础设施硬件资源分配给用户使用。在 IaaS（基础设施即服务）领域，亚马逊公司的 Elastic Compute Cloud 是最引人注目的例子。IBM、VMware、HP 等传统 IT 服务提供商也推出了相应的 IaaS 产品。IaaS 服务完美诠释了云计算的按需付费模式，通过"弹性云"机制，用户能够在需求出现时接入相应的基础设施资源，并且仅需为实际使用的部分支付费用。

（二）云管理

云管理层是"云"的核心，是云服务的基础，主要为云服务提供管理和维护。云管理层可细分为用户层（用户管理、客户支持、服务管理、计费管理）、机制层（运维管理、资源管理、安全管理、容灾支持）和检测层（监控系统）。[9]

其中用户层主要负责为"云"服务的用户群体提供优质、多样化的服务；机制层则主要负责提供保障云计算中心管理更加自动化、安全的各种管理机制。在安全管理方面，机制层全面保护数据、程序和账户等 IT 资源的安全，确保云基础设施及其服务能够合法地被访问和使用。

四、云计算的分类

云计算按照部署和使用方式的不同，分为公有云（Public Cloud）、私有云（Private Cloud）和混合云（Hybrid Cloud）。[10]

公有云通常指开放给公众使用的云基础设施。政府、企业、院校、机构都可以持有、管理和运营公有云，如 Amazon 的 AWS、微软的 Windows Azure 平台、Google 的 Google App Engine 等都是公有云。

私有云指客户单独构建和使用的云基础设施，私有云可以有效控制应用程序的部署方式、数据安全、服务质量等，如 IBM Blue Cloud、Cisco UCS 等都是私有云。公有云和私有云的区别主要体现在访问权限和访问模式等方面，但实践中两者间的界限其实并不绝对和清晰。例如，Google 的云操作系统，对内使用时是私有云，而对外提供 Google App Engine 时，就变成了公有云的 PaaS。

混合云把公有云和私有云结合到一起，在某一块资源不够的情况下，从另一处借用资源。长远来看，公有云是云计算的最终目的，但私有云和公有云会以共同发展的形式长期共存。

五、云计算的关键技术及特点

（一）云计算的关键技术

云计算这种超级大规模的计算方式需要多个特殊的关键技术支撑，如虚拟化技术、分布式海量数据存储技术、海量数据管理技术、编程方式、云计算平台管理技术等。

1. 虚拟化技术

虚拟化技术是一种资源的管理和优化技术，将计算系统内各种实体资源抽象化，通过软件的方法重新划分，实现资源使用者对资源的共享和灵活调度。虚拟化技术可以实现用户对资源的集中管理，可以节约硬件成本、运维成本与电力成本等能源消耗，同时提高资源利用率。按应用领域来分，虚拟化技术大体可分为存储虚拟化、计算虚拟化、网络虚拟化、桌面虚拟化、应用虚拟化等。

2. 分布式海量数据存储技术

由大量云端服务器组成的云计算系统可被分配给多个用户使用，系统采用分布式存储和冗余策略来确保数据的可靠性，并实现任务的分解与集成。这种模式通过使用低配设备来降低成本，同时保证数据的高可用性和可靠性。

3. 海量数据管理技术

云计算的数据管理技术必须能够高效地管理大量的数据。Google 的 Big Table 和 Hadoop 团队的开源数据管理模块 HBase 是云计算系统中超大规模的数据管理主流技术。传统数据库的接口与云管理系统的兼容性不佳，以及如何在大量分布式数据中进行安全和高效的访问，仍是海量数据管理技术需要面对的难题。

4. 分布式编程

云计算采用了 Google 公司分布式并行的编程模型 Map-Reduce，这种模型具有高效的并行运算能力和并行任务调度性，其先用 Map 程序将数据分割成不同版块，定义各节点分块数据的处理方法，达到分布式计算的目的，然后通过 Reduce 程序整合各节点结果的保存方法及最终结果的输出方法（如图 5-2 所示）。在云计算的环境下，用户只需要自行编写 Map 函数和 Reduce 函数即可进行并行计算。

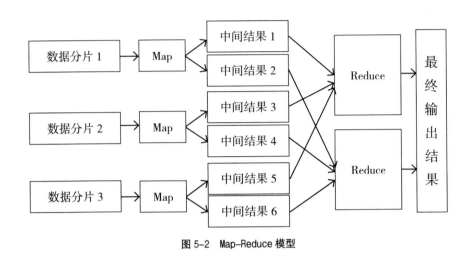

图 5-2　Map-Reduce 模型

5.云计算的平台管理技术

云计算系统整合了众多分散于不同地理位置的服务器。有效管理这些服务器并确保云服务的连续性，是云服务系统所面临的挑战。云计算平台通过采用自动化和智能化的管理技术，实现了大规模服务器的协同作业、分布式计算以及任务分配。此外，它还能够迅速识别系统故障并进行恢复，从而确保了大规模系统的稳定运行。

6.云计算的信息安全技术

云计算的信息安全技术需要处理计算资源、用户数量、网络结构、应用、服务的海量数据。由于计算资源和数据已经不受用户的直接控制，云计算的信息安全技术在保障用户隐私和权限方面都存在许多要解决的问题。

（二）云计算的特点

云计算通常有以下特点：

第一，资源虚拟化。使用虚拟化技术，将底层计算、存储、网络等硬件资源虚拟化，满足了资源共享、为用户按需分配、提高资源利用率的目标。

第二，灵活部署、可扩展。资源动态"伸缩"，用户可根据业务需求的变化灵活获取相应的资源与服务，而且随着用户规模的增长，云计算的架构能够快速扩展服务。

第三，高可靠性。引入数据冗余、多副本容错、计算节点备份等机制，使得单点硬件故障、单点数据丢失等情况不会影响上层应用，保证服务的高可靠性。

第四，高性价比。用户无须负担云资源软硬件（如设备、数据中心等）建设、运维管理的成本，而且云资源可像水、电一样为用户按需服务，按使用多少来计费。

第五，运维简化。云计算运维的地域属性、设备属性弱化，运维正向集中化、集约化及自动化闭环方向发展。

六、云技术与智慧图书馆阅读推广

（一）云图书馆的起源

云计算技术的发展及在图书馆领域的应用，为云图书馆奠定了基础。2008 年，OCLC 的 Janifer Gatenby 在 Ariadne 期刊上撰文，对于数字图书馆而言，拥有共享、访问、共建、拥有并控制数据资源的功能非常重要，而这正契合了云计算技术在图书馆中应用的愿景。随后 Michael Stephen 等多位学者对云计算在图书馆中的应用做出了初步展望。Michael Stephen 还将云计算列为"2009 年图书馆界大技术趋势之首"。2009 年 5 月，英国 Tabs 公司的 Richard Wallis、Google 的 Frances Haugen 等专家，提出"云计算图书馆"的概念，这可以视为云图书馆的前身。

国内云计算在图书馆中的应用研究起步于 2009 年。刘炜结合图书馆业务和服务的发展趋势，阐述云计算将会对图书馆行业 IT 应用产生的影响，并将云计算列入 2008 年图书情报领域的一大技术热点；[11][12] 胡小菁、范并思从图书馆管理的角度，提出图书馆学的基础理论需要完善，需要开展诸如云计算的基础理论问题、云计算在图书馆应用的可行性、图书馆云计算的政策标准与协议、基于云计算的图书馆管理体制等方面的相关研究。[13] 随后，胡新平认为可以从图书馆和用户两个方面来理解云图书馆的具体含义[14]，虽然这一观点不尽准确，但在当时，可以称得上是一个进步。

云图书馆的实践者更多的是从技术角度来看待云图书馆的概念。构建于互联网的云图书馆体系，改变了传统图书馆的管理和服务模式。图书馆用户只需通过网络终端即可远程使用图书馆的各类资源，享受多元服务。这与 2009 年逐步兴起建设"下一代图书馆集成系统"的理念不谋而合。单轸、陈雅、邵波等人认为下一代图书馆的服务平台（Library Services Platforms，LSP）需要具备纸电数资源集成管理的微服务或 SOA 云架构系统，支持知识发现和融合服务的功能。LSP 的基本组成有统一的资源管理系统、发现系统、二次文献库、大数据中心、大数据分析平台、采购平台、开放平台和图书馆联盟平台。[15] 目前国外主流的产品有 EBSCO 的 FOLIO、Exlibris 的 Alma、OCLC 的 WMS、Innovative Interfaces 的 Sierra，国内有 NLSP、维普的 DALIB·智图等。由此可见，云图书馆既是云服务的应用者，也是云服务的提供者，且两种角色可以互相转换。

（二）云图书馆的功能

云图书馆可实现资源一体化管理，不仅极大地提升了资源的利用率和便捷性，还为用户带来了全新的阅读体验。云图书馆的主要功能如下：

1. 泛在化的阅读服务

云图书馆突破了传统的物理限制，用户只需要基于 PC 或移动终端，通过网络即可完成云图书馆的登录、访问、使用，节省了使用者往返于图书馆的时间，不被浏览的环境所累，云图书馆可提供泛在化的阅读服务。

2. 便捷、个性化的服务

云图书馆可自动收集海量检索记录，在云计算和大数据技术的支持下，为用户提供涵盖热词检索、多条件检索、智能推荐以及关联文献检索等个性化检索发现功能，满足用户的多元化资源需求，确保用户能够高效、准确地获取所需信息。此外，用户还可以定制自己感兴趣的内容，实现个性化内容的推送，以达到快速获得更多相应信息的效果。

3. 安全、稳定的服务

云服务商负责管理和维护云图书馆的数据库、平台。因其拥有相对专业的人才和技术措施，可以保障云图书馆的数据安全和服务稳定。

4. 提高资源共享性和资源配置性

云图书馆充分发挥了云计算技术的海量存储特性和云服务的共享特性，基于云图书馆，多馆可联合开展数据资源池的共建、共享，打破"信息孤岛"，避免同质资源进行重复建设。同时，云图书馆让网络资源高度汇聚成为可能，以便达到最大限度的浏览、共享与实时交互，提升资源的共享性与配置性。

5. 降低图书馆的运营和发展成本

图书馆采用租赁云服务商获取云服务的方式构建云图书馆，降低了软硬件的投入和管理维护的经费支出，节省了人力、物力和财力。云图书馆资源自动化集约管理节约的成本会随着用户、资源的增加优势更加凸显。

（三）云图书馆的特点

1. 大平台

云图书馆属于一种大规模的计算集群与存储系统，对内可高效地整合与收集各图书馆的数据信息，对外提供接口，方便整合其他各业务系统添加业务，形成集移动图书馆、微博、微信等同频共振的大平台，而其运行日志，可用于用户画像，为用户提供个性化阅读服务。

2. 大资源

云图书馆创建了集知识服务、合作交互、数据管理功能的大资源体系，改变了传统图书馆的单向信息传播方式,为用户带来了全新的阅读体验和学习方式。在这个充满智慧和创新的虚拟空间中,每个人都可以成为知识的探索者和分享者,共同推动大资源体系的建设。

3. 大服务

云图书馆在促进全民阅读方面大有可为。基于云图书馆可开展信用办证、网上荐购、场馆预约、网借、活动参与、在线书评等多元化业务联动服务,让本机构、区域联盟、跨地区、网络等不同用户突破时空限制,全面享受图书馆的大服务。

(四)云图书馆的载体

云图书馆的理念从提出到实践应用,逐步呈现出融入智慧图书馆的发展趋势。笔者以基于云技术的智慧图书馆主流平台(超星智图和上海图书馆的云瀚智图)为例,分析以智慧图书馆平台形式存在的云图书馆的架构和功能。

1. 智慧图书馆的云架构

基于互联网云计算等技术的超星微平台,打造了开放、可扩展的数据化、智能化的微服务平台。通过建设数据仓储中心,平台实现了图书馆数据和管理的统一、服务方式的标准化、管理流程的模块化,并支持微服务应用灵活组配,为各项业务活动提供了数据支撑,形成了智慧协同体机制。[16]

云瀚在 FOLIO 的基础上,采用开源技术,坚持云原生架构和自主可控的产品线路,由中国图书馆界携手国内技术公司自主研发的下一代图书馆的中文服务平台。采用"平台+应用"的解决方案,通过底座平台的对接,打通应用模块间的壁垒,形成完整的产品体系,实现运维一体、数据统一、应用互联。[17]

2. 智慧图书馆的云功能

(1)资源管理

在纸质资源管理方面,超星智图与云瀚平台均能提供比较完整的纸质资源管理服务，可实现总分馆管理和图书通借通还。在电子资源管理方面，超星智图平台按照 DC 标准收割"读秀"和"百链"数据并进行清洗查重，不断完善中央知识库。云瀚平台以 BIBFRAME2 模型为基础，通过自定义一个命名为 Codex 的虚拟元数据模型，建立抽象数据模型，创新元数据管理。在资源统一检索和知识发现方面，超星发现既可基于超星发现的学术资源进行搜索，又可选择限于本馆资源范围内的检索。云瀚智图平台提供 Vufind 的纸电合一的检索、通过一个界面组合框式展示检索结果。资源导航方面，超星智图平台提供数据库和期刊导航，云瀚智图平台目前仅提供数据库导航目录。纸电智能采选方面，超星智图平台提供基于中央知识库的"纸 + 电子资源"采选，云瀚电子资源管理目前还没有正式投入使用。

（2）智慧门户

图书馆智慧门户系统满足用户参与活动、查询和管理个人信息以及远程访问授权数字资源的需要。超星智图移动门户可自定义微服务大厅，并提供智慧图书馆的 App 功能。云瀚智图虽没有推出门户系统，但支持各类应用的插拔，能较好地适应手机移动。它可实现全资源预约、智能网借等移动服务功能。此外，超星智图实现用户数据的集中管理和统一认证，并支持第三方数字资源的授权访问。上海图书馆新版门户实现读者统一认证和校外资源的授权访问，支持一个用户使用多张读者卡，对接图书馆现有的 OAuth 认证服务，云瀚网关 OKAPI 负责提供代理服务，实现身份验证、监控、负载均衡、缓存和请求响应处理。

（3）大数据分析

目前，大数据分析功能已成为图书馆智慧云平台的标配。超星智图可进行本机构资源、用户行为、平台使用方面的分析，还可统计分析第三方源数据，此外还支持增删修等自定义操作数据统计模块的功能。云瀚智图平台基于数据中台实现了大数据的分析功能，通过大屏实时展示借阅、预约、进出各馆舍以及座位的使用情况，给予用户较好体验。

（4）统一管理平台

统一管理平台，提供对平台内各种应用系统和模块进行管理的工具。超星智图平台提供终端管理、中央知识库、应用管理、决策分析、用户管理、本馆资源、开放平台的系统设置等功能。云瀚智图平台有读者、借还、典藏、课程、电子资源管理、财务、订单、本地知识库、请求处理、应用管理等模块，并计划建设业务中台，实现对业务的统一管理。[18]

第三节

....

物联网技术

1995 年，比尔·盖茨在《未来之路》一书中描述了物品接入网络后的一些应用场景，这可以说是物联网概念最早的雏形。[19]1999 年，美国麻省理工学院的 Auto–ID 实验室提出电子化产品代码（Electronic Product Code，EPC）的概念，研究利用射频识别等信息传感设备将物体与互联网连接起来，实现了从网络上获取物体信息的自动识别技术，率先提出了"物联网"的概念，并构建了"物—物"互联的物联网解决方案和原型系统。2005 年，国际电信联盟发布《ITU 互联网研究报告 2005：物联网》，指出了网络技术正沿着"互联网—移动互联网—物联网"的轨迹发展，无所不在的、万物互连的"物联网"通信时代即将来临。我国在 2009 年提出"感知中国"战略，着力于实现人与物的实时联通、高效交互与智能控制。截至 2022 年底，据工信部统计，我国物联网产业规模达 1.7 万亿，终端用户约 18.45 亿。[20]

物联网最初是基于互联网，利用射频识别（Radio Frequency Identification，RFID）技术、电子产品编码（Electronic Product Code，EPC）标准，在全球范围内实现的一种网络化物品实时信息共享系统。后来，物联网逐渐演化成融合传统网络、传感器、Ad Hoc 无线网络、普适计算和云计算等信息与通信技术的完整的信息产业链。由于物联网的快速发展和广泛应用，各类感知设备不断收集用户的各种数据，已经影响到人们生活的各个方面，从智能小区、智慧校园到智慧城市，智慧图书馆领域也不例外。

一、物联网的概念解读

（一）物联网的定义

物联网（Internet of Things，IoT），虽没有统一的定义，但普遍认为通过信息采集设备，按约定的协议，将所有物体连接起来形成的"物—物"相连的互联网络，进行"信—物"联网信息安全交换和通信，以实现智能化识别、定位、跟踪、监控和管理的一种网络（或系统）。由此可见，世界上的任何物品都能连入网络，且物与物之间可实现无人工干预的无缝、自主、智能的交互。换句话说，物联网以互联网为基础，主要解决人与人、人与物、物与物之间的互联和通信。

国际电信联盟：从"时—空—物"的三维视角来看，物联网是一个能够在任何时间（Anytime）、任何地点（Anyplace）实现任何物体（Anything）互联的动态网络，它包括个人计算机（PC）之间、人与人之间、物与人之间、物与物之间的互联。

欧盟委员会：物联网是计算机网络的扩展，是一个实现"物—物"互联的网络。这些物体可以有 IP 地址，能够嵌入复杂系统中，通过传感器从周围环境获取信息，并对获取的信息进行响应和处理。[21]

中国物联网发展蓝皮书：物联网是一个通过信息技术，将各种物体与网络相连，以帮助人们获取所需物体相关信息的巨大网络。物联网使用射频识别、传感器、红外感应器、视频监控、全球定位系统、激光扫描器等信息采集设备，通过无线传感网、无线通信网络（如 Wi-Fi、WLAN 等）把物体与互联网连接起来，实现物与物、人与物之间实时的信息交换和通信，以达到智能化识别、定位、跟踪、监控和管理的目的。[22]

（二）物联网特征

无论如何定义物联网，都可以看出物联网的三个基本特征，即：全面感知、可靠传递、智能处理。

全面感知是物联网的核心特征，物联网是由具有全面感知能力的物体和人组成的，通过在物体上安装不同类型的识别装置或者通过传感器、红外感应器等感知其物理属性和个性化特征，以便随时随地获取物品信息，实现全面感知。

可靠传递是保证"物—物""人—物"稳定、可靠相连的关键。物联网是一种异构网络，不同的实体遵守的协议、规范不一致，需要开发出支持多协议格式转换的通信网关，对不同传感器的数据进行统一处理，实现将各种传感器的通信协议转换成预先约定的统一的通信协议。

智能处理是物联网的另一重要特征。物联网以实现对各种物体（包括人）的智能化识别、定位、跟踪、监控和管理等为目标，而这需要融合云计算、人工智能、大数据等技术，对海量数据进行存储、分析和处理，针对不同的应用需求，突破互联网的限制，将物体接入信息网络，实现了"'物—物''人—物'相连的互联网"，从而实现对物品的全面感知和智能化控制。

（三）物联网的基本功能

物联网的三大基本特征，决定其应具备如下基本功能：

1. 在线监测功能，物联网基本的功能之一，以集中监测为主，控制为辅。

2. 定位追溯功能，依赖于全球定位系统和无线通信技术，或只依赖于其中的无线通信技术。如：基于移动基站的定位、RTL 等。RTLS（Real Time Location Systems，实时定位系统）是一种基于信号的无线电定位手段，可采用主动感应式或被动感应式。定位追溯也可基于其他卫星（如：北斗卫星导航系统等）进行定位。

3. 报警联动功能，该功能提供事件的提示、报警服务，有时提供基于工作流或规则引擎（Rules Engine）的联动功能。

4. 指挥调度功能，指对具有基于时间排程和事件响应规则的事物进行指挥、调度、派遣。

5. 预案管理功能，指预案管理基于预先设定的规章或法规对事物产生的事件进行处置。

6. 安全隐私功能，指物联网系统必须提供所有权属性和隐私保护方面的安全保障机制。

7. 远程维保功能，指物联网技术能够提供远程维保服务。

8. 在线升级功能，这是物联网产品企业售后服务的手段之一，帮助系统本身能够正常运行。

9. 统计决策功能，指对物联网采集的信息进行数据挖掘和统计分析，提供决策支持和统计报表的功能。

二、物联网的工作原理

物联网将物理世界与 IT 世界进行了全面整合，即：物理世界中的建筑物、实体设备设施与芯片、网络整合为统一的基础设施，为经济管理、生产运行、社会管理乃至个人生活服务。物联网的工作原理如图 5-3 示：

首先对物体进行标识，其中静态属性存储于标签中，动态属性由传感器实时探测，识别设备完成对物体属性的解码与输出。

在感知采集的过程中，将物体属性转化为信息并通过网络传输到信息处理中心，由处理中心完成相关计算，形成两个方向的有效应用信息。一个方向是经过集中处理反映给"人"，通过"人"的高级处理后，根据需求进一步控制"物"；另一个方向是直接对"物"进行智能控制，而不需要由"人"进行授权。

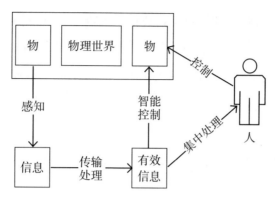

图 5-3 物联网的工作原理

三、物联网的结构

物联网采用开放型体系结构，不同组织从各自应用中提出了不同的体系结构。无论哪种结构其关键技术是相通的，笔者以四层机构为例，介绍物联网的体系结构，三层结构可由四层结构组合实现。

国内外研究人员多以 USN（Ubiquitous Sensor Network）分层框架体系结构为基础，将物联网分为感知网络层、泛在接入层、中间件层、泛在应用层，但此种划分方式仅描述了各种通信技术在物联网中的作用，未能反映出物联网系统实现过程中的组网方式、功能集划分、互操作接口、管理模型等。因而，需要设计一个通用的物联网系统体系结构模型，且该模型需涵盖实现物联网系统的核心技术和方法。在此理念下，通过定性描述将物联网划分为感知控制层、数据传输层、数据处理层、应用决策层四层体系结构。

感知控制层简称感知层，是物联网的基础，涵盖条形码识别器、传感器（如温湿度、视频、红外线等）、智能硬件（如电表、空调）及接入网关。通过传感器收集环境信息，自行组网传递至网关，网关再经数据传输层提交至数据处理层。处理结果可反馈至本层，用于动态控制。

数据传输层接收感知层数据，传输至处理层，并返回处理结果。该层包括短距离无线网络、移动通信网、互联网等，实现网络融合，确保数据高效、安全、可靠地传输。同时，提供路由、格式转换、地址转换等功能。

数据处理层初始化物联网资源，监测在线状态，协调多资源工作，实现跨域交互与调度，进行语义理解、推理与决策，提供数据查询、存储、分析、挖掘的功能。利用云计算、大数据和 AI 技术实现高效存储与深度分析。

应用决策层为用户提供安全、可靠和可用的应用支持。

在这四层结构中，数据处理层和应用决策层被合并为应用决策层，便形成了三层体系结构，即：感知控制层、数据传输层、应用决策层。

四、物联网关键技术

物联网掀起了一场新的信息革命浪潮，将物理世界中的万物相连，使物理世界和虚拟世界有了联系。它融合了感知技术、网络技术、无线传感器技术、物联网控制技术、物联网安全技术等。

（一）感知技术

感知功能是物联网的基础核心功能。基于感知技术的检测装置，能获取特定对象的特定信息，并能将获取的信息转换为电信号或其他形式的信息输出，为后续的各种应用提供支持。物联网感知功能通过传感器、RFID 技术、条码与二维码、电荷耦合元件、定位系统、生物信息识别等实现。

1. 传统传感器

传统传感器包括温度传感器、湿度传感器、压力传感器、流量传感器、液位传感器、超声波传感器、气敏传感器、光敏传感器和智能传感器。

2. RFID 技术、条码与二维码

RFID 技术是一种识别系统与特定目标、无须建立机械或者光学接触而是通过无线电信号识别特定目标并读写有关数据的识别技术。RFID 技术具有安全、读写方便、处理速度快、数据容量大和使用寿命长等优点。

条码是将宽度不等的若干黑条和空白按照一定的编码规则排列，用以表达一组信息的图形标识符，一般只在水平方向表达信息，而在垂直条码方向不表达任何信息，具有可靠性强、效率高、成本低、易于制作、构造简单和灵活实用等优点。

二维码是将若干黑块和白块按照一定的编码规则排列，用以表达一组信息的图形标识符。二维码能够同时在水平方向和垂直方向的二维空间中表达信息，有堆叠式二维码和矩阵式二维码两种常见形式，具有编码密度高、信息容量大和编码范围广等优点。

3. 电荷耦合元件

电荷耦合元件是一种能够把光学影像转化为电信号的半导体器件，具有体积小、重量轻、分辨率高、灵敏度高、精度高、动态范围宽、光谱响应范围宽、工作电压低、功耗小、寿命长、抗震性和抗冲击性好、不受电磁场干扰和可靠性高等特点。

4. 定位系统

主流的定位系统包括：美国国防部在二十世纪七十年代联合研制的全球定位系统 GPS、我国自行研制的北斗卫星导航系统、俄罗斯国防部控制的第二代军用卫星导航格洛纳斯导航卫星系统、欧盟研制和建立的伽利略全球卫星导航定位系统等。

5. 生物识别技术

通过计算机与光学、声学、生物传感器和生物统计学原理等密切结合，利用人体固有的生理特性（如：指纹、脸像、虹膜等）、行为特征（如：笔迹、声音、步态等）来进行个人身份的鉴定。

（二）网络技术

网络技术是指连接不同设备，通过网络软件及协议实现资源共享和信息传递的技术。根据应用领域的不同，网络技术涵盖了计算机网络、现场总线和蜂窝移动通信网络等技术。

1.计算机网络

计算机网络连接多台独立计算机及其设备，通过网络操作系统、软件及协议实现资源共享和信息传递。按传输距离分为个域网（PAN）、局域网（LAN）、城域网（MAN）和广域网（WAN）。它们分别基于不同的通信技术实现资源共享与信息传递，具体如表5-2所示：

表5-2　网络类型及其主要通信技术

网络类型	主要通信技术
个域网（PAN）	蓝牙、红外线通信技术
局域网（LAN）	以太网、蓝牙、Wi-Fi、ZigBee 等技术
城域网（MAN）	WiMAX 技术
广域网（WAN）	异步传输模式、帧中继、同步数字体系等技术

2.现场总线

现场总线是在现场设备之间、现场设备与控制装置之间实行双向、串行和多结点通信的网络系统。常用的现场总线有基金会现场总线、过程现场总线、控制器局域网、控制与通信链路系统等。

3.蜂窝式移动通信

蜂窝移动通信网络在不引起混淆时，简称为移动通信网络，是一种采用蜂窝无线组网方式，把终端和网络设备通过无线通道连接起来，实现用户在移动中进行通信的网络。移动通信网络具有终端移动、越区切换和跨本地网漫游等特点，包括2G、3G、4G和5G等网络。

（三）无线传感器网络技术

无线传感器网络是一种由若干传感器和无线通信网络组成的，实现协同感知、采集、处理被感知对象的信息并发送给观察者的网络系统。无线传感器网络涉及 Wi-Fi、ZigBee、蓝牙、红外线通信和 6LoWPAN 等技术。

1.Wi-Fi 技术

Wi-Fi 技术是一种支持 IEEE802.11 标准电子设备的无线局域网通信技术，其通信距离可达 100m，数据速率可达 300Mbit/s，具有建网成本低、使用方便等特点。

2.ZigBee 技术

ZigBee 技术是一种支持 IEEE802.15.4 标准电子设备的无线局域网通信技术。ZigBee 的通信距离可达 100m，数据速率可达 250kbit/s，具有功耗低、成本低、时延短、可靠性和安全性较高等特点。

3. 蓝牙技术

蓝牙技术是一种支持蓝牙标准电子设备的短距离通信技术。IEEE 曾将蓝牙标准列为 IEEE802.15.1，但现在已不再维持该标准。蓝牙的通信距离可达 10m，数据速率可达 1Mbit/s，具有抗干扰能力较强、体积小、功耗低和成本低等特点。

4. 红外线通信技术

红外线通信技术是一种支持红外线通信标准电子设备的短距离通信技术。红外线通信技术的通信距离可达 3m，数据速率可达 16Mbit/s，具有容量大、抗干扰能力较强、保密性较强、体积小、重量轻、功耗低和成本低等特点。

5. 6LoWPAN

6LoWPAN（IPv6 over Low Power Wireless Personal Area Network）是一种基于 IPv6（互联网协议第 6 版）的低速无线个域网标准，即 IPv6overIEEE 802.15.4，是一种短距离、低速率和低功耗的无线通信技术。6LoWPAN 的通信距离可达 100m，数据速率低于 250kbit/s，具有普及性、适用性、拥有更多的地址空间、支持无状态自动地址配置、易接入和易开发等特点。

(四)物联网控制技术

物联网控制技术是一种面向物联网系统的控制技术，如嵌入式控制技术、网络控制技术和组态软件技术。

1. 嵌入式控制技术

嵌入式控制技术是一种基于嵌入式系统对被控对象进行控制的技术。嵌入式控制系统可以嵌入许多设备或系统中，实现对设备或系统的控制。

2. 网络控制技术

网络控制技术是一种通过网络进行控制信号与被控对象状态反馈信号传输的技术，是计算机网络技术在控制领域的延伸和应用。网络控制系统是一种基于局域网、广域网、有线网以及无线网等多种网络控制技术的系统，能够实现对来自不同制造商设备的有效控制。

3. 组态软件技术

组态软件是一种基于组态软件技术的控制软件开发平台。应用组态软件，开发人员很容易通过模块组合（即"组态"）实现控制软件的功能，而不需要编写计算机程序。组态软件具有模块化开发、功能丰富、使用简单、开发效率高、开放性好、支持多种设备和多种通信协议等特点。

(五)物联网安全技术

物联网安全技术是保障物联网系统的开发、运行与维护的安全技术，主要包括数据保密技术、认证技术、入侵检测技术、容侵技术、容错技术、容灾技术和访问控制技术。

1. 数据保密技术

数据保密技术是采用数学或物理手段，对在传输过程中和存储体内的数据进行保护以防止泄漏的技术，包括对称加密算法、非对称加密算法和哈希加密算法。

2. 身份认证、消息认证和数字签名认证

身份认证又称身份验证、身份鉴别，是指通过一定的手段确认用户是否具有对某种资源的访问和使用权限，以保障合法用户的利益。

消息认证是指验证消息的完整性。它包含两层含义：一是通过起源认证，验证信息发送者身份的真伪；二是验证信息在传送过程中是否被篡改、重发或延迟等。消息认证主要防止信息被篡改，而不能防止信息被窃取。

数字签名认证是一种通过在原数据上附加一些数据或对原数据进行密码变换，以电子形式对原数据进行签名的技术。一套数字签名方案通常同时定义两个运算，一个用于签名，另一个用于验证。数字签名有两个作用：一是能保证消息的完整性；二是确认消息确实是由发送方发出的。

3. 入侵检测技术

入侵检测通过收集和分析网络行为、安全日志、审计数据和关键节点信息等，检查物联网系统是否存在违反安全法规的行为和被攻击的迹象。入侵检测技术不仅可以对内部攻击、外部攻击和误操作进行实时防御，还能在物联网系统受到危害之前进行入侵响应或拦截。

入侵检测技术主要有特征检测和异常检测两种技术。其中特征检测只能把基于已知入侵模式的入侵行为检测出来，而不能检测未知入侵模式的入侵行为。而异常检测通过比较被检行为与正常行为的偏差进行判断。若偏差大，则被认定为入侵行为，故其能有效检测未知的入侵，漏报率低，但误报率高。

4. 容侵技术

容侵技术是指物联网系统在遭受入侵时仍能够提供全部或部分服务的技术。

5. 容错技术

容错技术是指物联网系统出现故障时能够自行恢复并提供全部或部分服

务的技术。

6. 容灾技术

容灾技术是指物联网系统在遭受火灾、洪灾和震灾等灾害时仍能够提供全部或部分服务的技术。

7. 访问控制技术

访问控制技术是指对用户合法使用资源的认证和控制的技术。这里，资源包括目录、文件、数据项等信息资源，以及服务器、硬盘、打印机等设备资源。访问控制技术主要是为了保证合法用户按权限访问受保护资源。访问控制有三个要素：访问主体、访问客体和访问策略。访问主体是指发出访问请求的发起者，访问客体是指被主体调用的资源，访问策略是指用来判定一个访问主体对所要访问的资源（客体）是否被允许访问的规则。访问控制技术主要有三种模式：自主访问控制、强制访问控制和基于角色的访问控制。

五、物联网与智慧图书馆阅读推广

（一）物联网与智慧图书馆

物联网技术影响智慧图书馆管理和服务的方式手段，起着"感、联、知、控"的功能作用（如图5-4），为智慧图书馆的全域智能感知与智能管理提供了有力的支持。

物联网技术之"感"，犹如人体之五官。智慧图书馆通过红外设备、定位系统、射频识别装置等各类传感器，实时收集、监控机构内图书、人员、环境、设备的位置、状态、移动轨迹，以及声音、光线、温度等多元化信息。

"联"，通过传感设备与广泛覆盖的网络体系，实现了智慧图书馆各部分的紧密联结与高效联通，便于各类数据信号得以自由、快速地传输，从而促进了人、机器与物体之间的广泛交流与互动，实现泛在化的信息沟通与协作。

图 5-4　物联网"感、联、知、控"功能

"知"，物联网的核心能力。目前主要以 RFID 技术为代表，RFID 为每本书分配唯一的识别码，通过控制系统感知并处理图书状态和环境信息，为用户需求和图书管理提供数据支持。

"控"，物联网"感、联、知"的目标导向。通过物联网对图书状态、用户需求和管理需要的真实掌控，便于信息管理总系统实现图书与用户、用户与空间、馆员与图书、馆员与用户等关系之间的有效匹配，让资源的分配和利用更加高效。同时，对所获取信息进行分析，为图书馆的发展决策提供了数据支持。

（二）物联网在智慧图书馆应用的优势和问题

首先，物联网在图书管理系统中的应用，让图书馆的管理者和图书资源更具主动性。实现了图书资源与管理系统之间信息的主动连接、双向互动，提高了管理和服务的准确性和及时性。其次，物联网将图书馆服务由线性转为网状模式。传统图书馆的管理服务受业务系统的功能和运行能力影响，管理者掌握操控权，用户和资源被动接受管理，为单线交流。物联网应用后，图书馆各要素可自由交换信息，连成网状。用户与图书、用户与用户之间可直接交换信息，共享优势增强。最后，物联网促进图书馆的管理深化。网状服务模式加速信息流动，业务系统需要高效处理并反馈各方信息，以便掌握用户的阅读行为及需求，提供个性化、精准的服务，推动服务创新。

物联网可实现智慧图书馆各要素间物理上的互联互通，但传感器的安装需要较高的成本，整套传感器的运行维护也需要一定的人员、技术和软件支持，此外物联网所传递的信息中涉及大量用户的个人数据，所以在开发应用系统时，既要考虑软件的稳定性、应用性，还要兼顾用户隐私的保护。

（三）物联网在智慧图书馆阅读推广的应用

物联网对全域智能感知、智慧管理的支持与实现，使智慧图书馆在传统图书馆的基础上取得了巨大进步，为阅读推广带来了新的动力。

1. 馆藏资源可视化，助力纸电资源精准匹配

传统馆藏资源按照中图法分类组织，新手用户理解运用有一定的难度，于是用户在真实的应用场景中产生了线上线下资源导航的需求。而这需要在虚拟图书馆中，实现资源可视化、纸电资源的精准匹配、用户位置确定等功能。URL 作为互联网的统一资源定位符，其目的地可以为某个文件名、目录名或者某台计算机的名称。UID 的唯一性使得 URL 链接可用于图书馆各区域资源、空间的预先规划。智慧图书馆的可视化文献资源在 URL 的支持下，与电子资源链接，实现纸质馆藏的数字化匹配，基于位置服务，辅助用户发现周边好书。用户利用终端通过点击分类标签锁定命中书架，同时也可以按地标方位随意浏览，一直细化到各书架的主题词和热搜词，各类热搜词和主题词会在云端按时按需运营并下发到边缘计算中心（靠近边缘端 / 终端，具有存储、计算的能力，有效缩减数据延迟），最后传输到用户。[23]

2. 阅读数据个性化，优化阅读推广深度

图书馆纸本文献的资源组织，学科分区性质明显，不能满足交叉学科的阅读者开展深度阅读的需求。而基于区域某一点为位置参考点构建社会网

络或科研合作网络是其满足交叉学科阅读者的有力手段。用户进入特定区域时，即可触发其手持移动终端展示资源的信息弹窗。阅读后，用户可提交书评至边缘数据管理中心。随后优秀书评将展示在虚拟图书馆，促进用户之间的互动和交流。对于拥有共同学科兴趣的用户，他们可通过位置信息加入相应的兴趣团体。智慧图书馆虚实结合的个性化服务，为阅读推广的深度发展奠定了坚实的基础。[24]

3. 空间资源平台化，巩固拓展空间创新成果

空间平台化是智慧图书馆的创新服务之一，是感知用户需求、努力成为用户阅读与学习的智慧助手的有效探索，空间定位可以放大空间平台化的价值。在物联网技术的加持下，空间、资源、设备得到了有效的融合。如：将物联网的精准位置服务能力与 5G+AR 实景可视化应用结合在 App 和小程序端，提供场景精准的可视化服务，用户能够根据模拟演示路径找到图书馆的创新空间及空间内的设备使用说明，进而满足用户对于新型空间、智能设备、潜在资源的阅读、理解和使用需求。此外，基于位置服务的空间平台，融合 VR 虚拟技术，辅助用户建立虚拟个人书享空间（根据用户设定的阅读偏好类别，向用户推送个性化的新书推荐），以馆内区域学科阅读位置归集偏好图书、提高文献资源使用效率，同时基于位置服务激活睡眠读者，可提升用户在馆的服务体验及活跃度。[25]

4. 业务管理数据化，支持服务决策的数字化管理

基于物联网的位置服务，可全面收集用户信息，逐步建立用户群体画像和个体画像，辅助图书馆资源采选，优化资源结构，为用户提供个性化、精准化的服务。物联网技术还可用于智慧图书馆内的设备管理、区域管理，通过区域热力分布，实现对应智能调度，并保证被授权读者的隐私数据保护。此外，通过物联网数据感知和边缘数据分析平台协作，收集图书馆区域中决策者最关心的数据，实现查看人员的历史轨迹、多维度搜索、快速锁定人员

轨迹等功能。[26]

　　智能感知拓展了图书馆的数据来源，让图书馆能更精准地掌握用户行为，更好地实现从用户需求出发开展阅读推广服务。用户也能通过智能感知快速获取文献分布信息、设备信息，有效降低了资源使用难度。

第四节

··············

大数据技术

一、大数据的概念解读

(一)大数据的定义

大数据的重要性得到了广泛认同,但是关于大数据的定义却众说纷纭。大数据定义作为一个抽象的概念,与"海量数据"和"非常多的数据"存在很大的不同。在一般意义上,大数据是指无法在有限时间内用传统IT技术和软硬件工具对其进行感知、获取、管理、处理和服务的数据集合。科技企业、研究学者、数据分析师和技术顾问等的关注点不同,大数据也有着不同的定义。

2010年,Apache Hadoop组织将大数据定义为:"普通的计算机软件无法在可接受的时间范围内捕捉、管理、处理的规模庞大的数据集合。"[27]

2011年5月,全球著名咨询机构麦肯锡公司发布了《大数据:下一个创新、竞争和生产力的前沿》报告,在报告中对大数据的定义进行了扩充。大数据是指其大小超出了典型数据库软件Big Data-A Survey的采集、存储、管理和分析等能力的数据集。该定义有两方面内涵:一是符合大数据标准的数据集大小会随时间推移和技术进步而增长；二是不同部门符合大数据标准的数据集大小会存在差别。目前，大数据的数据量一般是 TB 到 PB 的范围。根据麦肯锡的定义可以看出，数据量大并不是大数据的唯一特征，数据规模不断增长以及无法依靠传统的数据库技术进行管理，也是大数据的两个重要特征。

同年，美国国家标准与技术研究院（National Institute of Standards and Technology，NIST）则认为"大数据是指数据的容量、数据的获取速度或者数据的表示限制了使用传统关系方法对数据的分析处理能力，需要使用水平扩展的机制以提高处理效率"。

Gartner 公司认为大数据是需要新型处理方式的高容量、高生成速率、种类繁多的信息资产。

从大数据的主流定义可以看出，大数据技术的标准随着时间推移和技术进步不断地发生着变化，高增长的数据规模和需要新处理模式是其两个关键特征。

（二）大数据的特点

Gartner 分析员道格·莱尼在 2001 年指出，数据增长有四个方向的挑战和机遇，即数量（Volume）、多样性（Variety）、速度（Velocity）和价值（Value）。在莱尼的理论基础上，国际商业机器公司（IBM）也提出了大数据的"5V"特征，增加了 Veracity（准确性和可信赖度高）。大数据的"5V"特征指出了大数据的意义和必要性，即挖掘蕴藏其中的巨大价值。

1. 数据体量大（Volume）

数据体量大是指大数据巨大的数据量与数据完整性，数量的单位从 TB 级别跃升为 PB 级别甚至 ZB 级别。随着新一代信息技术的发展及各类设备的使用，人和物的所有轨迹都可以被记录，"机器—机器（M2M）"方式的出现，使得交流的数据量成倍增长。

2. 数据种类多（Variety）

数据类型变得更加多元，包括结构化的关系数据，也包括网页、视频、音频、文档等半结构化和非结构化的数据。

3. 处理速度快（Velocity）

数据获取、存储、挖掘的速度快。现代数据的爆发式增长且动态变化，使得传统的方法难以处理。大数据有批处理和流处理两种范式，以实现快速的数据处理。

4. 价值密度低（Value）

在数据量呈指数增长的同时，海量数据中蕴含有价值的信息却没等比例地增长。以视频为例，在连续的监控过程中，有用的数据可能仅有一两秒。

5. 准确性和真实性（Veracity）

大数据的分析和处理需要高质量的数据来解释和预测未来事件。如果数据本身是虚假的，那么它就失去了存在的意义，因为任何通过虚假数据得出的结论都可能是错误的，甚至是和正确结论相反的。

由此可见，如何从规模巨大、种类繁多、生成的数据集合中挖掘出可信赖的、价值高的数据，是大数据最为核心的问题。换而言之，如果不利用所收集的数据，那仅是一堆数据，而不是大数据。

二、大数据的关键技术

大数据的关键技术一般包括：大数据捕捉技术、大数据预处理技术、大数据存储及管理技术、大数据分析及挖掘技术以及大数据可视化技术。

（一）大数据捕捉技术

大数据捕捉技术，是指通过不断发展的数据收集方法及技术，获取各种数据类型的海量数据，其中最常见的数据类型有普通文本、照片、视频等，还有类似于位置信息、链接信息等 XLM 类型的数据。

（二）大数据预处理技术

大数据预处理技术，主要完成对已接收数据的辨析、抽取、清洗等操作，将复杂的数据转化为单一的或者便于处理的结构，为快速分析处理奠定基础。

（三）大数据存储及管理技术

大数据存储及管理技术，通过存储器把采集到的数据存储起来，按照特定的业务需求，建立相应的数据库，对数据进行提取、操作和分析，形成企业所需要的目标数据，并对数据进行管理和调用。

（四）大数据分析及挖掘技术

大数据分析及挖掘技术，指从大量实际应用的数据中，提取隐含在其中的、事先未知却潜在有用的信息和知识的过程。

（五）大数据可视化技术

大数据可视化技术，指从大数据中解析到模式，根据对模式的观察选取，创造一定的可视化方法，把表达模式的数值关系通过图形、图像空间或色度空间，映射到人的视觉空间，实现数据的可视化。

三、大数据与智慧图书馆阅读推广

大数据服务平台是大数据技术在智慧图书馆应用的载体之一，平台对各类数据进行采集、整合管理、分析应用，可以释放更多的数据价值，为图书馆的智慧阅读推广服务赋能。

（一）大数据与智慧图书馆

大数据是智能化的基石，同时也是构建智慧图书馆不可或缺的先决条件。缺乏大数据，图书馆就无法精准掌握用户的阅读偏好，进而无法实现文献的智能采集和个性化推荐服务。此外，作为大数据技术基础设施的知识库和元数据库，对于保障数据清洗和分析的质量起着至关重要的作用。图书馆的大数据正朝着全域化、多系统、多领域、全量化的方向发展，其规模、完整性、实时性和准确性，共同决定了智慧图书馆建设的水准。[28]

（二）大数据在智慧图书馆阅读推广中的应用

1. 大数据支持全域的文献流通管理，提升用户的阅读便利性

全域文献流通管理，为一个地区（省、市、县）的用户提供全区域的文献借阅服务。大数据技术可实现无区域界限、无业务管理系统限制的通借通还、自助借还、网借服务、采借服务等功能，优化借阅体验，提高便利性。[29]

2. 文献资源精准推送，满足个性化的阅读需求

文献资源精准推送，依托于大数据分析技术，构建用户画像，进而将符合用户兴趣与需求的文献资源，精准地推送给特定的个体用户或群体用户，提升信息获取的精准度与效率，促进学术研究与知识传播的深入发展。[30]

3. 纸电及馆店资源一体化服务，拓展资源获取的灵活性

纸电资源一体化服务，体现在多种应用场景中，通过识别图书上的一维码、二维码，获取图书封面等信息，以此获取来自电子商务平台或图书馆的电子图书资源服务，提升资源获取的便捷性与灵活性。在馆店资源一体化的服务应用中，将图书馆与商业书店的图书资源（包括纸质图书与电子图书）进行有机整合与关联，从而实现在多种场景下，用户能够自由选择借阅或购买图书的服务模式。此服务模式的推行，有助于促进图书资源的共享与流通，提升阅读体验与满意度。

4. 图书馆活动智慧管理，提升阅读推广活动品质

活动智慧管理，通过集成图像、视频识别技术及大数据技术，对活动全程实施数据采集，以便对活动人数、参与者构成、现场秩序状况、参与者即时反应以及主讲人的影响力等关键要素进行深入的智能分析，获取图书馆活动多维度、客观性的数据，从而提供更为精准的活动评估与分析结果。[31]

5. 智能书架等智慧服务，提供便捷、高效的阅读环境

智能书架系统，集成图像识别与视频识别等前沿人工智能技术，实现了对书架上每册图书实时、精确的位置状态监测，同时能够即时捕捉书架各空间内的图书信息。此技术不仅提供了图书的精准架位检索与导航服务，还为用户带来了构建数字孪生书架的沉浸式体验。此外，它还实现了无感化、自助化的图书借还流程，从而显著提升了图书馆的管理效率与用户体验。

6. 数字孪生书架，提供沉浸式阅读体验

数字孪生书架，是一项运用人工智能与仿真技术的创新成果，将图书馆内的实体书库、书架及其藏书精准地映射至虚拟空间之中。这一技术的应用，不仅赋予了管理人员以全新的视角与手段进行高效管理，还极大地丰富了用户的阅读体验，使他们能够便捷地在虚拟环境中浏览书籍并提交借书申请。数字孪生书架的引入，标志着图书馆服务与管理模式的智能化升级。

7. 服务全自助化，增强用户自主掌控阅读体验

服务全面实现自助化，在 RFID、人脸识别等先进技术的加持下，用户通过自助服务系统可独立完成注册、办证、借书、还书等流程。此外，能够自动感知并处理用户、图书信息的无感自助服务系统的出现，实现借书、还书、入馆、入室验证等服务的无缝对接。[32]

8. 智慧参考咨询，提供智能化、个性化的知识服务

智慧参考咨询服务，是指运用知识网络、大数据分析、人工智能等技术，对用户提出的各类咨询需求提供高度智能化、个性化、知识性和持续性的服务。

第五节

区块链技术

一、区块链的概念解读

（一）区块链的定义

2008 年，中本聪（Satoshi Nakamoto）发表了一篇名为《比特币：一种点对点电子现金系统》的论文，详细讲述了区块链技术，自此区块链开始走进人们的视野，业界逐步认识到区块链技术的价值。[33]

经过多年发展，区块链技术在全球范围内得到广泛应用。尽管不同领域的从业者对区块链的理解各异，但通过研究其结构和全球观点，可从六个维度全面认识区块链。

从技术角度，区块链可以看作是由多方共同维护、借助密码学来保证传输和访问的安全性，从而实现数据存储一致性的共享数据库，也称为分布式账本技术。

从应用角度，区块链的去中心化、不可篡改、可以追溯、全程留痕、公开且透明、集体维护等特点，有效解决了信息孤岛等问题，从而实现多方主体间相互信任的协作关系，可应用于金融、商业、公共服务、智慧城市、城际互通等领域的应用场景。

从经济学角度，区块链的本质是通证的应用。在区块链经济中的每个个体或机构都可以依据劳动和生产力发行通证，在规模较大的群体协作时，每个个体都能被充分调动参与其中，并且创造价值的个体都能平等地分享价值。

从业务角度，区块链可以有效地统一传统业务模式中的资金流、信息流、物流，形成地位平等的多个商业利益共同体，按照事先协商好的规则和约定，进行职能分工、组织管理、价值互换、共同提供货物和服务、共享收益。

从治理角度，区块链通过共识机制和智能合约创造高度透明、相互信任以及高效低费的应用场景，搭建数据共享、协同联动、实时互联的智能机制，实现信息数据的共享，推动社会合约到智能合约的转化，从而打造社会治理的"智治"模式。

从思维角度，区块链对传统产业思维模式进行革新，依托于分布式账本、共识机制、加密算法等，催生出以分布式思维、共识性思维、代码化思维为代表的区块链思维。分布式思维，是指借助区块链技术，将原有的一个产品、社群、联合体的运作指导力量，转换为联合共治、交互共享的一种新型思维与运作模式。共识性思维是指运用区块链技术的共识机制来解决实际产业中沟通不充分、协作不通畅的问题。共识机制有效确保了区块链的正确性，并为做出贡献的参与者提供相应的激励措施。代码化思维是指在区块链的世界中，代码即法律。

综上所述，区块链不仅仅是一种新的分布式基础架构与计算范式，还是一种新的治理模式，其在群体协作中，可调动个体积极性并按照规则和约定共享收益。

（二）区块链产生与发展经历的阶段

1. 区块链1.0时代，也称为区块链货币时代，其以比特币为代表，目标是解决运用货币和支付手段的去中心化管理问题。

2. 区块链 2.0 时代，也称为区块链合约时代，以智能合约为代表，更宏观地为整个互联网应用市场去中心化。在这个阶段，可以使用区块链技术实现数字资产的转换并创造数字资产的价值。所有的金融交易、数字资产都可以经过改造后在区块链上使用。

3. 区块链 3.0 时代，也称为区块链治理时代。在这个阶段，区块链技术将和实体经济、实体产业相结合，将链式记账、智能合约和实体领域结合起来，实现去中心化的自治，发挥区块链的价值。

由此可见，区块链技术的价值在于构建了一个去中心化的自治社区。区块链技术一开始也不完美，在十多年的发展过程中不断地迭代，已经为其商业化落地做好了初步准备。

二、区块链的关键技术特征

区块链作为建立信任的机制，其本质上是一个分布式数据库。相比传统的分布式技术，区块链具有以下技术特征：

（一）"区块 + 链式"数据结构

采用"区块 + 链式"结构来验证和存储数据（如图 5-5 所示），可以有效保证数据的严谨性，跟踪并防止数据被修改。在每个区块都记录了一段时间内发生的所有交易信息和状态结果，并将上一个区块的哈希值与本区块进行关联，实现当前账本的一次共识。

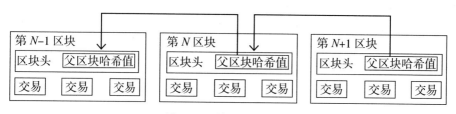

图 5-5　区块链结构示意图

（二）分布式账本

分布式区块链账本的记录和维护是由网络中的所有节点共同完成的。每个节点既是交易的参与者，也是交易合法性的监督者，公平地参与记账，通过共识机制来保持账本的一致性，杜绝记假账的可能。理论上，只要一个节点还在工作，就能保证账本数据的安全。[34]

（三）密码学

区块链通过密码学技术保障数据的安全性和隐私性。尽管交易信息在区块链上是公开的，但非对称加密和授权技术可以保护账户信息不被未授权者获取。区块链系统中集成了对称加密、非对称加密、哈希算法的优点，并使用数字签名保障交易安全。

（四）分布式共识

共识机制在去中心化环境中可以保证数据的一致性和安全性。区块链系统通过去中心化的共识机制实现节点间的协作，让系统内各节点的账本保持一致。换而言之，区块链使用共识算法来生成和更新数据，替代了传统信任中介，解决了因信任问题带来的成本和资源消耗问题。区块链技术拥有多样化的共识机制，适用于多种场景。

（五）智能合约

合约是一种双方都需要遵守的约定。不同的条件会触发不同的处理结果。智能合约是一套以数字形式定义的承诺（Promise），包括合约参与方可以在上面执行这些承诺的协议。在网络化系统中，智能合约就是被部署在区块链上的可以根据一些条件和规则自动执行的程序，通过预先将双方的执行条款和违约责任写入软硬件之中，实现以数字方式控制合约执行的目标。区块链不仅可以支持可编程合约，而且具有去中心化、不可篡改、过程透明、可追踪等优点，天然地适合智能合约。智能合约具有执行及时和有效等特点，不用担心系统在满足条件时不执行合约。同时，由于全网拥有完整记录的备份，因此可实现事后审计和追溯。

三、区块链的功能

区块链技术为物联网及其产业发展提供了有力的功能支撑。

（一）为数据节点提供可靠保障

区块链无中心化结构，各节点平等参与。物联网的攻击者篡改节点信息对区块链的影响小。因而区块链中节点越多，整个区块链就越安全。

（二）为资产交换提供智能载体

区块链通过编程控制资产安全性和交易真实性。在工作量证明机制中，超过全网超51%的算力，才能修改链上数据；在智能合约机制中，以程序替代传统合同，根据约定触发阈值，控制网络是否自动执行合约；在互联网透明机制中，账号信息全网公开，但用户身份保持匿名，且交易不可逆；在互联网共识机制中，由所有参与节点的共识来保证交易的正确性。[35]

（三）为互联网交易建立信任关系

区块链通过纯计算的方式在交易方之间建立信任，这种方式用低成本实现较弱信任关系的强链接。此外，多副本保存数据，避免了当交易相关数据不一致时参与各方需要花费时间反复核实，从而减少对账核实过程，达到节约成本的效果。[36]

（四）防止交易被篡改信息

系统一般会有一个中央处理器。从理论上讲，只要修改中央处理器的数据就能达到篡改系统中存储数据的目的。在区块链技术中不存在中央处理器，而是将各个环节的参与者都纳入区块链这个系统中，并记录过程中的每一步变化。若想删除、修改某项记录，仅能改变自己节点上的记录，无法改变其他成员节点存储的信息。

（五）支持可信追踪和溯源

物品被注入唯一不可复制的标识，并将其存储到区块链网络当中，使得每个物品都有一个数字身份，网络中的参与者共同维护商品的数字身份信息，最终实现可信追踪和溯源效果。

（六）动态访问控制

基于区块链的共识机制和智能合约能够建立和实现无中心化的动态信任管理架构和访问控制策略，解决开放网络系统的可信管理问题。目前，研究工作主要集中在基于区块链的访问控制系统和区块链访问控制系统与其他领域的结合上。

四、区块链的分类

按照节点参与方式的不同，区块链体系可以分为四类，即公有链、私有链、联盟链和聚合链。

（一）公有链

公有链（Public Blockchain）又称公有区块链，个人或组织可自由成为网络节点，参与共识过程争夺记账权。公有链是完全去中心化的区块链，通常采用经济奖励与数字验证相结合的证明类共识机制，实现去中心化和全网共识的效果。公有链具有良好的拓展性、完全去中心化和高度开放性。[37] 公有区块链的主要特点包括：

（1）去中心化。节点地位平等，任何节点都有权进行链上操作。

（2）拓展性好。节点可以自由进出网络，而不引起网络的根本性改变。

（3）开放性强。账户交易活动网内均可见，但匿名性可以保护节点的隐私安全。

（二）私有链

私有链（Private Blockchain）即私有区块链，由个人或组织分配系统内的权限，这与去中心化的区块链思想矛盾，更像是基于区块链理念的分布式系统。私有链更偏向于与传统分布式有一致性的共识算法。

私有链的主要特点如下：

（1）交易延时短、速度快。由于交易验证由少量节点来完成，共识机制更加高效。

（2）隐私安全性强。仅有取得授权的网络节点，才能读取链上数据，保护数据的隐私安全性。

（3）交易成本低。私有链交易验证过程由少数具备较高计算能力和信誉度的节点完成，降低交易成本。[38]

（三）联盟链

联盟链（Consortium Blockchain）即联盟区块链，只有获得授权的个人和组织才能加入并访问系统数据。它是多中心化或者部分中心化的区块链，共识过程和权限管理由联盟成员共同决定。公有链拥有很好的价值流转共识，但隐私安全难以得到保障，且在性能等方面存在缺陷，难以满足企业级商业应用的需求，而联盟链具有更高的安全性和更好的各方面性能，适合商业合作应用，目前由于价值流转共识不足，仅实现了信息的安全共享，缺乏对价值流转的支撑，难以得到大规模应用。与私有链相比，联盟链由多个中心控制，由多个记账人共同决定区块生成，适用于多成员角色的应用。[39]

（四）聚合链

聚合链结合了联盟链、跨链和公有链技术，形成了一种新型的区块链基础架构。它既具有公有链的分布式特性，又融入了联盟链的商业应用，提供了一种包容性强的技术方案，支持不同链之间的信息和价值交换。区块链的发展无疑会呈现公有链和联盟链等多头并进的局面，不同的产业集群又会形成千千万万个不同的联盟链和私有链，但这也意味着将产生千千万万个信息孤岛。所以，通过跨链技术，将联盟链与公有链等不同类型的区块链进行整合，构建通用的区块链底层基础设施，将有助于打造一个稳定、高效、安全、可扩展的分布式智能价值网络系统。

五、区块链与智慧图书馆阅读推广

智慧图书馆发展进入新阶段，用户需求的多元化和个性化与公共图书馆服务能力之间存在无法消解的矛盾。寻求与社会力量合作成为公共图书馆的现实选择，而区块链技术可以实现多个主体之间的协作信任与一致行动，可将其应用于智慧图书馆协同社会力量开展的阅读推广服务中，但目前区块链技术应用于智慧图书馆阅读推广的应用案例不多。"易本书"项目较为出色，故在此笔者以其为分析对象，分析区块链技术与智慧图书馆阅读推广的关联与作用。

（一）"易本书"项目背景

信息技术一直是图书馆服务创新和拓展的重要工具，当家藏书融入公共图书馆的管理需求提出后，佛山市图书馆需要解决家藏书管理系统的建设和管理等一系列问题，而区块链的分布式数据存储、共识机制、加密算法、点对点传输等新型技术特征，能够解决信息不对称的问题，实现多个主体之间的协作信任与一致行动，故区块链技术成为家藏图书流通平台开发选择的工具。

佛山图书馆的"易本书"项目，通过区块链技术把家藏书纳入公共图书馆服务平台，让志同道合的藏书爱好者和读书人可进行更加个性化的交流与资源共享，实现全社会家藏图书资源的共享与流通，让图书馆的传统阅读推广服务在智慧环境下得到持续拓展。[40] 此外，案例还体现出公共图书馆精神所追寻的公益、公正、平等、公开、自由的精神，是现代图书馆公共性价值彰显的优质载体。[41]

（二）基于区块链技术的家藏书流通平台的建设意义

1.变单向维护为共同维护

在图书馆传统流通模式中，是由图书馆馆员执行采访、编目、典藏、维护、服务等所有环节。而海量家藏图书这一新生事物出现后，馆员无力承担家藏图书的信息上传、流通管理等全流程工作。在区块链赋能的家藏书流通平台，可由家庭、个人、邻里图书馆、公共图书馆协同参与，其中图书馆专业馆员仅负责图书信息上传后的审核再发布这一环节，流通平台从单向维护向共同维护发展。[42]

2.从孤立发展到可持续发展

邻里图书馆作为家藏图书的主要来源之一，此前仅与上级公共图书馆发生关联，彼此之间几乎没有图书的流通，限制了邻里图书馆的总体服务效能。而基于区块链技术的家藏书流通平台的出现与应用，可以实现家藏书资源、公共图书馆藏书的流动，从而有效活化社会图书资源，改变邻里图书馆信息孤岛的情况，从而促进业务的可持续发展。[43]

（三）基于区块链技术的家藏书流通平台的功能

基于区块链技术的家藏书流通平台需要实现资源整合、个性化推荐、建立评价体系、数据监控这四大功能。

1.资源整合：实现馆藏图书与家藏图书的统一管理

家藏图书书目库采用去中心化架构，基于区块链的分布式账本，加强了用户、图书和用户间的互动。这种架构设计允许图书馆、机构、家庭乃至个人共同参与一个协同运作的共享家藏图书资源平台。此外，通过区块链智能合约的技术，设计了家藏图书审核与流通规则的智能合约，确保平台能够自动执行包括上架、下架、投诉与举报在内的各项复杂管理任务。通过构建"自助管理，共同维护"的高效协同治理模式，为用户提供一个便捷、高效、安全的家藏图书共享环境。[44]

2. 个性化推荐：实现基于阅读行为的精准化、个性化推荐

在构建用户行为数据仓储的基础上，处理、整合、反馈相关数据，生成用户和图书画像的样本矩阵。然后基于机器学习推荐算法引擎，根据输入数据集，匹配推荐图书标签并输出，以此完成基于个性化阅读行为的推荐。

3. 建立科学的信用评价体系：构建信用及激励机制

区块链分布式共享总账方案被用于搜集、处理、整合、保存用户信用信息，形成信用链体系，并作为统一身份认证、用户管理和授权的主要参考依据。平台设计了一套鼓励用户积极参与的激励机制。用户可以通过参与建设家庭藏书书目库、促进家庭藏书的流通以及参与微社交互动等方式，获得积分奖励。这些积分可以在积分商城中兑换各种商品或服务，从而进一步激发用户的积极性和参与度。

4. 数据监控：实现数据实时监控功能

平台大数据实时监控馆藏图书和家藏图书，提供馆藏图书的总藏量、借阅和办证情况，以及邻里图书馆的分布和实时馆藏信息。同时，新增读者数、线上访问量和借还次数等平台运营数据也得到实时统计。此外，系统还能播报家藏图书的实时状态、转借次数和借阅轨迹等。

总之，家藏图书流通平台融合区块链技术的智能合约、分布式记账、共识机制等特点，从顶层规划、标准建立、管理机制方面不断完善，让购书者、藏书者、读书者都成为节点，既承担着资源建设的职责，又是资源服务的享有者。在区块链技术的赋能下，平台整合了社会图书资源、聚集了人力资源，保障家藏图书与馆藏图书一起被公众信任，可追溯、安全地成为宝贵、鲜活的社会共享资源。[45]

（四）区块链在智慧图书馆阅读推广的应用场景

上述案例实现了区块链技术在纸质资源共建共享中的应用，其实区块链技术还可以在智慧图书馆的数字资源共享、数据信息安全保护、知识产权保

护、用户共生知识资源等场景应用，更好地服务于用户。

1. 数字资源的开放共享

区块链由多个加密数据块组成，其间通过哈希指针连接，难以篡改，以此保证了数据的真实性。图书馆可将自有或特色资源上传链接，链上成员根据自身权限情况下载，避免重复购买，满足用户需求。区块链技术改变传统图书馆的服务方式，简化验证审核工作，降低技术成本，推动资源共享，减轻财政负担。但区块链也弱化了集中存储中心的地位，故图书馆可选优秀节点作为资源传播者，形成"母—子"节点结构，授权子节点传播知识、图书馆管理监督，形成区域化的服务节点群，实现去中心化的目标，提升用户服务评价。

2. 用户行为数据收集与隐私安全保护

图书馆为更好地服务用户，需要深度挖掘分析用户的基本信息和行为信息，这与用户的隐私保护形成矛盾，区块链技术可以解决这一问题。

区块链技术利用分布式身份认证系统，确保用户拥有唯一 ID 和权威机构颁发的不涉及隐私的认证声明。在分布式网络中，通过共识机制建立信任，用户可获得服务而且隐私不被泄露。分布式结构允许网络中的任何设备参与，实现身份认证，而分布式记账技术记录用户的阅读轨迹，通过大数据分析其需求，促进图书馆与用户、用户间的双向互动，提高信息资源获取效率，提供个性化服务。

3. 智慧阅读与资源生产的相互促进

采用区块链技术后，用户既可以是服务的接收者，也可以成为服务的提供者，如将自己的心得、资料、数据资源等分门别类上载并设置为公开、非公开或限制公开权限，实现有效管理，只有通过授权才能被其他用户访问。节点上记录了交易的全部过程，增强了用户互动和交流的意愿，提升了用户的参与度。因此在智慧图书馆的服务中，不再是服务与被服务的关系，而是资源共享、信息交流、知识提供的关系。区块链的引入，让图书馆与用户相互促进的关系得到了保障。

4. 保证智慧平台的安全稳定

智慧图书馆的建设引入区块链的概念能够保证图书馆系统的稳定性和服务的高效性。区块链可完成海量信息的存储和验证工作，在保证数据安全的同时，还能将链上参与的节点数据进行复制处理，为智慧图书馆的建设与阅读推广工作提供安全稳定的技术保障。

参考文献

[1][2] 柴雪芳 . 国外移动互联网的发展及对国内运营商的启示 [J]. 移动通信 , 2010, 34(06):9—13.

[3] 周鑫 , 柯平 , 刘海鸥 . 生态变迁与未来图景：元宇宙视域下移动图书馆发展困境破局 [J]. 图书馆工作与研究 , 2023, (07):11—17.

[4][5] 严丹 . 微信在图书馆的应用及微信图书馆发展研究 [J]. 图书馆学研究 , 2016, (06):58—64.

[6] 殷康 . 云计算概念、模型和关键技术 [J]. 中兴通讯技术 , 2010, 16(4): 18—23.

[7] 范并思 . 云计算与图书馆：为云计算研究辩护 [J]. 图书情报工作 , 2009, 53(21):5—9.

[8] 莫菲 , 赵大伟 . 科技重塑金融 Fintech 实践与展望 [M]. 中国金融出版社 , 2017.

[9] 李蒙 . 基于 Docker 的异构虚拟计算灾备中心的设计与实现 [D]. 北京邮电大学 , 2018.

[10] 王志兵 . 云计算助力企业信息化建设 [J]. 电脑与信息技术 , 2013, 21(03):56—58+61.

[11] 刘炜 . 图书馆需要一朵怎样的"云"?[J]. 大学图书馆学报 , 2009, 27(04):2—6.

[12] 刘炜 (Keven). 图书馆技术十大热点 [J]. 大学图书馆学报 , 2011, 29(02):37.

[13] 胡小菁 , 范并思 . 云计算给图书馆管理带来挑战 [J]. 大学图书馆学报 , 2009,

27(04):7—12.

[14] 胡新平 . 云图书馆构想 [J]. 情报理论与实践 , 2010, 33(06):29—32.

[15] 单轸，陈雅，邵波 . 桎梏与突破：我国下一代图书馆服务平台的发展历程与展望 [J]. 图书情报工作 , 2023, 67(08):94—103.

[16][17][18] 卢凤玲，周兰羽 . 国内智慧图书馆服务平台比较研究——以维普、超星和云瀚为例 [J]. 图书馆理论与实践 , 2024, (01):107—114.

[19] 潘再兴 . 面向物联网的 RFID 系统防碰撞技术研究 [D]. 吉林大学 , 2014.

[20] 徐恒 . 加快推进新型工业化 做强做优做大实体经济 [N]. 中国电子报 , 2023–03–03(002).

[21] 刘权，李立雪，孙小越 . 数字产业化 [M]. 人民邮电出版社 , 2023.

[22] 管窥物联网《蓝皮书》[N]. 计算机世界 , 2010–11–15(034).

[23][24][25][26] 周杰 . 新基建背景下 Eddystone 智慧图书馆位置服务研究 [J]. 新世纪图书馆 , 2023, (01):44—49.

[27] 张引 . 大数据应用的现状与展望 [J]. 计算机研究与发展 , 2013, (S2):216—233.

[28][29][30][31][32] 吴政 . 智慧图书馆的本质、特征与实现路径 [J]. 国家图书馆学刊 , 2022, 31(03):12—21.

[33] 王纯，张柏伊，张莹云 . 区块链技术应用与展望 [J]. 海峡科技与产业 , 2018, (07):7—10+28.

[34][35] 解雯霖 . 许可区块链高效共识及跨链机制研究 [D]. 山东大学 , 2019.

[36][37][38] 郭珊珊 . 供应链的可信溯源查询在区块链上的实现 [D]. 大连海事大学 , 2017.

[39] 黄方蕾 . 联盟区块链中成员动态权限管理方法的设计与实现 [D]. 浙江大学 , 2018.

[40][41][42][43] 黄百川 . 基于区块链技术的家藏图书流通平台研究 [J]. 图书馆论坛 , 2021, 41(04):10—14.

[44][45] 倪代川，肖思琪，黄小君 . 智慧环境下阅读推广服务公共性价值实现策略探析 [J]. 图书馆建设 , 2024, (02):155—162+173.

公共图书馆智慧阅读推广服务
模式的探索与建设

　　阅读推广已经成为图书馆学领域近年来在理论研究和实践探索方面的一个重要分支。从理论层面审视，阅读推广的目标是揭示文献内容、指导阅读行为、培育阅读习惯。而从实践层面来看，公共图书馆的阅读推广已经构建了一个包含多个层次、多种媒介、多种方式的立体化实践体系。在现有的、常规的阅读推广实践中，不断总结、提炼经验，形成程序化的阅读推广方法，并将其升华至理论高度，便可获得阅读推广服务模式。公共图书馆作为阅读推广的重要主体之一，不仅要发挥图书馆资源和智慧应用的优势，更要密切关注推广对象（用户）的需求和阅读习惯的变化。智慧技术的应用，图书馆能够实现对阅读推广对象的精细化分层管理，从而有针对性地提供分众、分类、分级阅读推广服务。同时，智慧图书馆可实时跟踪、监控并记录阅读的全过程及成果，以科学的数据分析为依据，为个性化推广提供有力支持。目前智慧化的阅读推广模式初见端倪，本章将从知识服务、智慧推荐、融合情境、推广载体等多个维度探讨现有的智慧化阅读推广服务的现状，为智慧图书馆阅读推广模式的探索与建设提供参考。

第一节

......

基于智慧图书馆知识服务的阅读推广服务模式

一、知识服务与相关概念辨析

概念是人类对世界规律性认知的结晶，它承载着思维逐步靠近客体本质的规律与方法。通过对知识服务领域内各类概念的细致比较与深入分析，能够进一步加深对知识服务内涵的理解，实现从"名称式"的把握到"概念式"的理解升华。

（一）知识服务与信息服务

知识服务提出之初，信息服务与知识服务之间的差异问题和联系问题也随之产生。虽然两者关系尚未形成定论，但可从服务内涵、内容、方式、定位、层次进行比较。

1. 内涵不同

目前主要的观点和论述有：知识服务是以用户目标为导向，以知识内容的提供为服务方式，其核心关注点与评价标准在于"服务是否能有效解决用户的实际需求"。

信息服务提供的基础是信息资源，资源提供方对于用户获取信息的目的是不予关注的，仅仅是有序地向用户提供信息资源的获取与传递服务。知识服务不仅提供信息的获取与传递服务，还致力于服务内容的个性化和专业化，将辅助用户实现知识的实际运用作为目标之一。因此，知识服务可以看作信息服务的必然发展趋势。

2. 服务内容不同

在信息服务中，服务内容通常是素材性的显性信息与显性知识，而这些信息无需经过深入的分析、总结、提炼，可以直接提供给用户，例如一次文献和二次文献等。

而知识服务需要人脑隐性知识的参与才可实现。诸如：知识服务需要在信息的基础上提炼出知识，如：发现知识间的关联、成果评估等无法直接从信息中获取的内容。

3. 服务方式不同

传统信息服务离不开各类资源的支持，工作人员主要着眼于解决用户单次提出的具体问题，运用现有的资源和能力，迅速提供一次性服务，无需考虑用户需求之间的内在联系。相较而言，知识服务则是一种集成性服务，并非简单地对传统信息服务的延续和叠加。它需依托知识体系与专家支持，并持续提供系统性服务。

4. 服务定位不同

知识服务定位于彻底解决用户所面临的问题，将用户问题的解决视为自身职责，力求在每一个环节都为用户提供最精准、最有效的解决方案。相较之下，传统信息服务主要关注于满足用户的即时需求，以"为人找书、为书找人"为宗旨，更多地停留在文献资源的检索与传递上。

5. 服务层次不同

传统信息服务主要聚焦于提供原始文献资料，而知识服务层面则更深一层，不仅涵盖对现有知识的获取、整理和传递，更重要的是，服务人员通过自身无形的知识储备，对获取的有形知识进行深度加工，进而打造出更具应用价值的知识产品。

(二)知识管理与知识服务

知识管理（Knowledge Management，KM）发端于管理学领域，旨在运用专业、严谨的管理方式解决企业在市场竞争中面临的挑战，增强其竞争力。目前，知识管理的确切表达尚没有达成共识，但其所包含的要素基本相似。知识管理聚焦于知识的可持续发展、广泛传播及高效运用。它依托于科学技术和管理学这两大支柱，通过人对知识和知识创造能力的管理，实现知识价值的最大化。[1]

知识管理的管理对象包含客观知识和主观知识。它的研究不局限于对知识进行简单的收集、加工、组织、传播，更为关键的是，知识管理致力于创造性地利用知识，以促进显性知识和隐性知识之间的融合与转化。[2] 由此可见，知识管理不仅能够帮助企业实现显性知识和隐性知识的共享，还能够显著提高集体智慧的应变能力和创新能力，为社会的发展注入新的活力和动力。

图书情报学领域的许多学者们也热衷于对知识管理的研究与应用，他们认为知识组织是图书馆馆员所具备的优势之一，且在国外有图书馆馆员介入企业、参与企业知识管理实践的先例。与此同时，图书馆作为一个组织，当然需要知识管理。图书馆作为公益部门与企业不同，在新环境下，面临着内、外部多重压力，如图书馆与其他信息机构、图书馆之间的竞争等，如何在竞争中抢占优势，是图书馆需要解决的问题。知识管理可以被视为融合运用集体智慧来提升组织核心竞争力的有效方法和工具。对图书馆而言，通过知识管理可以提供更好的知识服务，支持知识创新，提升组织的核心竞争力、用户满意度、社会认可度。此外，知识服务还可以看作是知识管理理念与实践成效的检验工具，在知识服务的过程中，可以用知识管理的成效来衡量图书馆知识管理、知识服务的成功与否。[3]
不断的检验与评价，促进知识管理的水平提升，保障知识管理的实践能够
更好地服务于用户的需求和期望，实现图书馆在知识经济社会中的全新
价值。

（三）知识组织与知识服务

知识组织（Knowledge Organization）由美国著名图书馆学家分类法专家、
《书目分类法》（BC）的编制者布利斯（H.B.Bliss，1870—1955年）提出。在
他的两部经典著作《知识组织和科学系统》以及《图书馆的知识组织》中，
他将图书馆的文献组织工作纳入了知识组织范畴。[4]

在我国，刘洪波[5]、王知津[6]等学者较早地引入了"知识组织"这一概
念，并对其进行了深入的研究。国内对知识组织的研究起步较晚，但也取得
了一定的进展。国内的研究主要围绕知识组织理论的起源、概念界定、目标
任务、基本原理、知识组织与文献组织、信息组织的关系等方面，以及知识
组织的技术方法和发展方向等。

由此可见，"知识组织"在传统图书情报学领域中，由分类法和主题法
这两种文献组织与加工方法学逐步发展演变而来。最初用于对文献分类、编
目等文献组织活动的统称或概括，但因其仅对客观知识进行组织，所以只能
被认定为狭义的知识组织。实际上主观知识同样需要解决有序化的问题。因
此，有人提出广义上的知识组织，适用于所有知识客体，其涵盖搜集、整
理、加工、整序、揭示、控制、提供服务等一系列组织化过程及其方法。[7]
广义的知识客体既包括主观层面（隐性知识），还包括客观层面（显性知
识）。隐性知识的组织是通过知识的自组织过程来实现的，而显性知识的组
织则依赖于外部和社会的控制与组织过程。有效的知识组织是开展高效知识
服务的基本前提之一。融合认知科学、语言学、人工智能学等多元学科的知
识服务是知识组织的最终目的。目前图书情报界的知识组织侧重于显性知识

的组织，而隐性知识的组织需要依赖于图书情报领域中知识管理进一步的有效研究与应用。

二、图书馆知识服务及其发展

图书馆知识服务，指图书馆从海量信息中挖掘有价值的知识内容或解决方案，迅速传递给用户终端，帮助用户解决问题。图书馆知识服务本质上是图书馆馆员利用图书馆信息资源进行信息析取、重组、创新、集成、提炼出知识的过程。知识服务在图书馆的应用，可以解决图书馆信息资源丰富而知识含量不足的问题，增强图书馆的核心竞争力，促进图书馆从传统的被动服务模式向主动服务模式转变，顺应了图书馆智慧化的发展趋势。下面笔者将围绕图书馆知识服务的概念界定、理论探讨、智慧化发展转型等内容进行梳理。

（一）图书馆知识服务的概念与理论研究

庄子逸在1983年发表的《重视知识与"知识宝库"》一文中，指出图书馆工作的本质是知识服务，由此在图书馆领域知识服务的概念正式出现了。[8]二十世纪九十年代后期，以彭修义[9]、陈晓波[10]为代表的学者对图书馆信息服务与知识服务的区别与联系进行了初步探讨。但对于如何实现知识服务的探讨并不深入，很大程度上，知识服务的研究尚停留在观念转变的层面。

张晓林在《走向知识服务：寻找新世纪图书情报工作的生长点》一文中掀起了图书情报界知识服务研究的高潮。他认为知识服务的核心内容是对知识信息的检索以及对知识内容的加工、剖析、重组。知识服务实施的关键是客观、充分地了解用户的需求，提供给用户有价值的知识产品和服务。[11]随后，部分专家和学者持续对知识服务内涵的定义进行拓展和深化，其观点大致可归纳为两种：

第一种观点从知识分类及知识间的转化角度去定义知识服务，以虚拟知识服务为关注点，田红梅[12]、罗彩冬[13]等人把知识服务理解成基于各类途径对显性知识与隐性知识总结与提炼的过程；另一种观点认为知识服务是一种实体知识产品，尤如春[14]提出：随着知识经济的不断进步，人们对知识创新的需求日益凸显。图书馆通过知识信息收集、提炼、重组、整合创新后，形成定制化知识产品，帮助用户解决问题。

不同的研究者从各自的研究视角出发，分别对知识服务进行了不同的定义，但他们在以下两方面基本达成共识：

一是，知识服务的重心已经从信息资源管理转移到了关注用户需求的层面上，并在服务的整个过程中，始终贯穿着"人本思想"，这意味着知识服务不仅仅是一种满足用户信息传递需求的过程，更是一种关注服务过程中用户情感和心理体验的过程。二是，知识服务的本质在于知识创新。知识服务不局限于信息和知识的供给层面，而是通过整合、分析和应用知识，帮助用户提升运用知识的水平和解决问题的能力，支持用户实现知识的应用和创新，从而推动整个社会的知识进步和创新。

知识服务理论的相关研究集中于知识服务的特征、模式以及相关技术应用等方向。任俊为[15]、周文荣[16]先后对图书馆开展知识服务的必要性、知识服务的功能、知识服务的实现路径等问题进行研究。张晓林[17]掀起了图书情报界知识服务研究的高潮。之后，李智敏[18]、黄连庆[19]等人就知识服务是否会成为图书馆的核心竞争力进行深入探讨。

（二）图书馆知识服务的智慧化转型

随着数字应用技术的不断深入，智慧图书馆初具雏形，一些学者将知识服务置于大数据、人工智能、智慧图书馆、知识经济的研究视野下，知识服务的内涵得到进一步的丰富和拓展，从传统的信息管理、知识管理、战略性学习等领域，逐步拓展到更多新的领域，如：面向研究、决策制定和创新等多个方面的服务内容。这意味着，知识服务可以帮助个人和组织在复杂多变的环境中做出更加明智的决策，将信息和知识转化为实际的生产力和竞争力，推动科学研究的进展，从而在激烈的竞争中脱颖而出。

处于智慧化转型过程中的图书馆，可以通过引入智能技术、重建平台、强化资源建设、深化服务转型和重视馆员培养来实现知识服务的提升与优化。其中融合运用物联网、大数据挖掘与分析、机器学习、人工智能等多种技术来实现多模块的协调运行与发展，为实现用户精准化的知识服务提供关键支撑。知识服务平台是知识服务的重要载体，不仅是一个传递信息、交互规范的工具，还是采集和整合各种资源、提供全方位知识服务的综合性平台。它打通了图书馆、数据商、用户彼此之间的隔阂，使图书馆知识服务平台成为真正意义的数据中心。通过细颗粒度解构、多维融合重构、可视化呈现强化知识资源建设，达到知识融通的目的。从以用户需求为中心出发，集成多种智能化服务手段，提供个性化、知识化、泛在化的服务，深化知识服务转型。智慧图书馆的知识服务能力与知识资源建设成效、服务的智慧化水平、馆员能力息息相关。[20]

图书馆的知识服务正在不断迈向更深层次的智慧化转型，这一转型不仅仅是技术层面的升级，更是服务理念和服务模式的创新，为图书馆的发展开辟了新的道路。

三、基于知识服务的智慧图书馆阅读推广模式

（一）基于知识关联的智慧图书馆阅读推广服务模式

1. 知识管理服务模式

图书馆的发展经历了由传统到智慧升级的过程，即：传统意义上的图书馆发展阶段、数字图书馆发展阶段、复合图书馆发展阶段、智慧图书馆发展阶段。在此过程中，图书馆通过购买或自建的方式拥有了大量的数字资源，

尤其是公共图书馆先后在国家三大文化惠民工程（全国文化信息资源共享工程、公共电子阅览室计划、数字图书馆推广工程）的引领与培育下，积累了大量自建数据库，留下了大量的、遵循一定元数据标准规范的元数据记录，但图书馆的早期数字化资源不是面向特定主题的，特色资源的数据库建设存在着同一主题资源以不同形式散落于不同机构不同的数据库中且资源缺乏细颗粒度标引的现象，致使读者在面对多如牛毛并且种类繁多的资源时，需要进行大量的重复检索和筛选工作，才能锁定目标资源。在智慧图书馆的发展阶段之前，除了需要人工参与的咨询服务、定题服务以及深度学科分析服务外，图书馆所提供的主要服务大多局限于文献线索和文献本身层面。尽管部分数据供应商已推出诸如概念检索、图表检索、数据检索等多种深入挖掘文献内部知识元的知识服务功能，但目前对知识内容的揭示在总体数量上相对较少，仅被视为一种"锦上添花"的附加服务。[21]

　　智慧图书馆将知识管理理念与技术应用于资源的建设与管理中，即：图书馆通过对网络信息和各类型资源的相关对象，进行抽取、融合、加工，以满足智慧化阅读推广内容的需求。首先从多源异构的跨媒体数字资源库中自动抽取结构化的语义信息，再运用本体体系的知识表示方式，形成实体、属性和关系的三元组形式，其中关系表示概念之间的作用关联。通过构建一个统一的语义框架，实现对知识的有效表达和管理，这一框架不仅有助于分析和归纳知识之间的内在联系，还能够挖掘和建立知识之间的关联性，[22] 以此来破解资源的多源异构导致的"语义鸿沟"难题，最终为用户提供基于知识管理的阅读推广服务，使他们能够获得更加易于理解和掌握的知识内容，从而提升他们的阅读体验和知识获取效率。

　　在此，笔者以智慧图书馆建立多粒度语义一站式的知识发现平台为例进行具体说明。在此平台，用户使用自然语言表达检索需求，平台依据特定规则对用户需求描述的模型进行解构、抽取，提取用户的需求概念，然后通过需求概念与知识元之间的映射关系，聚集相关资源内容，并将知识元（细粒度）、知识单元（中粒度）、知识集群（粗粒度）三种粒度层次的知识返还给用户。该项应用将降低对用户检索专业能力的要求，节约用户检索的时间成本，为其提供友好型知识服务。

此外，公共图书馆可通过多模态内容生成技术，将知识转化为更加生动和具象的形式，如：宣传海报、有声读物与短视频等。这些多样化的呈现方式，可以帮助用户多维度感知和理解阅读内容，以便提升他们的阅读体验和学习效果。因而，基于语义关联、多维粒度的知识管理服务模式既有利于图书馆开展确定主题的阅读推广服务，也便于用户开展围绕主题的阅读研究与交流。

2. 知识导航服务模式

知识导航服务模式，就是在大数据蓬勃发展的环境下，帮用户快速、高效地锁定其所需要的知识。语义知识导航不同于以往的学习资源超链接、知识地图等导航，它更专注于知识内容，通过本体网络的揭示、组织馆藏资源，形成资源的知识结构，不仅可以通过可视化方式展示其资源分布情况，还能有效地描述资源间的语义关系。[23] 由于同一资源可以采用多维标引，便可形成对该资源不同粒度的描述，如在"数字敦煌"知识资源库，对壁画从时间、地点、主题故事、壁画颜色、涉及的事物等方面进行描述，用户亦可以从以上多维的导航中获得所需资源，而不仅仅是壁画的名称分类导航。图书馆的各类知识资源也一样，导航组织的方式不仅仅局限于名称、责任者，还可以涉及资源所包含的内容。智慧图书馆的知识导航还可以从结果聚类、结果关联两个维度全方位展示知识导航的服务结果。结果聚类利用聚类技术将知识导航结果组织成多个"簇"，"簇"内元素相似度高，"簇"间相似度低，反映不同的领域或主题。这有助于用户快速理解并定位感兴趣的领域，提升检索的效率和准确性，同时发现异常值和新领域，推动知识创新。[24]结果关联是对知识导航结果进行研究时间、研究领域、研究地域等方面进行关联可视化处理，并构建以知识对象为核心的知识图谱，揭示研究领域之间的联系，展现主题的发展趋势以及地域研究的差异性。通过可视化关联数据，帮助用户全面掌握领域概况，识别研究的热点和趋势，从而为学术研究和决策提供支持。结果聚类与结果关联，二者相互补充，辅助用户深度理解知识信息，提升对智慧图书馆知识导航服务的满意度。由此可见，知识语义导航的服务模式可以帮助各馆之间完成互联互通的目标，使得智慧图书馆的知识价值体系得以更大限度地发挥。

（二）基于知识与人关联的智慧图书馆阅读推广服务模式

1.个性化定制与推送服务模式

（1）个性化定制服务模式，指一种专为满足个体差异化知识需求而设计的新型服务模式。用户群体由于职业、学历背景、研究方向、阅读目的等方面的不同，故对知识服务的需求各不相同。且用户自身的信息素养能力不同，要想满足这些用户的各类需求，需要深入了解、全面而客观地分析他们的需求。图书馆再根据分析结果，对资源进行重新组织和深度挖掘，最终为用户呈现所需的专业化知识精品，同时营造一个优质的个性化知识环境，促进用户的阅读与学习过程。具体而言，图书馆可以通过知识服务平台为用户提供可定制的个性化界面，方便用户定制其感兴趣的知识资源，图书馆则根据用户的定制需求，提供个性化的知识传递服务，并在服务过程中，跟踪用户的使用反馈，以便掌握用户的需求变化，帮助用户建立个人知识系统，解决用户阅读与学习研究中的问题。

（2）个人推送服务模式，指智慧图书馆为用户创建一个专属的账户，而用户通过这个账户向图书馆明确表达自己所需的知识范围（包含关键词或检索方式等）。智慧图书馆在规定的时间期限内，将用户所需的知识和信息传递到用户手中，目前在联合参考的咨询服务中，由参考咨询馆员人工处理用户的需求信息，通过电子邮箱或微信平台进行推送。此外，一些智能软件也被用于个人推送服务，软件系统根据用户要求进行检索，并将符合需求的资源推送给用户。

2. 自助服务模式

此前自助服务模式一般被用于图书馆需求量大而技术含量低的服务内容，如自助借还图书等。数字技术和人工智能的进步，使得智慧图书馆构建具有知识检索和重组功能的自助式智慧服务平台成为可能。近年来，具备较高信息素养的用户群体数量不断扩大。知识库与高素质使用者，两个因素缺一不可，才能有效完成智慧图书馆的自助服务。理想状态下，用户会使用智慧图书馆的知识库，独立完成知识获取或问题解决。智慧图书馆一方面根据用户的使用反馈，不断注入新的知识资讯，保障自助知识服务的品质；另一方面，通过各种渠道，不断培育、提升更多用户群体的相关素养，帮助其掌握使用自助服务平台的必备技能，尽早享受智慧图书馆的自助服务成果。

（三）基于人与人的智慧图书馆阅读推广服务模式

近两年元宇宙与 AIGC（生成式人工智能）的"出圈"，显示了人工智能、虚拟现实、区块链、物联网的深度融合之势，在这种深度跨界融合的驱动下，人类社会进入了共创共享共赢的时代。人们彼此交流知识，在获取知识服务的同时，也成为知识的创造者、传播者与提供者，知识由个人扩散到群体。在共享知识的过程中，往往还能产生思想的火花，出现知识创新。[25]这为实现基于人与人的智慧图书馆阅读推广提供了无限可能。

1. 机器人、虚拟人的问答式阅读推广

公共图书馆可利用 AIGC 技术，通过多种创新形式为用户提供智慧阅读推广服务，如：通过聊天机器人、数智虚拟人、互动游戏等形式与用户互动交流，在此过程中，既包含了情感的交流，又是知识流动的过程。表面上看人机问答是人与机器的交流，实际上是用户通过计算机媒介与众多超越时空的知识生产者的"交互与对话"。这里既有远古圣贤，又有当代学者；既有人的经验、技术诀窍，又有因"人"而生的数据、信息，所有这些构成庞大的知识生态系统。在面向老年用户的健康养生等各类科普知识的阅读推广服务中，通过虚拟健康顾问，为其提供健康支持服务。利用 AIGC 多模态生成技术，智慧图书馆可以为老年用户定制生成大量健康支持服务的相关文字、图像、音频、视频等多样态资料，高效解决老年用户服务内容匮乏等问题。智慧图书馆以此种方式，帮助老年用户更加便捷地获取到他们所需的健康信息，更好地管理自己的健康状况，提高生活质量。此外，互动游戏也是一个有效的推广方式，通过设计与阅读相关的游戏，激发用户的兴趣，使他们在轻松愉快的氛围中提升阅读能力，了解图书馆的资源和服务。这些多样化的服务形式不仅能够吸引更多用户走进图书馆，还能提高他们的阅读体验和满意度。

2. 用户生成内容在虚拟社区中的阅读推广

智慧图书馆借助融媒体打造了一个数字阅读文化生态圈，促进具有相似背景、专业和兴趣的用户之间的交流与分享，从而达到阅读推广的目的。具体而言，图书馆一方面可鼓励和引导用户，利用 AIGC 技术，以文字、语音、视频等多样态形式，随时记录他们的阅读心得和感悟，形成个人的阅读感悟记录；另一方面，智慧图书馆可搭建话题虚拟社区与阅读圈，进一步增强用户与图书馆、用户与用户之间的互动。在这个虚拟社区，智慧图书馆收集、分析用户的搜索记录、阅读记录及其他相关数据等，利用智能算法技术为用户推荐用户社区中的专家、意见领袖、具有相同生活背景和共同话题的好友。此外，还可以根据用户的兴趣和需求，为用户推荐相关智能化的辅助设备，从而为他们之间的沟通和交流提供更多的便利和支持，以此促进知识迁移和知识互补，实现组群式知识共享的阅读推广模式。

（四）基于场景化知识服务的智慧图书馆阅读推广模式

场景化知识推荐阅读推广服务模式，指为用户推荐契合其所处场景的知识从而引起阅读行为。我国已进入 5G 时代，各类移动终端（如智能手机、平板电脑等）及应用（购物、出行、娱乐、阅读）走入人们生活中，智慧图书馆移动端为用户提供各式各样的知识服务，助力用户摆脱了时空的限制，泛在化地享有图书馆所提供的知识服务。且在智慧图书馆的应用中，不仅可以系统地采集用户的网络行为、时间等数据，还可以通过系统 GPS、Wi–Fi、蓝牙、麦克风、加速度传感器等对用户的物理地点、移动速度、设备使用等情况进行全方位智能感知。再通过机器学习和数据挖掘技术，分析和挖掘显著地点、用户轨迹模式、用户行为模式等，可用于场景建模，实现场景化知识推荐。[26] 通过时间、地点和用户行为特征关联分析，洞悉用户在查询使用资源时的个性化需求，向用户推荐相契合的知识资源，如有亲子阅读习惯的家庭于节假日上午在图书馆儿童阅读区阅读绘本故事，那么在该时段，便可以向该阅读区的人们推荐适合儿童阅读的各类资源。

综上所述，基于智慧图书馆知识服务的阅读推广服务模式是以满足用户需求为目的，以挖掘出的知识关联、知识与人关联、人与人关联为依据，采用人工智能、数理统计、数据挖掘、社会网络等先进的技术方法作为聚合手段，以提供并优化知识服务和促进用户学习与阅读为最终目标。因而基于智慧图书馆知识服务的阅读推广服务模式具有很高的应用价值和推广意义。它不仅可以提高阅读的针对性和效果，还能激发用户的阅读兴趣和阅读积极性，促进知识的传播和共享。未来，随着人工智能技术的不断发展和应用，这种服务模式将会更加成熟和完善，将会为用户提供更加优质的阅读体验和服务。

四、基于智慧图书馆知识服务的阅读推广模式支撑体系

（一）体系结构

系统或模式的正常运行需要坚实的体系结构支撑。智慧图书馆知识服务的阅读推广模式也不例外，它的实施依赖于智慧化的体系结构，该结构主要由组织、资源、技术和应用四个部分组成。

组织部分是智慧图书馆知识服务的保障，它涉及图书馆的内部管理和服务流程。其中注重用户、馆员、智慧图书馆知识服务的协同开发尤为重要，通过多元化的途径，实施系统化的分级学习培训，提升馆员与用户的心智水平，为基于智慧图书馆知识服务的阅读推广奠定坚实基础。资源部分是智慧图书馆知识服务的核心，通过对智慧图书馆知识资源的集群化整合和深度挖掘，实现资源的共享和优化配置，构建完善的资源保障体系，满足用户需求。技术部分是智慧图书馆知识服务的基础，运用大数据、物联网、人工智能等技术为智慧图书馆提供了强大的数据处理能力和智能化服务手段。应用部分是智慧图书馆知识服务的最终目标。它关注的是如何将智慧图书馆的技术、资源和组织优势转化为实际的服务效果。具体而言，应用层依托各类终端应用载体，为用户带来便捷、高效、人性化的智慧阅读推广服务。

（二）组织

1.注重图书馆馆员的素质培育及能力提升

基于智慧图书馆知识服务阅读推广的起点是承担阅读推广主体任务的图书馆馆员，其需要具备业务水平、知识结构、职业道德和服务能力。首先，馆员的知识结构决定了图书馆馆员业务水平的底线，通过建立馆员学习机制，培育其终身学习的习惯，以此不断加强馆员自身的知识储备，通过制定适当的鼓励策略，帮助馆员应用所学知识解决图书馆运作过程中的问题，

锻炼归纳、分析、整合、挖掘知识的能力以及解决阅读推广工作中出现的问题的能力。以此了解用户的心理，与用户达成共同心智，摆脱以往那种低层次、初级化的服务模式，为用户解决问题。其次强化馆员敬业和奉献的职业道德，馆员勤学不辍，努力掌握完成本职工作所需的各类知识和技能。他们始终谨记，自己的职责就是为用户提供服务，以解决用户问题、助力用户提升素质为己任。再者，服务能力是检验馆员的试金石。无论图书馆的建筑和设备再怎么先进、馆藏再怎么丰富、人力资源再怎么充足，如果还是沿用被动、消极的服务，用户也会敬而远之。因而，馆员作为图书馆的守护者、阅读推广的领路人，需要具备成长型思维，开放、包容、持续不断地学习各类知识与技能，修炼自身的道德，精进服务能力。

2.注重对阅读推广对象的开发和引导

随着 Chat GPT 等人工智能技术的应用，加剧了信息爆炸，由于各种资源出处不同、质量参差，阅读推广对象极易感到信息迷航。我国一直致力于推动全民阅读，力求让更多的人享受到阅读带来的乐趣和益处。在这个过程中，对阅读推广对象的开发和引导显得尤为重要。智慧图书馆要始终把以人为本的理念放在心中，在智慧图书馆的环境下，将知识的种子播撒到用户手中，不断拓展和经营自己的用户群体，从以下几个方面来探讨如何更好地对阅读推广对象进行开发和引导：

（1）将泛在智能技术充分融入基于知识服务的阅读推广中，并在此过程中注重对用户进行开发和培训。

泛在化的智能技术可为用户提供一个不受时间和空间限制的阅读学习环境，让阅读变得更加便捷和高效。首先，泛在化技术实现了与用户的全天二十四小时的实时交互，这意味着用户在任何时间、任何地点都可以获得图书馆的支持和服务，极大地提高了用户阅读与学习的灵活性和自主性。其次，泛在化技术通过提供丰富多样的学习资源和工具，激发了用户的好奇心和创新精神，助力用户在阅读与深入学习中不断成长和进步。最后，泛在化的阅读推广是基于平台实现，在此平台用户可以相互交流学习心得、分享资源和知识，形成一个良好的学习氛围。在这里，用户可以尽情享受学习的乐趣，不断提升自身素质，为实现终身学习和发展个人潜能提供有力支持。

（2）了解阅读推广对象的需求和特点，提供个性化的阅读推广服务。

用户群体在智力、心智、性格、技能及心理素质等方面有很大差别，从而使得每个人均拥有独特的阅读方法和经验。图书馆在开展基于知识服务的阅读推广时，需要分众了解不同的阅读推广对象的需求与特点。但在智慧图书馆的出现与发展之前，除了点对点的深度参考咨询服务，无法广泛提供个性化的阅读推广服务。受益于智慧图书馆的崛起，在数字智能技术的支持下，智慧图书馆能够为用户提供一套完善且个性化的基于知识服务的阅读推广方案。这个方案可以鼓励用户主动阅读、远程阅读，并根据用户的实际情况和接受能力为他们提供必要的辅导和帮助。这不仅满足了用户多样化的需求，还能有效提高他们阅读推广的效果。一些智能阅读推广应用，如"爱不释书"，甚至可以根据阅读推广对象的测试结果，为不同的用户（如年龄、获取知识的能力、心智的发展水平）进行对应层次的阅读计划推荐，将主动权和自主权全权交给用户，以适应不同用户的阅读需求，满足其个性化的需求。

（三）资源

1. 图书馆联盟化

在智慧图书馆的背景下，联盟化成为一种高效的服务管理模式。由人、财、物资源充裕的图书馆作为主导，并联合其他成员馆形成紧密的阅读推广联盟。在这个联盟中，成员图书馆按照联盟协商好的管理方式和知识组织方式，将各自独立的馆藏、知识库资源通过中台等技术整合在一起，形成联盟统一的有机整体，不仅可以在短期内实现联盟图书馆资源、技术、馆员智慧、服务等多方面的互补，还能快速提升成员馆的服务质量和服务能力，为用户提供多种新型阅读推广服务。在图书馆联盟化的过程中，要公平对待所有成员，彼此尊重，将优先解决联盟内的共性问题作为图书馆联盟的共同发展目标。中心馆将馆藏、服务的经验与理念积极与成员馆分享，成员馆之间密切保持沟通联系，以先进带后进，不断优化阅读推广服务，最后一起完成共同进步的目标。

2. 知识资源的整合

数智技术的发展为智慧图书馆实现基于知识服务的阅读推广服务创造了先决条件。基于数智技术的知识服务其实现路径如下图 6-1 所示。

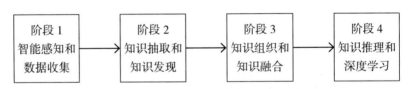

图 6-1　基于数智技术的知识服务实现路径图

数据收集和智能感知作为知识资源整合的开端，至关重要。基础环节包括知识的抽取与发掘，核心环节则为知识的融合与组织。知识推理与深度学习构成关键要素，而知识的应用与服务则为最终的目标及归宿。

阶段 1 的数据收集实现了对智慧图书馆多源异构的大数据的感知和采集，这些数据有结构化、半机构化和非结构化之分，主要来源于传统文献资源数据、用户个人和行为数据、图书馆业务流程数据等方面。此外，随着传感器设备、可穿戴设备、眼动仪、语音输入设备等智能感知技术的发展与应用，不断丰富了用户数据的收集渠道，可以帮助智慧图书馆感知用户的位置、移动轨迹、视觉行为、自然语言等信息。以上种种形式数据的感知与采集，为智慧图书馆构建基于知识服务的阅读推广服务奠定了丰厚的基础。

　　阶段 2 的知识抽取与知识发现，是指通过自然语言处理、机器学习等手段，挖掘出蕴含在图书馆海量数据的知识。具体而言，通过文本挖掘、自然语言理解、关联规则分析、特征挖掘、分类、聚类、趋势分析及偏差分析等方法，从海量数据中提炼出有价值的知识实体、属性、关系等知识元，并储存为知识元库。[27] 如：利用文本挖掘等机器学习技术抽取文献中的知识；对图书馆知识服务社区中用户的交流内容进行自然语言理解，挖掘用户的观点、情感及情绪，并提取用户标签。

　　阶段 3 的知识组织和知识融合是将不同来源的知识，以统一的框架规范进行统一表征，再通过模式整合、实体对齐、属性对齐等技术实现知识合并、知识推理等步骤，从而实现创造新知识的目标。目前，以实体消歧、实体对齐为实现知识合并的主要技术手段。实体消歧主要用于解决同名实体产生歧义的问题，通常采用统计语言模型和深度学习模型，在跨媒体中寻找知识概念层面上相同或相似的实体，并建立同义关系。实体对齐，通过聚类将同一知识图谱中的实体进行精简，为实现知识图谱间的链接与合并奠定基础。[28] 知识推理，包括实体属性推理和实体关系推理。实体属性推理指实时发现、推理、更新发生变化的实体属性或为实体创建新属性。实体关系推理指推断和补充实体之间的潜在关系。知识图谱最初是指谷歌公司为了应对互联网的海量知识检索挑战而构建的基于本体和语义网技术的大规模知识库。[29] 随后知识图谱的概念不断泛化，被应用的领域日趋丰富。构建智慧图书馆的业务知识图谱能够整合分散的业务工作知识，如：形成图书馆的用户知识图谱，可以揭示用户的显性和隐性爱好、发现个性与共性需求，以及他们之间的社会关系。通过构建和应用图书馆资源的知识图谱，有望大幅提升图书馆的知识服务水平。且一些人工智能工具模型的出现，将为智慧图书馆的知识重组和知识融合带来许多可能。如：Transformer 多层变换器架构模型，最早出现于 2017 年谷歌研究人员的论文《Attention is all you need》中，其核心原理是基于注意力机制的深度神经网络结构，也是 Chat GPT 的基本模型组件之一，其可以脱离人工标准的数据集，由于 Transformer 架构技术能够迁移学习，有较强的技术适应性。图书馆现有的小型数据集可以借助预训练的 Transformer 模型，学习训练数据中隐含的语言规律和语言模型，实现文生文的能力，提高现有馆藏数字资源的数据信息发现能力和资源组织水平。2021 年出现的 CLIP（Contrastive Language-ImagePre-Training）和 2022 年流行的扩散模型（Diffusion Model），可以实现文生图、图生图（包括视频）功能，为图书馆知识服务预训练已有的音视频等多模态馆藏信息资源提供用户服务方面的创新。

阶段 4 是知识推理与深度学习，通过深入地解析已经构建的知识图谱中的语义，可以实现对复杂文本语义的深度理解。这种深度理解能够辅助、支持人们从中获取新知识。知识图谱推理可分为基于符号的推理与基于统计的推理两大类。基于符号的推理可以实现本体推理与规则推理。本体推理可用于发掘实体间的语义关联，但用户无法自定义推理过程。[30] 规则推理则允许用户自定义推理，根据需求设定规则。基于统计的推理，通过学习统计关系、关联规则挖掘等方法，挖掘知识图谱中的隐含知识。对知识图谱进行深度学习，利用图谱中的知识，指导神经网络模型的深度学习，在问答、推荐、语义搜索等任务中具有有效应用。基于符号的推理和基于统计的推理各有优缺点，选择哪种方法取决于具体的应用场景和需求。在实际应用中，两者可以相互补充、结合使用，以达到更好的推理效果。

（四）应用与知识服务

基于知识图谱可进行查找、推理、学习等，为用户实现知识的创新提供应用服务。如：通过对用户图谱分析为用户多层次画像，以此了解用户的需求特征与行为特征，从而为其提供包含阅读推广在内的个性化的知识服务；通过分析资源知识图谱，为用户提供自助式、多模态、多粒度的知识导航服务。此外，深度学习技术的快速发展，特别是基于 Transformer（多层变换器架构）的大型语言模型的成功应用，为解决自然语言的理解和生成问题提供了新的可能，随后 Chat GPT、Bard、文心一言等智能问答产品的横空出世，拉近了图书馆与用户之间的距离，用户以自然语言提问即可得到所需知识，实现普惠大众的图书馆智慧知识服务。

随着 5G 网络的普及，PC 终端不再是人们获取知识服务的唯一途径，移动知识服务平台可为用户提供更加方便、高效、泛在化的服务。在移动知识服务平台的建设和服务过程中，应该收集用户的反馈，及时做好更新调整，以便更好地满足用户需求，实现真正的人性化服务。

（五）技术

基于智慧图书馆知识服务的阅读推广服务离不开机器学习、自然语言处理、人工智能（分析式、生成式）等技术对知识收集、抽取和发现、融合和组织、推理和学习的支持与赋能。

1. 机器学习

机器学习（Machine Learning，ML）是人工智能的一个分支，顾名思义，人类希望机器通过数据或以往的经验进行训练，能够像人类一样可以独立地获取新知识和新技能。机器学习强调的是"学习"的过程，即：通过算法来分析大量数据样本和处理以往的经验，逐步建立起预测模型并通过"训练"过程不断修正和完善，使机器能从学习中做出推断或预测，进而模拟或实现人类学习的过程。在数据认知素养中，机器学习与算法都占有一席之地，这是一个非常"技术"的空间。让机器在人们身边工作、学习等都是很有价值的，但是如果没有一个会操作该机器的员工，即使有技术也可能是毫无意义的。

按有、无监督的学习方式进行分类，可分为以下两者，两者的区别与联系见表 6-1：

表 6-1　机器学习分类

机器学习方式名称	有监督学习	无监督学习
训练数据量规模	较小	较大
学习程度	浅层	深度
训练前是否预设特征	存在预先设定的"特征"	不存在预先设定的"特征"
学习内容	学习怎样的特征的组合会导致怎样的结果。	使用多层神经网络进行自动学习获取"特征"。
学习过程	通过算法训练得到模型，从而解决输入不同信息，产生正确答案。	学习过程从表面逐步深入，每一层的学习成果均作为下一层的输入数据，由表及里，从初级特征学到高级特征。本质上，这是一个从整体到局部再到具体细节的探究过程，各层均有针对性地进行分段学习。

机器学习可以用于构建智慧"资源"，支持知识发现系统，为基于知识服务的智慧图书馆阅读推广服务赋能。如：在古籍的数字化与整理中，通过深度机器学习的方法，实现古籍汉字字体识别、古籍的自动或半自动化笺注功能、古籍真伪辨别和写作年代判定等功能。[31]此外，通过对文献知识单元时间、空间等多维度的学习和推理揭示知识流动、演化的关系并进行趋势预测等都将有助于基于知识服务的阅读推广。

2. 自然语言处理

自然语言处理（Natural Language Processing，NLP）是计算机和 AI 领域中的重要应用方向，研究人与计算机如何通过自然语言进行交流的融合学科。

根据自然语言处理过程中理解和回应的两个环节，可以分为自然语言理解（Natural Language Understanding，NLU）和自然语言生成（Natural Language Generation，NLG）两类。[32]NLU 主要解决机器如何理解自然语言的问题，包括对文本分类、实体识别、语句分析、机器阅读理解等。NLG则关注机器在理解自然语言之后如何做出回应，并将回应转换成人类可理解的语言，包括自动摘要、机器翻译、自动问答。NLU 是 NLG 的基础，可以帮助机器更有效地生成人类可理解的语言。从应用方向上看，NLP 主要用于信息抽取、信息检索、文本分类、文本挖掘、信息过滤、舆情分析、文本摘要、文本生成、机器翻译、对话 / 问答系统、知识库、知识图谱等，而这些应用或多或少都可以改进基于知识服务的智慧阅读推广应用，如图 6-2所示：

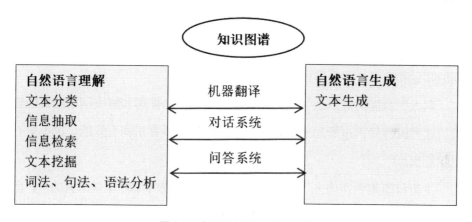

图 6-2　自然语言处理应用示意图

3. 人工智能

计算机技术的发展为机器智能奠定了基础。人工智能（Artificial Intelligence）一词最初出现在 1956 年的达特茅斯会议（Dartmouth Conference）上。会议认为人工智能就是要让机器的行为看起来就像是人所表现出的智能行为一样。从那以后，研究者认为通过软硬件来实现与人类智能相媲美的智能体（Artificial Agent），即人工智能。[33] 后来，研究者们又不断拓展"人工智能"的内涵和外延，七十年间让人工智能领域产生了革命性变化，人们对"人工智能"概念本身的理解变得相当多样。关于人工智能的定义，大致可分为四大类，即机器的"类人思维""类人行为""理性思维"和"理性行为"。[34]此处，"行动"应广泛地理解为采取行动或制定行动决策，而非局限于肢体动作。在人工智能不长的发展历史中，虽然一直在前进，但人工智能的发展速度比预想的要慢。

目前学界和业界将人工智能分为弱人工智能（Weak Artificial Intelligence或 Artificial Narrow Intelligence）与强人工智能（Strong Artificial Intelligence或 Artificial General Intelligence）两类。[35]

强人工智能的观点认为，智能机器具备真正的推理和解决问题的能力，还具备知觉和自我意识。此类人工智能可分为两类：类人人工智能，即机器的思考和推理方式与人类相似；非类人人工智能，即机器拥有与人类截然不同的知觉和意识，并采用独特的推理方法。[36]

弱人工智能的观点认为不可能制造出能真正地推理和解决问题的智能机器，这些机器只不过看起来像是智能的，但是并不真正拥有智能，也不会有自主意识。[37]

主流科研集中在弱人工智能上，即在各个领域内相对"局限智能"，此类人工智能仅仅在某些方面比人类更好地执行任务。正如伯克利大学教授迈克尔·乔丹（Michael Jordan）所言："当前大部分所谓的'人工智能'，尤其是在公众领域，实际上是指'机器学习'。"[38]这种学习在上面章节已有介绍，其利用算法对数据进行分析加工，进而获得某种结果并以此进行推测或者判断。因而，人工智能可以被描述为一个计算机科学的分支。

目前已经出现了许多 AI 应用，可以赋能许多行业发展。在智慧图书馆阅读推广领域，可以将 AI 算法工具嵌入社交网络开展阅读推广服务宣传、基于 AI 机器人发布阅读资讯和特色阅读资源、基于 AI 算法和大数据搭建智慧阅读推广服务平台等，帮助用户更好地获取知识和应用知识。

第二节

基于智慧推荐的阅读推广服务模式建设

一、智慧检索

分析用户最近的使用记录和用户关系网络，从特征、维度和行为模式进行分析，挖掘其偏好，智慧检索是智慧推荐的前提和基础，是用户获得信息的第一步。在传统的图书馆检索服务中，采用字符串匹配检索的模式，以图书书目检索为例，检索后可以获得图书文献索引、主题词、作者信息、书名等信息。由于字符串匹配的检索模式无法准确地表达出关键词丰富的语义信息，造成了检索结果的查全率和查准率并不能满足用户需求。随着语义技术的不断发展，智慧化检索得以实现，为用户提供更加快速、准确、高效和有序的信息检索服务。在原有的检索系统的基础上，通过增加语义技术应用，智慧化检索能够更好地理解用户自然语言的语义信息，从而更准确地匹配用户的需求。此外，智慧检索在用户使用的过程中收集、记录其行为，通过对此类数据的分析，深入识别用户潜在或明确的需求偏好，以此为用户呈现更加相关的检索结果，从而提高检索的准确性和效率。与此同时，智慧检索系统能够根据用户的反馈或评价，自动调整检索策略。这种动态调整机制使得智慧检索功能能够不断优化。用户在使用过程中，会感受到系统逐渐变得更加智能，能够更好地理解他们的需求，从而获得更加满意的检索体验。

（一）基于语义、关联技术的智慧检索

传统的信息检索以关键字的相似性为判断准绳，智慧检索是基于语义相似性的检索。基于语义的检索，通过理解用户的查询意图和上下文语境，能够有效地屏蔽掉那些无关的、冗余的内容，确保用户能够直接接触到对他们真正有价值的信息。

语义技术的核心功能在于从文本中的词汇、句子以及整个章节中提取和揭示出其隐含的主题内容。基于语义处理技术的智慧检索功能主要依靠语义相似度计算和关联技术实现，其中相似度计算常用四种方法（如表6-2）：

表6-2　语义相似度计算方法分类表

语义相似性计算方法	原理
基于特征模型的计算方法	概念之间共性多，相似度高，共性少，相似度低。
基于几何模型的计算方法	在多维向量空间中，实体或概念的相似度由它们向量间的距离决定，距离近表示相似度高，距离远则相似度低。
基于语义关系模型的计算方法	实体组织在层次结构中的路径长度，深度和局部密度等因素影响相似度，短路径和高局部密度通常意味着高相似度，反之则相似度低。
混合计算方法	混合计算方法综合使用同义词集、语义邻近性和实体特征来计算相似度。

关联技术注重对语义化后的数字资源挖掘其语义特征，从而生成个性化检索结果。其实在实际生活中，许多用户在检索台检索时，倾向于减少操作过程的匿名检索，这就无法收集到他们的个人信息与行为信息，即便在这样的情况下，基于语义相似性的算法应用，还是会帮助用户提高智慧检索效率。如果用户使用基于 App 的智慧检索，则可以收集到用户的个人信息、行

为信息以及情境信息等，通过数据挖掘等技术，分析用户的检索行为及其隐含的关联行为，用以构造用户行为模型，预测用户可能访问或者偏好的检索结果，智能地选择、展示在检索界面。

基于语义的智慧检索服务，不仅关注知识概念之间的语义关系，还关注蕴含于用户检索行为中的隐性知识。通过向用户推荐那些他们可能未曾意识到但与他们的检索意图高度相关的图书的方式，将用户的隐性需求进行显性化处理。如此，用户在进行检索时不仅能够提高检索的精准度，还能在检索过程中感受到新颖和多样化的体验。这种充满知识相关度或相似性的智慧检索，能够极大地提升用户的检索体验，使他们更容易找到自己真正需要的信息。同时，这种智慧检索方式也会对用户产生更大的诱惑力，使他们更愿意在平台上进行更多的检索和探索。基于语义的智慧检索服务降低了检索平台的使用门槛，用户可以使用自然语言检索，不同于传统的检索方式必须使用规范的检索词才可能获取到高质量的检索结果。

目前图书馆尚未引入预测检索应用，但搜索引擎如 Google 和百度已使用基于热门搜索的预测检索算法。该算法通过分析用户历史搜索数据和偏好来预测即将输入的检索词，并在搜索框的下拉列表中推荐相关或感兴趣的规范化检索词，且这些检索词会根据用户的输入做出实时调整。这样的技术在智慧图书馆的广泛应用，将使得图书馆的检索服务更加智能化和个性化，从而吸引更多的用户使用图书馆资源参与到阅读中。

（二）智慧检索模型

智慧检索需要由语义检索和语义分析支撑。智慧检索模型由数据层、知识层、应用层、表示层构成，如图 6-3 所示：

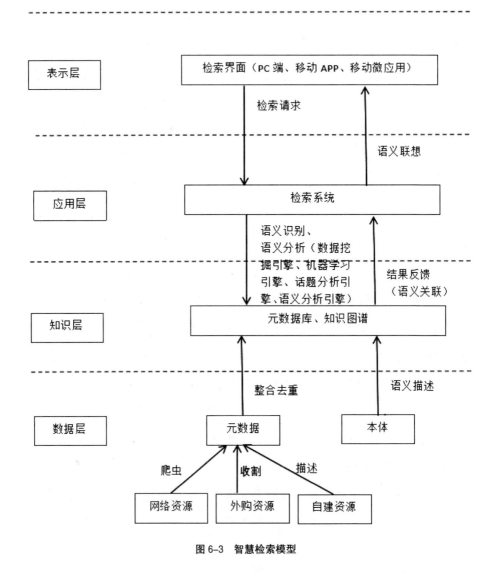

图 6-3　智慧检索模型

（1）语义检索

在处理用户提交的检索请求时，语义检索系统通常会采取以下三种策略来处理检索词：

首先，如果用户输入的关键词恰好存在于本体库中的概念或属性里，系统会利用特定的算法，找出与关键词同时出现且频率较高的概念词，并将这些概念词作为新的检索词，从而进行后续的查询工作。其次，当用户输入的关键词与本体库中的概念、属性或实例在语义上相近时，系统会将本体库中与检索词相对应的概念、属性或实例视为新的检索词，从而完成后续的查询过程。第三种策略是针对情感检索，系统会分析用户输入的情感词汇，匹配相关主题，并找出具有相似或特定情感倾向的结果。[39]

在这些策略的基础上，系统分析关键词与相关概念的语义相似度，并据此排序结果。若初次查询未果，用户可重新查询，系统将检索相关概念结构中的父或子的概念数据，确保用户获得满意结果。

（2）语义分析

语义分析服务主要利用自然语言处理技术，对知识进行情感分类和抽取；对图书知识资源的话题进行总结，得出关键词；利用用户兴趣入口，通知引擎，为用户提供个性化的知识推荐和协助式学习。[40]

语义分析引擎，既可用于分析图书知识资源，又可用于分析用户使用智慧图书馆的反馈数据。通过对用户反馈数据的分析，可实现情感和情绪的分析，以此结合当前用户的个性，可预测出用户的文本态度。

数据挖掘引擎，是一种从海量信息中提取有价值信息的自动化或半自动化的、可累积的分析引擎，通过该引擎可以实现信息的提取、翻译、分析，还可以直观展示知识图谱和进行自动化文本总结。

机器学习引擎不仅可以协助用户在知识检索时查找、排序和标记相关知识，还可以根据用户的历史话题，动态告知相关知识。

话题分析引擎不仅可以对用户键入的检索关键词进行分析，从语义相似性角度匹配到相应的知识，还可以呈现出用户当前关注的讨论内容，从两个角度辅助用户检测有意义的话题。

用户交互服务主要是为读者提供访问界面，包括检索、个性化推荐入口、用户评价反馈、结果展示。

基于语义与关联技术的智慧化检索模型，一方面为用户带来更人性化的访问体验，另一方面，增加情感分析，提高用户在检索时的精准度，以便对用户产生更大的诱惑力。

二、智慧推荐

智慧检索更适用于用户有明确目标，但由于信息过载，传统字符匹配的检索方式已经无法解决问题的情况。智慧检索本质上更多关注于资源组织方面的研究，而智慧推荐更着重于用户行为偏好的研究。传统的推荐系统是"推"和"拉"的互动，在展示知识资源的同时向用户推荐知识资源。智慧推荐是在传统推荐的基础上，通过数据挖掘、语义分析等技术赋能推荐算法，让推荐的结果更加精准。

（一）基于知识图谱的智慧推荐

知识图谱的概念最早是谷歌公司提出的，用来为其公司的语义网络知识库命名。知识图谱提出的初衷是为了将海量信息抽象为实体、属性及关系，以此来解决个性化推荐、智能问答、提高谷歌搜索引擎的效率等问题，随后知识图谱的概念逐渐泛化。

知识图谱采用"实体—关系—实体"的模型描述数据，这种模型结构，不仅可以用来表示客观实体和知识，还能反映出个体间的关联，从而形成语义网。在语义网中，节点可以表示概念或实体，节点间的连线表示关系。[41]图书馆引入知识图谱，用于构建知识网络、用户画像、场景画像，以此为基础，建设智能化资源推荐系统，是图书馆向用户提供高效便捷的智能化知识服务的可行路径。

首先，图书馆现有的各种主题、各种格式的资源分散于异构的数据库中，知识图谱可用于深度挖掘和融合各类信息资源，可形成具有逻辑关联的知识网络，以此减少信息过载的问题。其次，知识图谱可以用来构建用户画像。数智技术和感知技术的应用，让图书馆能够实时获取包括用户的基本信息、用户图书馆服务的使用痕迹（借阅历史、检索历史、浏览历史）、服务的反馈评价等海量的多元异构数据。通过知识图谱构建用户画像，可以更全面地了解用户的特征和需求，分析用户之间的动态联系，从而实时掌握用户的需求。[42] 再次，知识图谱可用于智慧图书馆的场景画像。通过定位技术、可穿戴设备、社交网络捕捉用户所处场景的动态数据，分析用户和场景的关联关系，构建场景知识图谱，即可用于推理场景要素之间的关联，又可以开展基于不同场景的资源推荐，提升场景服务能力。

（二）智慧推荐模型

智慧化推荐的建设目标是在用户未主动明确需求时，可以根据用户画像、资源画像、使用场景等，通过推荐算法预测用户的需求，智能地为用户进行有效筛选、过滤海量资源，再通过多渠道向其推荐相关资源，提升知识资源的推荐效率和用户的满意度。智能推荐的算法很多，在此以知识图谱、关联算法在智慧推荐的应用为例，具体做法是：抽取资源信息和用户信息，构建资源和用户画像知识图谱，通过智能化的算法实现信息资源的智能推荐，整个智慧推荐模型分为数据采集及整合、知识图谱构建、智能化推荐三大模块（见图6-4）：

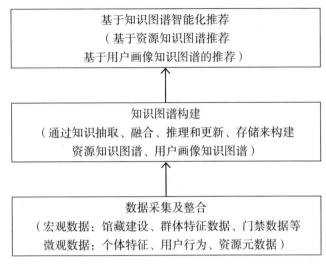

图 6-4　基于知识图谱智慧化知识推荐模型

1. 数据的采集及整合

数据的采集与整合是图书馆开展智慧化资源推荐的基础。数据的形式丰富、来源多样：有动态实时数据，有静态属性数据；有结构化、半结构化、非结构化数据；有宏观馆藏建设数据，也有微观个体行为数据。如何对采集来的各类数据进行清洗与处理，形成结构完整的数据集，关系到整个知识推荐流程的效能与用户的满意度。

2. 知识图谱的构建

智能化资源推荐系统是图书馆智慧阅读推广服务的有力抓手。知识图谱是一种以图结构组织知识的方法，能够清晰地展示知识之间的关系，将其应用于智能化资源推荐系统将会更好地为用户提供智能化推荐服务，因而在此重点关注资源知识图谱和用户画像知识图谱这两个方面：

（1）构建资源知识图谱。在图书馆的资源体系中，资源的来源、形式、粒度呈现多元化特点，内容也极为丰富。但此前用户若需要相关主题信息需要往返于多个系统，即使有所谓的一站式检索平台，获取到的书目信息也是粗粒度的，无法获取到基于图书篇章级或相关主题内容的检索结果，也就更无法获得更为精准的知识推荐服务。为了解决这一问题，图书馆需要将这些碎片化的信息资源进行深度挖掘与有效整合，形成具有内在逻辑的知识图谱。对于馆藏纸本资源，通过抽取馆藏书目及预购书目的 MARC 信息、其利用率和半衰期等流通数据；对于数字化资源、网络资源则可以采用元数据库的方式整合。在完成数据抽取后，图书馆需要对这些信息进行融合与推理，进一步丰富知识图谱的内容。最后，经过整理后的信息资源知识图谱将被存储起来，以便后续的查询和使用。同时，这一知识图谱也需要随着图书馆信息资源的更新而同步更新，确保其始终保持最新状态。通过构建资源的知识图谱，不仅有助于图书馆更好地了解自身的馆藏资源，还能够为用户提供更为精准的资源推荐服务。同时，知识图谱的可视化功能还能帮助用户更加直观地了解资源和主题之间的关系，提高用户的阅读体验和满意度。

（2）构建用户画像知识图谱。构建用户画像知识图谱需要全面采集用户的自然属性信息、行为信息。自然属性信息包括注册用户时，提交的年龄、性别、专业、学历等个人资料；行为信息包括用户在使用图书馆过程中的浏览、下载、收藏、评论等行为数据。基于以上信息，建立起一套用户标签体系，该标签体系需要包括基本信息标签（自然属性内容）、用户行为属性标签（行为属性内容）、社交属性标签（反馈与交互内容）、情境标签（访问位置、时间内容）。各种标签从多个维度对用户进行描述。发挥知识图谱既能抽象又能推理的特点，对标签进行扩展和推理，如此不仅可以形成用户画像知识图谱，还可以帮助图书馆发现具有类似个人特征和兴趣偏好的目标用户群体。知识图谱技术对于深化图书馆对用户群体的理解、优化资源分配和服务提供具有重要的指导意义。

（3）智能化推荐算法

基于关联规则的资源推荐模式和算法。这种算法原理是发现数据间的关系，并以此为依据进行推荐。最早应用于电子商务领域，用来分析用户购物篮中商品的关系，从而为其推荐相关商品，故被称为"购物篮"推荐算法。在图书馆的资源推荐系统中，通过构建资源与用户之间的关联，图书馆可以实现资源推荐。具体而言，图书馆分析对 A 资源表现出浓厚兴趣的用户群体中，有多少比例的人同时对 B 资源感兴趣。通过比例计算，估算出对 A 资源感兴趣的用户对 B 资源的感兴趣程度，并根据此结果决定是否向该用户推荐 B 资源。[43] 此种算法存在"冷启动"的问题，如若一种新资源，不存在交互数据，其必然不会出现在推荐列表中。在实践中，由于图书馆的资源是海量的，其资源使用情况的数据通常比较分散，也就造成了 A、B 资源的数据过于稀疏，可以尝试通过知识图谱寻求 A、B 资源的父类进行关联推荐。

基于资源知识图谱的资源推荐模式和协同算法。该算法综合考虑资源的相似度和用户对信息资源的历史偏好，为用户推荐类似的资源。在单纯的基于资源知识图谱的资源推荐方式中，对资源的相似性判断是从资源本身出发、基于资源的知识图谱进行的，并不依赖于用户的使用数据，故在用户交互数据有限的新资源上，仍可迅速推送给潜在感兴趣的用户。此外，该模式具备可解释性，通过可视化信息资源知识图谱展示推荐逻辑，增强用户对推荐资源的信任和兴趣。[44]

在基于资源知识图谱的资源推荐模式和协同算法中，综合考虑资源的相似度和用户的历史偏好这两方面因素。故算法在单纯基于资源知识图谱的资源推荐的基础上，结合用户过去的行为记录分析，从中提取出用户的偏好模式。然后，算法会根据这些偏好模式，寻找与用户的历史偏好在内容或属性上相似度较高的资源，生成资源列表，推荐给用户。同样以资源 A 为例，若喜欢资源 A 的用户中，喜欢资源 B 的比例较高，则资源 B 与资源 A 相似度较大，系统将向喜欢资源 A 的用户推荐资源 B。该算法通过用户行为数据，剔除部分仅由知识图谱分析出的相似度较大但用户并不感兴趣的资源，以此提升用户的满意度。

　　基于用户画像知识图谱的资源推荐模式和协同过滤算法。通过标签化的方式构建用户画像，凸显用户间的关联性，发现与当前用户相似度较高的其他用户，并针对这些用户感兴趣的资源进行推荐。此种推荐模式主要依赖用户本身的信息与属性来发掘用户间的关联度，对信息资源知识图谱的依赖性相对较低。基于用户画像的协同过滤算法的基本原理是：依据用户偏好，寻找与目标用户相似度最高的用户集合，随后将这些用户感兴趣的资源集合推荐给目标用户。以用户 A 为例，可将其对所有资源的偏好程度视为一个向量，通过余弦公式计算与其相似度较高的 n 个用户，接着对这些用户感兴趣的 n 个资源进行加权计算，最后按照降序排列，将用户 A 可能感兴趣的 Top — N 个资源进行推荐。[45]

　　智慧推荐服务在智慧阅读推广模式中扮演着至关重要的角色。智慧推荐服务由读者用户、项目、推荐算法等基本要素构成，其中推荐算法是整个系统的核心所在。随着人工智能和数据挖掘技术的深入发展和广泛应用，智慧推荐算法不断迭代升级，可以挖掘到来自用户和资源两方面更多、更细腻的隐性信息，从而使得推荐的结果更加精准、更加多样化。智慧推荐服务可以帮助各类用户发现更多的优质资源，在阅读的过程中获得更多的惊喜和启发。这种智慧化的推荐服务将会推动阅读推广服务走深、走实。

第三节

……………

基于融合情境的阅读推广服务模式

一、融合情境

（一）情境

什么是情境？研究者们分别从各自的研究角度给出了情境的定义。Pascoe J 认为情境是某一特定实体概念和物理状态的集合。Dey A K 认为情境是用来描述实体（人、地点、与用户和应用程序之间交互相关的对象）状况的任何形式的信息。Li X 等人将能够描述环境变化并有助于理解当前状况和预测潜在变化的任何形式的信息情境定义为情境。以上定义主要从不同角度枚举了各种情境所包含的信息情况，对于智慧图书馆的阅读推广情境并不具备普适性。

笔者认为可以将智慧图书馆与阅读推广相关的环境、实体的状态变化信息都确定为智慧阅读推广的情境信息。以情境信息是否来源于传感器为判断标准，将其分为物理情境和虚拟情境（语义情境）。直接源自传感器，并能够侦测到相关变化的情境数据，被称为物理情境；通过软件等媒介收集的用户访问时间、频次、评分等行为数据，或者依据既定的推理规则从基础物理环境中推断出的高级情境，以及那些并非直接通过传感器等硬件设备检测到的情境信息，统称为虚拟情境。[46] 情境分类的体系框架总结如图 6-5 所示：

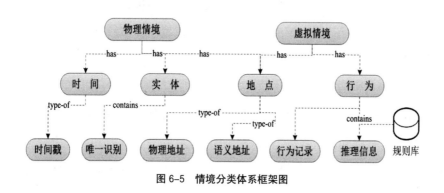

图 6-5　情境分类体系框架图

　　智慧图书馆中的情境信息，具有多维性与可描述性，将有助于精准表达用户需求，辅助智慧图书馆理解当前的环境状态，以便预测潜在的需求变化，不断提升智慧图书馆阅读推广服务水平。

（二）融合情境

　　融合情境指的是利用情境感知技术，实时地获取并利用图书馆用户的实际使用环境和状态。情境数据是指能够被感知且能够描述一个人或物体当前状态的信息，这些信息可以用来了解人们的行为和环境状况。情境感知技术不仅包括收集这些信息的技术，还包括对信息的处理和计算的技术。通过应用这种技术，设备能够实时感知到周围环境的信息，并且能够对用户的状态、位置等情境信息进行分类和处理，从而实时地了解用户的需要和喜好，并据此提供符合用户当前情境的知识推荐服务，提升用户的体验感和满意度。

二、融合情境下的智慧阅读推广

　　目前的情境感知技术在智慧图书馆的应用主要体现在图书查找 [47]、实时参考咨询服务[48]、个性化推荐服务[49]等领域，在阅读推广领域的应用较少。

下面，笔者将首先分析情境感知技术应用于智慧图书馆动态精准阅读推广服务的可行性，然后分析情境感知技术应用的构成要素，根据分析结果，构建基于情境的智慧图书馆的体系结构，为智慧图书馆开展基于情境的阅读推广提供参考。

（一）可行性分析

精准掌握用户实时、动态的阅读需求，是智慧图书馆实施动态精准阅读推广服务的基础和先决条件。情境感知技术具备动态获取和分析用户个性化需求以及行为偏好的能力，提高了动态精准地理解用户即时需求的可能性。

多位国内外学者从理论和实践的角度论证了用户的行为与决策受情境因素影响，将情境信息融入推荐服务模型的可行性和必要性。国外，Bettman、Mallat 等学者为推荐模型融入情境信息提供了理论支持。国内，庄贵军等人发现，在购物场景下，一些情境因素对用户的购买意愿有明显影响。[50]情境感知技术在电子商务、智慧图书馆参考咨询等领域得到广泛应用，也证明了其巨大的潜力。如：中国科学院图书馆基于此技术，为不同 IP 的用户推荐学科馆员或附近馆员，提供实时的咨询服务。[51]旅游领域的情境感知推荐系统，则根据用户所处的环境和位置，为其推荐匹配的餐馆和商店。[52]以上研究成果皆可为融合情境信息开展智慧阅读推广服务提供参考。

（二）构成要素

融合情境的智慧化阅读推广服务和其他融合情境的服务一样，离不开系统的支撑。厘清构成元素，是开发系统前的必要准备。用户、情境、资源是融合情境的智慧化阅读推广的核心要素，与之相关的分别是用户行为交互信息数据、与用户相关的情境数据、资源（实体资源、虚拟资源、空间资源）数据。通过科学的方式，收集、清洗多源多样态的数据，挖掘情境与用户阅读行为的潜在关系，并将其应用在融合情境的智慧阅读推荐服务中，实现动态、精准的阅读推广服务。

1.图书馆的用户情境数据

用户情境数据作为支撑智慧图书馆个性化服务的重要数据源之一，其获取、处理与分析的时效性及准确性至关重要。用户的情境数据有静态与动态之分。用户的静态情境信息，如其姓名、性别、专业背景及兴趣偏好等长期保持不变的特征。用户的动态情境信息是指引入用户动态情境的感知机制，通过一系列的智能终端设备进行数据采集，如智能手机、智能手环等，并利用其内置的蓝牙、NFC 等功能进行数据的交换和传输。此类设备不仅便于信息的实时采集，还有助于提高数据的质量和准确性。通过对此类数据的收集，图书馆能够对用户所在位置、用户的借阅历史、用户的情绪状态、当前天气等重要信息进行全面把握。其中，用户的位置信息能够帮助图书馆优化资源配置，提高服务效率；阅读历史则有助于图书馆为用户推荐更适合的读物，提高阅读推广服务的精准度；而天气和情绪状态，则可以影响到图书馆的室内环境调节，如光线、温度等，进一步提升用户的阅读体验。

2.图书馆用户的行为交互信息

图书馆用户的行为交互信息，是动态、精准的阅读推广服务的关键数据来源，由用户行为数据及社交网络信息构成。用户行为数据涵盖了检索、浏览、下载、收藏等多种行为。通过对此类数据进行分析，可以洞察用户的兴趣，预测其行为趋势。社交网络信息包括用户间的互动，此类信息可揭示用户群体的特征，帮助图书馆识别不同的用户群体的阅读偏好，促进馆藏资源与用户偏好的有效对接，从而为精准的阅读推广服务提供科学、有效的支持。

3.图书馆的馆藏资源数据

馆藏资源数据是智慧图书馆进行动态精准的阅读推广的客体，其内容多样、规模庞大，有结构化和非结构化的形式之分。随着语义技术的发展，当图书馆资源以多粒度语义的形式组织时，用户以自然语言表达检索需求。一站式知识发现平台首先抽取用户需求概念，将需求概念与知识元进行映射，聚集相关资源内容，并返还给用户知识元（细粒度）、知识单元（中粒度）、知识集群（粗粒度）三种粒度层次的知识，使用户获得所需的知识服务。[53] 此外，图书馆可通过多模态内容生成技术将知识转化为有声读物、短视频等具象化形式，帮助用户多维度感知知识，以便高效筛选知识的目标对象。这为精准、动态的智慧化推荐提供了丰富的资源基础。

4. 智能化推送工具

智能化推送工具作为融合情境的智慧阅读推广服务载体，致力于为广大用户提供智慧化、个性化的阅读体验。主要包括智能手机、平板电脑、智能穿戴设备、移动交互设备等终端，以及在这些终端上运行的应用程序。在此处，笔者仅对智能化推送工作做宏观、简要的介绍，主流的智能推送服务载体将在本章第四节单独介绍。

智能化推送工具不仅可以通过融合情境感知技术，全面掌握用户的需求和喜好，而且在当前信息爆炸的背景下，帮人们解决信息过载的问题。它能够根据用户的行为习惯、兴趣爱好、实时情境等信息，为用户推荐合适的阅读内容。这不仅有助于提高用户的阅读效率，还能让用户在繁杂的信息中找到自己真正感兴趣的内容。

智能化推送工具有以下几个特点：

（1）多样性：推送内容涵盖多种类型，如文本、图片、音频、视频等，满足用户多感官的阅读需求。

（2）个性化：根据用户的喜好和需求，为用户推荐相关阅读资源，实现精准投放。

（3）实时性：智能化推送工具能够实时获取用户的行为数据，动态调整推荐内容，确保用户始终接触到新鲜、热门的信息。

（4）交互性：用户可以通过终端设备与推送内容进行互动，如评论、点赞、分享等，提高用户的参与度和活跃度。

（5）智能化：利用大数据、人工智能等技术，智能化推送工具可以不断优化推荐算法，提高推送的准确性和满意度。

（6）安全性：智能化推送工具注重用户的隐私保护，确保用户的相关数据不被泄露。

（三）体系结构

智慧图书馆动态精准的阅读推广服务系统，利用情境感知技术，实时捕获含地理位置、光线亮度等在内的用户环境信息，洞察用户的阅读习惯、兴趣偏好等需求。通过大数据和人工智能技术对数据进行深度挖掘，为用户提供精准的阅读推广服务，如书籍推荐、阅读计划制定和学术研究支持。该体系结构包括情境感知层、数据处理分析层、动态精准的阅读推广层及用户应用层四个组成部分，见图6-6：

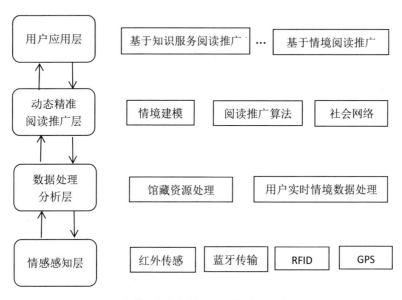

图6-6　智慧图书馆动态精准阅读推广服务体系结构

1. 情境感知层

情境感知层通过各类传感器设备，实时采集并分析情境数据，为上层的数据处理分析和动态精准的阅读推广提供坚实的数据基础。情境感知层的核心构成是一系列高性能的传感器，如红外线传感器、RFID 传感器以及 GPS 定位器等。这些传感器被精心部署在图书馆的各个角落，感知用户行为、图书期刊标识信息以及用户位置的实时变动。通过对这些信息的实时采集与处理，情境感知层得以准确把握用户所处的具体情境，从而为智慧图书馆的智能决策提供不可或缺的数据支撑。

2. 数据处理分析层

数据处理层是将用户在静态情境中的数据信息与智慧图书馆的动态情境数据相结合，并对用户动态情境数据进行细致分析，深入挖掘出用户的即时情绪和关注焦点，进而准确把握用户的实时需求。但在处理这些动态情境数据时，首要任务是筛选出与智慧图书馆精准阅读推荐无关的信息，因此数据处理分析层会对这些数据信息进行严格辨识，确保剔除所有无关紧要的信息。随后，利用匹配条件知识库对筛选后的数据进行有针对性地选择，确保选取的数据信息能够满足实际需求。[54] 在这一过程中，参数条件阈值的设定显得尤为关键，它直接决定了数据信息的准确性和可靠性。

3. 动态精准的阅读推广层

动态精准的阅读推广层，其主要作用是利用数据处理分析层的用户情境感知信息、资源整合信息，为用户实时推荐与其当前情境相匹配的阅读资源，达到动态精准的阅读推广的目的。该层运作的核心在于其对智慧图书馆知识图谱和用户兴趣画像知识图谱的有效利用。以标签化的方式构建用户画像知识图谱（含情境信息），体现了用户之间的关联性，可以发现与其相似度较高的其他用户，将相似用户在特定情境下感兴趣的知识单元推荐给相关用户。

4. 用户应用层

用户应用层包含融合情境的智慧阅读推广服务、各类移动终端的 App 应用和对应的 Web 网站，向用户展示具有动态特性的精准阅读推广结果。通常情况下，该层提供的服务功能主要包括阅读信息的推广、新书的到馆提醒以及关注资源的更新提醒等。在情境融合技术的加持下，用户应用层除了提供上述基础服务外，还能为用户推送基于"用户—情境—资源"模式个性化的服务内容。[55]例如根据用户的位置实时推荐附近的图书资源、目录信息等。用户通过这一界面，能够与智慧图书馆进行实时的互动交流，以满足他们的知识需求。

信息资源过载（Information Overload）现象愈发严峻，用户急需有效工具来快速、准确地获取所需的信息资源。推荐系统通过分析和预测用户需求帮助用户实现信息过滤，因此逐渐成为解决信息过载问题的重要手段之一。[56]情境感知推荐是推荐系统发展过程中的重要阶段，其核心思想是将情境信息融入资源推荐的过程中，以此提高资源推荐系统的准确性。作为资源推荐的重要技术，情境感知推荐吸引了各领域的广泛关注，逐渐成为资源推荐研究的重要组成部分。

第四节
·············

智慧图书馆阅读推广的载体

智慧图书馆存在的重要价值之一，在于其可以提供智慧化服务，这些服务极大地提升了用户的体验和管理效率。智慧化的阅读推广服务是智慧服务的重要组成部分，其依赖于相应的载体。智慧图书馆的阅读推广载体，并不是平地起高楼，而是在移动阅读推广载体的基础上发展演变而来。本小节将对目前智慧图书馆主流的阅读推广载体进行详细介绍。

一、基于智慧图书馆 App 的阅读推广

智慧图书馆 App 是智慧化阅读推广的有力抓手，是移动阅读推广载体的升级版。移动阅读推广载体的相关内容在本书第五章，故在此不再赘述。智慧图书馆 App 也需要用户登录方可使用全部功能，只不过其登录的方式相较于移动阅读推广 App 更加多元，包含用户名和手势密码、人脸识别等密码方式。智慧图书馆 App 不仅是图书馆开展智慧化阅读推广的终端，还是图书馆收集用户信息、行为信息、情境信息的工具，亦是用户阅读的载体。因而，智慧图书馆 App 在解决信息过载、方便用户、服务泛在化等方面有着种种优势，可以为用户提供不打烊的资源服务。

（一）智慧图书馆 App 的设计

随着移动网络基础设施的不断完善和智能移动终端设备的普及，移动终端设备早已成为人们获取信息资源服务的主要平台。知识图谱、人工智能、数据挖掘技术的发展与应用，为图书馆智慧化服务的升级创造了许多机会。图书馆抓住这一发展契机，实现从传统数字图书馆单向服务向双向、泛在化的智慧服务转型。图书馆智慧 App 的设计谨遵"以用户为中心，面向用户需求"的原则。

智慧图书馆的 App 设计需要关注以下内容：在"资源检索与推荐"维度，需要保留移动图书馆 App 中资源检索、资源推荐、预约、收藏、评论、荐购资源等功能，只是以上功能的实施是以知识库为基础，而不是传统的关系数据库、数据仓库等；在"数字阅读"维度，让阅读对象范围尽可能广泛，包含电子书、有声读物、期刊、视频、展览等形式。在不远的将来，一些由用户生成、经过馆员审核的有价值的知识内容也可能成为其他用户的阅读对象；在"特殊群体服务"维度，在移动图书馆 App 的基础上增加用户模式切换功能，提供老年模式、视障模式、未成年人模式；在"个性化服务"维度，提供更加智能化的个性化服务选择，帮助用户获得更加精准的服务体验；在"个人和共享空间"维度，支持用户创建、分享个人知识空间，与其他用户互动交流合作共享；在"馆员反馈"维度，帮助馆员多维度掌握用户行为、资源使用情况等。此外，智慧 App 应用是否简单易用、界面是否美观、互动性是否良好、是否开放结构可扩展等都是在智慧 App 的设计过程中需要关注的要点。

（二）智慧图书馆 App 的框架

智慧图书馆 App 的架构主要分为四层：基础设施层、大数据层、软件服务层以及用户层（如图 6-7）。基础设施层负责提供虚拟化的计算、存储和网络资源；大数据层则包括收集、清洗、分析多源多模态数据；软件服务层向移动用户提供一系列的功能模块，包括身份认证、行为分析、个性化服务、资源管理、接口管理等。[57] 通过图书馆的统一认证系统，App 用户可以轻松登录，从而简化账号管理流程。用户层指的是移动图书馆客户端的用户，该客户端支持 iOS 和 Android 的操作系统，以满足不同移动设备的需求。

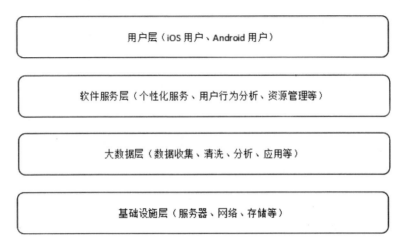

图 6-7　智慧图书馆 App 框架图

（三）智慧图书馆 App 的实践

目前，众多图书馆都可提供基于移动图书馆 App 的阅读服务。此类 App 与图书馆的门户网站类似，两者都是图书馆与用户之间的桥梁，提供的功能和服务基本一致。图书馆出于经济、技术能力等因素考量，大多与系统开发商、书商等第三方合作开发本馆的 App，常见的有如：北京书生和超星公司的移动图书馆、汇文的掌上汇文图书馆等。这些 App 已经完全实现了书籍的查找、借还、预约和续借等基本服务，部分实现了馆际互借、文献传递、热门借阅、热门收藏、有声读物提供、电子借阅服务、基于语义的知识一站式发现服务等非个性化的一般性服务。近几年，随着数据挖掘、人工智能、智能感知技术的发展，这些 App 在向智慧化 App 转型，它们充分利用天然移动特性，增加了展览资源导航、场馆导航、扫码借阅、移动存储等功能。部分高校的图书馆在构建资源图谱、场景图谱、用户图谱方面，做了许多探索，为开展基于图谱的个性化阅读服务做出了有益尝试。

二、基于微信的智慧图书馆阅读推广

无需下载、安装，即搜即用的应用和服务，被称为轻应用，它可以打破不同应用App之间的壁垒。轻应用相对于App类应用，从开发者的角度分析，具有开发成本低、管理便捷、互动性强等优势；从使用者的角度分析，使用方便、门槛低，无需安装应用程序，即搜即用。此外，轻应用更为突出的优势，是它可以嵌入用户体量大的超级App，如微信、B站、抖音、微博等，下文以基于微信App开发智慧图书馆阅读推广的轻应用为例。

处于智慧化转型中的图书馆，借力轻应用思维，开发满足用户个性化阅读需求的轻量级应用小程序，这些小程序能够嵌入超级应用微信中，或者构建基于微信公众号的微服务平台。不断提升智慧阅读推广服务的便利性，降低用户的使用成本。智慧图书馆可借助微信庞大的用户群体，实现用户随时随地通过微信平台访问图书馆的资源与服务，共享数字阅读的便捷，从而进一步深化阅读推广活动的实施。此外，对于超级App自身而言，此类轻应用可以帮助其进一步拓展服务功能。

（一）智慧图书馆的微服务、轻应用框架及内容

智慧图书馆基于微信平台开发的阅读推广微服务和轻应用，不仅能够整合各种微服务资源数据，还能持续优化移动服务的质量，从而满足用户多样化的需求。近年来在软件架构模式领域，兴起的微服务架构模式是轻应用和微服务开发的前提条件。这种软件架构模式将复杂的系统分解为一系列小的、独立的、松耦合的服务。这些服务在逻辑上相互独立，但在整体上又能够协同工作，形成一个统一的系统。以此为基础，构建智慧图书馆的微服务体系，建设框架模型（如图6-8）：

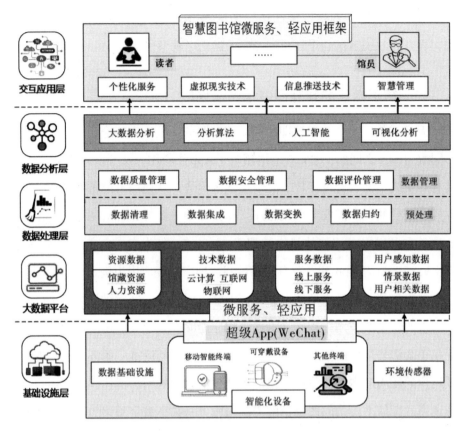

图 6-8　智慧图书馆微服务、轻应用框架图

　　该框架建立在大数据平台之上，它由小程序和微服务的驱动机制所支撑。整个框架主要由五个层次构成，分别是基础设施层、大数据平台、数据处理层、数据分析层以及交互应用层。[58] 其中，基础设施层提供必要的物理设施来确保整个体系的规范性和稳定性。此外，它还负责制定一系列微服务和小程序的应用规则。大数据平台位于体系的核心位置，它负责整合所有微服务和轻应用所需的数据资源，并将这些数据资源存储在云端。数据处理层则专注于对整合后的数据进行预处理和管理，提高数据的质量和可用性。数据分析层利用各种数据分析工具和技术，实现对存储在云端的智慧图书馆数据资源的高

效调用，通过挖掘数据中的潜在价值，为用户提供更加精准和高效的服务。

交互应用层则通过各种技术手段，帮助用户更便捷地获取所需信息，同时也为馆员提供智慧管理的工具，从而实现用户、轻应用、微服务平台以及图书馆资源之间的无缝连接。通过这种方式，交互应用层不仅提升了用户体验，还提高了图书馆的整体运营效率。

（二）智慧图书馆的微服务、轻应用实践

近年来，与基于微信 App 开发的微服务和轻应用相关的图书馆实践案例越来越多。处于智慧化转型中的图书馆，第一，要引起重视，确保有资金、人才的投入，以便不断完善与微服务体系相关的基础设施，提升馆员的智慧服务能力，强化微服务宣传。第二，通过构建用户画像和使用场景识别技术，实现资源和服务的情景化推荐，满足用户的个性化需求，提升服务的匹配度。第三，由于微服务与用户互动频繁，便利生活的同时增加了隐私泄露的风险，智慧图书馆需要不断升级云平台和大数据技术安全框架，通过加密和存取控制，提高数据的安全性，明确数据所有权，并持续关注新技术发展，探索其在数据安全上的应用。第四，智慧图书馆可以通过创新，加强与传统服务和微服务的融合，增强产业互联。智慧图书馆利用内容聚合、品牌集群形成的轻应用矩阵，将整个图书馆的核心产业连接起来。如：图书馆可以与数字创意产业连接，将特色文化资源以 IP 为核心，进行品牌化推广等，将数字创意产业等分散的不同产业连接在一起，形成智慧图书馆的产业集群，以达到规模效应。

微信这个超级 App 为图书馆提供独树一帜和别具一格的图书馆智慧服务，提升了图书馆在大众心中的地位，真正实现了图书馆的服务价值，为用户提供了职责所在的智慧服务。智慧图书馆在发展转型的过程中，可以进一步寻求与微信等超级 App 的融合发展之路，把智慧化阅读推广之路走宽、走实。

参考文献

[1] 刘佳 . 高校图书馆学科知识服务模式研究 [D]. 吉林大学 , 2007.

[2] 陈勤 . 高校图书馆核心价值的学理思辨及实践研究 [J]. 晋图学刊 , 2009, (04):1—4.

[3] 李玉玲 . 图书馆知识服务模式的研究 [D]. 吉林大学 , 2006.

[4] 黄如花 . 国内外信息组织研究述评 [J]. 中国图书馆学报 , 2002, (01):63—66.

[5] 刘洪波 . 图书馆知识组织的新思路 [J]. 图书与情报 , 1992, (01):1—7.

[6] 王知津 , 王乐 . 文献演化及其级别划分——从知识组织的角度进行探讨 [J]. 图书情
报工作 , 1998, (01):5—8.

[7] 付小红 . 知识组织论 : 概念、内容与意义 [J]. 图书馆 , 2003, (05):8—11.

[8] 庄子逸 . 重视知识与 "知识宝库" [J]. 图书馆杂志 , 1983, (03):3—6.

[9] 彭修义 . 以文献知识为动力推进图书馆学理论研究与系科革命 [J]. 图书馆 , 1998,
(6):7—12.

[10] 陈晓波 . 深化文献信息服务的环境分析与战略定位 [J]. 图书馆理论与实践 , 1998,
(3):17—20.

[11][17] 张晓林 . 走向知识服务 : 寻找新世纪图书情报工作的生长点 [J]. 中国图书馆学
报 , 2000, (05):30—35.

[12] 田红梅 . 试论图书馆从信息服务走向知识服务 [J]. 情报理论与实践 , 2003,
(04):312—314.

[13] 罗彩冬 , 蔡莉静 , 陈春英 . 让知识管理走进高校图书馆 [J]. 情报杂志 , 2003,
(08):117—119.

[14] 尤如春 . 论网络环境下的知识服务策略 [J]. 图书馆 , 2004, (06):85—87.

[15] 任俊为 . 知识经济与图书馆的知识服务 [J]. 图书情报知识 , 1999, (01):28—30.

[16] 周文荣 . 知识经济时代的图书馆功能探析 [J]. 图书情报知识 , 1999, (02):17—19.

[18] 李智敏 . 不可轻言 "知识服务" ——关于知识服务能否作为图书馆核心能力的

讨论 [J]. 图书馆杂志 , 2005, (10):6—9.

[19] 黄连庆 . 知识服务是不是 "操作陷阱"?——关于知识服务能否作为图书馆核心
能力的讨论 [J]. 图书情报工作 , 2006, (09):140—142.

[20] 刘泽 , 孙文娉 , 邵波 . 我国智慧图书馆理论研究与实践应用综述 [J]. 图书情报工作 ,
2023, 67(13):4—13.

[21] 李书宁 , 刘一鸣 .ChatGPT 类智能对话工具兴起对图书馆行业的机遇与挑战 [J]. 图
书馆论坛 , 2023, 43(05):104—110.

[22] 刘忠宝 , 赵文娟 , 张兴芹 . 大数据环境下数字图书馆跨媒体知识发现与服务研究 [J].
图书馆工作与研究 , 2023, (08):52—58.

[23] 王忠义 , 夏立新 , 王伟军 . 云环境下数字图书馆知识管理研究 [J]. 情报科学 , 2015,
(3):13—17.

[24] 韩家炜 , 坎伯 . 数据挖掘：概念与技术 [M]. 北京：机械工业出版社 ,2001:232—233.

[25][27][30] 柳益君 , 李仁璞 , 罗烨 , 等 . 人工智能 + 图书馆知识服务的实现路径和创
新模式 [J]. 图书馆学研究 , 2018, (10):61—65+42.

[26] 何胜 , 熊太纯 , 柳益君 , 叶飞跃 , 潘瑜 . 基于 Spark 的高校图书馆文献推荐方案及
实证研究 [J]. 图书情报工作 , 2017, (23):129—137.

[28] 刘忠宝 , 赵文娟 , 张兴芹 . 大数据环境下数字图书馆跨媒体知识发现与服务研究 [J].
图书馆工作与研究 , 2023, (08):52—58.

[29] 李涛 , 王次臣 , 李华康 . 知识图谱的发展与构建 [J]. 南京理工大学学报 , 2017,
41(01):22—34.

[31] 郭利敏 , 葛亮 , 刘悦如 . 卷积神经网络在古籍汉字识别中的应用实践 [J]. 图书馆论
坛 , 2019, 39(10):142—148.

[32] 布优祥 , 刘凡莹 , 陈苗 , 等 . 国外自然语言处理研究主题可视化分析 [J]. 中国医药
导刊 , 2018, 20(05):302—307.

[33][35][38] 李恒威 , 王昊晟 . 人工智能威胁论溯因——技术奇点理论和对它的驳斥 [J].

浙江学刊, 2019, (02):53—62+2.

[34][36][37] 张鲁殷, 胡晓君, 周森林, 等. 人工智能的塑造论哲学审视 [J]. 理论学习, 2008, (11):61—62.

[39][40][45] 伍涛. 基于富语义的数字图书馆个性化推荐服务系统构建 [J]. 情报探索, 2022, (03):123—128.

[41] 陈安琪, 金昆, 陶兴华, 等. 基于知识图谱的图书馆智能化资源推荐系统架构与优化策略 [J]. 图书馆界, 2023, (02):21—25.

[42] 张彬, 徐建民, 吴姣. 大数据环境下基于知识图谱的用户兴趣扩展模型研究 [J]. 现代情报, 2021, 41(08):36—44.

[43] 熊拥军. 数字图书馆个性化服务资源推荐模式分析 [J]. 图书馆, 2014, (02):132—134.

[44] 耿化聪, 梁宏涛, 刘国柱. 基于知识图谱与协同过滤的饮食推荐算法 [J]. 计算机与现代化, 2021, (08):24—29.

[46] 杨金庆, 程秀峰, 周玮珽. 基于情境感知的资源推荐研究综述与实践进展 [J]. 现代情报, 2020, 40(02):153—159+167.

[47] 李梦婷. 基于情境感知的 OPAC 系统个性化图书信息检索研究 [D]. 华中师范大学, 2021.

[48] 冯君. 图书馆智慧参考咨询服务模式及发展路径探析——以贵州省图书馆为例 [C]. 中国图书馆学会, 郑州市人民政府. 中国图书馆学会年会论文集（2023年卷）. 贵州省图书馆, 2023:5.

[49] 江立宇, 习海旭. 情境感知视域下移动图书馆服务系统模型构建策略 [J]. 江苏科技信息, 2023, 40(13):63—65+80.

[50] 庄贵军, 周南, 李福安. 情境因素对于顾客购买决策的影响 (一个初步的研究)[J]. 数理统计与管理, 2004, (04):7—13.

[51] 周宁丽, 张智雄, 初景利. 用户需求嵌接、流程驱动、情景敏感型 9-9 网络参考咨询服务——中国科学院国家科学图书馆网络参考咨询服务新进展 [J]. 图书情报工作, 2007, (10):100—103.

[52] 赵志峰, 李志伟. 旅游情境中地方餐饮品牌真实性维度及其对推荐意愿的影响机制 [J]. 热带地理, 2023, 43(07):1351—1363.

[53] 陈燕方. 基于多粒度的图书馆知识服务创新 [J]. 数字图书馆论坛, 2018, (03):25—30.

[54][55] 张婷婷. 融合情境的智慧图书馆动态精准阅读推广服务研究 [J]. 图书馆研究与工作, 2022, (12):56—61.

[56] 杨金庆, 程秀峰, 周玮琑. 基于情境感知的资源推荐研究综述与实践进展 [J]. 现代情报, 2020, 40(02):153—159+167.

[57] 魏群义, 廖维, 沈敏. 智慧图书馆 App 的设计与实现 [J]. 图书馆论坛, 2017, 37(07):22—26.

[58] 周玲元, 杨淋云, 陈洪斌. "轻应用" 背景下智慧图书馆微服务体系建设框架模型 [J]. 高校图书馆工作, 2022, 42(06):38—42.

第七章

公共图书馆智慧阅读推广的实践探索

　　智慧图书馆，这一融合了云计算、大数据、物联网、人工智能等前沿技术的产物，其建设过程是一项宏伟且复杂的系统工程，目前已初见成效。在智慧化人文理念的推动和人文环境的营造下，阅读推广的主体、对象、内容和方法都经历了显著的变革。公共图书馆作为阅读推广的重要主体，在智慧化阅读推广的探索与实践中不断前行。本章将聚焦于智慧图书馆如何在全媒体、碎片化、整体营销等环境与理念的影响下开展阅读推广服务的实践，并对智慧化阅读推广进行深入的分析和评价。希望通过实践探索公共图书馆智慧阅读推广的发展和完善路径，为用户提供更优质、更便捷和更个性化的阅读服务，进而推动全民阅读风尚的形成。

第一节

智慧图书馆全媒体阅读推广实践

全媒体的运营已经从最初的传媒行业发展到通信、图书出版等多种行业。全媒体的快速发展改变着智慧图书馆的生存环境，不可避免地影响着智慧图书馆的阅读推广发展方向。

一、全媒体概念解读

百度百科对"全媒体"的定义为：媒介信息传播采用文字、声音、影像、动画、网页等多种媒体表现手段（多媒体），利用广播、电视、音像、电影、出版、报纸、杂志、网站等不同媒介形态（业务融合），通过融合的广电网络、电信网络以及互联网络进行传播（三网融合），最终实现用户以电视、电脑、手机等多种终端均可完成信息的融合接收（三屏合一），实现任何人、任何时间、任何地点以任何终端获得任何想要的信息（5W）。这个定义与传统意义上的定义不同，仅仅是描述了全媒体所涉及的内容，可见给"全媒体"这个新生事物下定义的难度。

随着新的媒体形式出现和持续变化，媒体内容、渠道、功能层面的不断融合，"媒体"一词已难以全面涵盖不断涌现的新现象，为了更准确地描述这一发展趋势，人们开始使用"全媒体"这一概念去包罗更丰富的内容。"全媒体"至少有两层意思：首先它应该是多媒体的含义，其次它应该是一个融合的概念。也就是说，全媒体不是某一种媒体形态，而是多种媒体的深层次融合与协同发展。

如何实现各种媒体的融合和协同，可以尝试通过新型的融合媒介去实现。以传媒行业中基于融合媒介的全媒体生产与信息发布平台为例，一是从全媒体内容产品生产的角度看，融合媒介展现出了其独特优势，它可以实现内容对形式的优化决策，高质量的内容与传播形式的精准匹配，提升了传播的整体效果和市场价值的增值。二是从媒体运营的角度看，融合媒介的实施对于传媒企业而言，具有显著的集约化经营优势。通过整合不同的媒介资源，企业能够有效降低内容成品的生产成本，进而提升经济效益，并在激烈的市场竞争中形成独特的核心竞争力。三是从媒介生态学的角度看，融合媒介不仅推动了传媒产业的迭代更新与整体升级，更深刻体现了媒介演进的必然规律。[1]

二、全媒体的特点

尽管全媒体尚未获得一个正式定义，但这并不妨碍人们概括它的特点。

（一）全媒体是人类掌握信息的手段集成

在媒介分类方面，根据传播载体（工具）的差异，可将媒介划分为报纸、杂志、广播、电视、音像、电影、网络等类别。另外，依据传播内容所依赖的技术平台进行分类，除了传统的纸质和声像媒介，还包括基于互联网和电信技术的 WAP、GSM、CDMA、GPRS、3G、4G 以及 5G 等。所谓全媒体，指的是相关传播技术和手段的全面、综合与集中的应用。

（二）全媒体与传统媒体的单一表现形式并不矛盾

在整合应用各类媒体表现形式的过程中，传统媒体的单一展现方式以其独特的传播价值和影响力受到人们的高度重视，人们将其视为全媒体生态中不可或缺的一环。正如俗语所言："没有单就没有双，没有个别就没有一般"，这充分展现了全媒体在数量和种类上的丰富多样性，与传统媒体的单一表现形式并不矛盾。

（三）全媒体不是媒体的叠加，而是深层次融合

全媒体的深层次融合，包括但不限于多种不同的传播手段发布的信息，让受众沉浸于各种不同形式的信息传播载体中。此外，网络媒体之间、网络媒体与传统媒体的全面互补、互动、互融等，如手机电视、网络电台等类似的融合，使信息传播的立体效果更强，建构出一种全景化、立体化的服务格局，为用户提供了更为丰富、全面和深入的信息体验。

（四）全媒体表现为大而全，对受众个体提供细分服务

同一条信息，可以用多种形式表现，即面对同一事实或内容，全媒体可以根据受众的个性化需求，通过不同媒介进行多种形式或手段的传播。如呈现某图书馆的信息时，可以采用图文结合的方式，静态描述各楼层的布局信息。基于音、视频技术为用户提供动态信息，使其能够更直观地了解图书馆的情况。对于移动终端用户，不仅可提供在线观看功能布局的三维展示服务，还可参与在线借阅图书等互动小游戏，使用户能够更加方便、直观地获取该图书馆的相关信息。

三、全媒体对图书馆阅读推广的影响

全媒体并非将若干单一媒体进行简单叠加，而是依据事实性质、用户需求、传播目的等因素对相关传播形式、渠道的综合运用。全媒体相较于跨媒体，在于其以更经济的视角，全面整合各类媒体形态，使得不同类型的媒体既能独立运作，发挥其独特功能，又能协同作战，相互协作，构建媒体矩阵，实现规模效应。各媒体从不同角度影响细分市场的目标用户，以期达到投入最小、传播效果最佳、产出效益最优的目标。

图书馆作为收集、存储信息资源的专业机构，在提供各类资源和服务的过程中始终面临着各种各样的挑战，阅读推广作为图书馆的核心服务之一，同样面临诸多考验。随着全媒体时代的全面到来，图书馆在阅读推广领域受到了前所未有的影响。

（一）全媒体环境下图书馆阅读推广的机遇

1. 积累海量全媒体资源

在全媒体环境下，智慧图书馆致力于构建集实体资源、数字化资源、原生数字资源与创新型数字资源于一体的全媒体资源体系，并持续推出高质量的知识产品，吸引并稳固用户群体。针对用户需求的多样化趋势，图书馆采取了精准有效的信息采集与加工策略，通过自建特色资源、购买商业资源及与其他机构共享等多种方式，满足用户多元化的学习与研究需求。

2. 立体化阅读推广

图书馆海量资源以不同的形态分布于各类独立的数据库中，由于存储与组织的方式不同，成为一个个信息孤岛，无法为用户的主题阅读提供立体化的服务。关联数据、知识图谱是近年来逐渐兴起的数据组织和管理技术，它们在智慧图书馆的资源组织方面具有广泛的应用前景。关联数据和知识图谱通过对图书馆资源进行结构化描述，可以实现对资源之间的关联性、相似性以及互补性的揭示，从而提高资源的再利用价值。同时，通过运用本体论（Ontology）等方法，规范化描述图书馆资源的元数据，可以进一步提升资源组织的准确性和一致性。如：在上海图书馆开发的"从武康路出发"的应用中，用户可以基于位置获取武康路上名人故居的建筑信息、名人信息、与名人有关的馆藏介绍以及与名人相关的其他知名人士的介绍。

3. 个性化、精准化的阅读推广

基于关联数据、知识图谱描述全媒体资源，智慧图书馆可以构建全媒体资源的画像，通过对用户行为的挖掘和分析，结合用户的兴趣、需求和背景知识进行建模，构建用户画像，从而为用户提供个性化、精准化的阅读推广服务。

4.智能检索与问答系统

关联数据和知识图谱在智能检索与问答系统等自助式智慧图书馆的服务应用方面具有显著优势。通过对图书馆资源进行结构化的组织和表达，智慧图书馆可以实现对用户查询的精准匹配和快速响应。此外，知识图谱还可以支持多轮对话和上下文理解，使得问答系统能够更好地理解用户需求，提供满意的答案，辅助用户开展广义的阅读。

（二）全媒体环境下图书馆阅读推广面临的挑战

1.跨界竞争态势明显

全媒体时代的来临，使得用户更倾向于选择网络终端获取信息，不再局限于广播、电视、报刊三大传统媒体。这种现象在图书馆领域也广泛存在，图书馆纸质资源的吸引力下降，流通数据不尽如人意。

2.用户的阅读习惯改变

在全媒体时代，因各种新媒体的涌现，阅读载体呈现出数字化、多元化的特征。数字化阅读以其丰富的信息资源、高效的获取途径、直观的感官体验，影响着用户的阅读行为。越来越多的用户进行数字化阅读，且这一趋势日益显著。搜索式、标题式、订制式、跳跃式等"浅阅读"的阅读方式已成为用户首选的阅读方式。数字阅读支撑技术的发展和应用，为信息的生产者与接收者提供了交流互动的平台与空间，不断丰富信息内涵，还进一步拓宽了信息传播的空间。

3.信息资源多样化

图书馆作为搜集、整理、保存、利用信息资源的专业机构，在历史长河中，相当长的一段时间内具备独特的信息资源搜集与储存优势。但在全媒体时代，图书馆在全媒体资源的建设过程中，紧张的资源建设经费与高速增长的资源数量之间的矛盾愈发凸显。

4. 数字阅读趋势强劲

2023 年 3 月，CNNIC 发布的第 51 次《中国互联网络发展状况统计报告》数据显示，截至 2022 年 12 月，我国网民规模达 10.67 亿，互联网普及率达 75.6%。《第 21 次全国国民阅读调查》数据显示，2023 年我国成年国民图书阅读率为 59.8%，数字化阅读方式（网络在线阅读、手机阅读、电子阅读器阅读、Pad 阅读等）的接触率为 80.3%，成年国民的数字化阅读倾向进一步增强，手机移动阅读成为主要的阅读形式。对各类数字化阅读载体的接触情况进行进一步分析后发现，2023 年有 78.3% 的成年国民进行过手机阅读，26.8% 的成年国民在电子阅读器上阅读，36.3% 的成年国民通过听书的方式进行阅读，通过视频讲书的方式进行阅读的有 4.4%。[2]

自 2014 年起，政府工作报告连续十一年强调"全民阅读"，同时，中宣部等相关部门着重推动数字阅读发展，构建学习型社会。在 2021 年 4 月第七届中国数字阅读大会上，与会者深入探讨了全媒体时代背景下数字阅读理念、方式与实践的创新路径。对于图书馆而言，尽管阅读的本质始终未变，但阅读的形式已发生显著变化，图书馆必须适应这一变化，积极调整阅读推广工作的策略与方式。

5. 用户信息需求多元化、个性化

全媒体环境下，人们可以泛在化地通过各类终端获得所需信息。信息传播方式的变革引发了图书馆与用户之间的信息传播格局发生变化。多元化的阅读方式选择在一定程度上降低了用户对图书馆的依赖。图书馆需不断适应用户的阅读习惯和信息需求，引进先进技术，寻求创新的服务方式，以提供个性化、深层次的服务。

6. 传统阅读推广方式受冷，线上阅读推广尚未成为主导

在全媒体环境下，图书馆运用传统单向信息传播手段，难以引起民众的参与欲望，故开始尝试线上阅读推广实践探索，尤其是 2020 年突发的新冠

疫情，加速了图书馆线上阅读推广的进程。"4·23"世界读书日期间，馆长直播、名人领读、云端讲座、线上展览、阅读打卡以及网络音乐会等活动纷纷亮相，在微信、抖音、微博等各大平台共同推动，引领全民步入"云阅读"的新阶段。原本被视为"权宜之计"的线上模式，实际上拓展了图书馆服务的时间和空间，已逐渐成为当前图书馆阅读推广的趋势，但并未成为阅读推广活动的主导。

四、智慧图书馆全媒体阅读推广案例

阅读载体正在变得越来越多元，电子书、有声书、音视频等多元化的呈现方式让阅读变得丰富多彩。用户所追求的阅读内容，也从传统的图文读物扩展到了音视频、XR、VR 等领域。与此同时，大数据、人工智能、云计算、5G、虚拟现实等新一代信息技术的持续发展，为智慧图书馆的全媒体阅读推广服务提供了更加强大的支持。

（一）阅读马拉松

1. 基本情况

阅读马拉松组委会自 2014 年在我国上海创立以来，凭借创新技术与多元化产业的深度融合，培养了众多符合"互联网时代成熟阅读者"标准的读者。后续的"阅读马拉松"活动，由长三角地区各省级图书馆依次承办，江浙沪皖四地同步开展赛事。[3] 通过各方的协同合作，共同完成阅读挑战，营造社会公众一起参与阅读的氛围，对于推动全民阅读具有重要意义。

2. 主要流程

阅读马拉松活动的组织实施过程中，采用统一的标准和流程，公告发布详尽的活动方案，并设计具有辨识度的活动标识。随后，招募志愿者，确保活动的顺利进行，并制定详细的工作进度表以监控活动进展。充分利用图书馆的微信公众号、官方网站以及电子大屏等多元化渠道进行全方位宣传阅读马拉松活动，同时开放报名通道，欢迎公众踊跃参与。

开赛流程为：微信报名→五人组队→系统抽签→现场签到→线下阅读→线上答题。参赛者在六个小时内阅读一本未出版的图书，阅读完毕后归还图书，扫码答题。最终成绩为实际阅读时间减去答题成绩的折算时间，用时最少的阅读者获胜。在 2020 年长三角区域的"阅读马拉松"活动中，参赛选手于赛事结束后，可将比赛用书以漂流方式传递给身边友人，待其阅读完毕后，书籍继续漂流，从而构建出独特的书本漂流网络。同时，借助阅读马拉松的"i 漂流"平台，所有参与书籍漂流的阅读者信息均将得到精准记录。阅读者可在平台上留下个人感言，分享在相同漂流链上的阅读心得，亦可实时追踪其他漂流链的阅读动态，促进阅读文化的交流与传播。通过这个环节补足阅读马拉松活动持续性不强与覆盖面不广的缺点。[4]

3. 措施及成效

长三角区域的"阅读马拉松"活动持续多年的成功举办，得益于全媒体技术的支持。在活动前期整合电视、广播、图书馆网站、其他文化单位网络平台、自媒体等优势，通过全方位、多渠道、多角度、立体化的宣传策略，力求最大限度地点燃用户参与"阅读马拉松"活动的热情。

在"阅读马拉松"活动的实施过程中，采用线下阅读、线上答题相结合的方式，创新了阅读活动的参与形式，不断提高活动的互动性，激发公众的参与热情。在活动期间还通过线上直播的方式实现了参赛者与观众之间的多向、多维度分享，显著提升了阅读者之间的互动性。这种形式既顺应了现代社会生活数字化阅读、碎片化阅读的潮流，也满足了人们移动阅读和即时阅读的需求。"阅读马拉松"活动结束后，在全媒体平台（微博、微信公众号）发布相关主题的读书座谈会、亲子共读、影视剧观赏等衍生活动中知识互动的情况。

"阅读马拉松"融合、设计多种阅读活动方案，充分利用现有的全媒体技术，让线上线下的阅读推广活动更加灵动，通过全媒体阅读平台，带动全民阅读大互动。

（二）古籍全媒体阅读推广

1. 基本情况

2022 年，古籍保护利用作为丰富人民群众精神文化生活方式之一被首次写入政府工作报告。图书馆有责任也有义务扮演好优秀传统文化传播者的角色。在图书馆智慧化转型过程中，古籍资源阅读推广的对象已不再局限于传统实体纸本古籍，而是涵盖了资源物理保存、修复加工、数字化处理、可视化展示及知识化服务五个阶段。[5]

2. 基于全媒体的古籍阅读推广的流程、措施、成效

纸本古籍，由最初的重藏不用到如今重藏亦重用的转变，其早期阅读推广的方式一般以书影展览、"晒书"、阅读分享会、古籍装帧、修复体验、版本鉴定等形式开展，但推广效果不尽如人意。近年来，一些图书馆在全媒体理念的启发下，融合运用全媒体技术开展阅读推广活动。在国家图书馆的《红楼梦》阅读推广活动中，国图将多个版本的《红楼梦》影印出版、展示传播，在国图自有的文津讲坛、国图讲坛、文津艺术讲坛等品牌讲座活动中，分别开展了《红楼梦》相关主题的讲座活动，并通过数字图书馆推广工程专网直播，四川、山东、天津等四十余家省、市、县级图书馆的读者同步观看了讲座直播。与讲座同步推出的还有视听阅览专架、邮票展、电影展映、"我与大咖相聚在国图"、学生征文等活动，更直接地将参与者引向对《红楼梦》的阅读。[6]

数字化古籍，实现了古籍泛在化的查询与阅读功能，并为古籍的语料库构建与知识化转型奠定基础，而这一切为古籍的阅读推广提供了无限的可能。在四川大学图书馆的"如是古籍数字化平台"应用中，以用户为中心，从晦涩难懂的文字结构出发，将古籍文字的偏旁部首完全打散，让用户从认

字过程中由浅入深地感受古籍的魅力，进而增强用户与古籍之间的黏性。[7]
此外，四川大学图书馆通过微信公众号"古小微"、短视频，以"讲故事"
或"书评"的形式，生动展示了四川大学图书馆丰富的古籍文献收藏，涵盖
了对各学科历史脉络的梳理、多学科古籍文献的阐释、线上线下古籍阅读活
动的推广、古籍保护工作以及古籍服务等阅读推广活动。同时，利用微信公
众号可留言、转发、分享等特点，实现分众化传播；发挥微信"平台"的功
能，邀请用户参与到内容的创作，引导用户由被动接受阅读推广转变为主动
接纳与认同，进而积极且主动地投身于古籍阅读推广活动之中。

可视化古籍，打破了古籍与用户之间的最后一道屏障，降低了古籍阅
读与理解的门槛，更有可能唤起用户对古籍内容的共鸣。上海图书馆运用
GIS、知识图谱、社会网络分析等可视化技术对数字资源进行深度加工和包
装，消除用户与古籍内容之间的理解障碍，同时吸引古籍爱好者积极参与阅
读推广活动。

GIS 技术可以帮助图书馆构建古籍地理信息系统，将古籍中的地理信息
进行标注和可视化处理，使得用户能够更加直观地了解古籍所描述的地域环
境和历史背景。社会网络分析可以帮助挖掘古籍中的社会关系网络，再通过
可视化的方式对古籍中的人物关系进行分析，有助于读者更好地理解古籍中
的人物角色及其命运，从而加深对古籍内涵的理解。

知识图谱作为一种表示和存储知识的方法，可以帮助图书馆构建古籍知
识体系。通过将古籍内容进行结构化处理，形成有序的知识图谱，图书馆可
以为广大用户提供更为精准、便捷的知识服务。这不仅有助于吸引古籍爱好
者加入阅读推广活动，也有利于提高古籍在图书馆的利用率。

可视化技术还可以助力人文研究学者在古籍领域的深入研究，并最终打
造成具有人文关怀精神的数字化古籍产品。"VR+古籍"的出现与应用对图
书馆古籍阅读推广和传统文化传播都具有重要的意义。国家图书馆 5G 全景

VR《永乐大典》依托古籍所处的历史时期，运用智能穿戴设备为用户构建跨时空的体验环境，使知识服务突破资源固有的形式限制，实现超越资源本身、转化为日常生活中无处不在的知识产品和服务。

此外，图书馆还可以利用大数据和人工智能技术，对古籍进行深度挖掘和整理，形成具有学术价值和实用价值的古籍知识库，为用户提供更加全面和准确的知识服务。

通过上述的全媒体阅读推广方式，图书馆不仅能够满足读者对于古籍知识的学习和研究需求，还可以促进知识的传承和创新，进一步发挥图书馆在文化传承和社会发展中的作用，将图书馆打造为连接古籍与现代社会的桥梁。

由此可见，图书馆的全媒体阅读推广服务不是简单的多种服务叠加，应该注重多种媒介之间的有机联动和互补，共同构建完善的全媒体阅读体系。在信息技术环境下，以纸质图书为主要代表的传统阅读正在逐渐转向多种媒体阅读、数字化阅读，阅读载体不再局限于纸质书籍，而是扩展至智能终端等多种媒体形式，数字媒体阅读以其独特的优势，通过视觉、听觉等多重感官体验，全方位地吸引和满足用户的阅读需求。图书馆的阅读推广活动需要与时俱进，打造信息传播的良性生态，降低晦涩难懂知识的阅读与理解门槛，寻求创新和突破之路，让更多的人感受到阅读的魅力。

五、智慧图书馆全媒体阅读推广的策略

全媒体时代媒体融合趋势日益显著，传播环境正经历从单一落点、单一形态、单一平台向多平台、多落点、多形态的深刻转变。[8]这一转变体现了传统媒体与新媒体在相互融合中，共同推动多元化发展的格局。在全媒体背景下，充分利用新媒体技术的优势，实现更广泛、更深入的阅读推广成效。

第一，充分利用全媒体阅读推广具有跨界融合的特点，打破传统单一图书馆的界限。在"阅读马拉松"案例中，图书馆跨区域、跨行业协同，与电

视等媒体行业合作，共同推动多元化的阅读活动。这样能够将阅读推广融入人们的日常生活中，进一步扩大阅读的影响力和普及率。

第二，基于新媒体平台的互动特性，图书馆鼓励公众参与阅读活动的策划和组织。通过线上线下的结合，提升公众的参与度，让阅读者成为阅读推广活动的主导者，这点在"阅读马拉松"赛后基于"i漂流"平台的阅读分享与交流中得到很好的体现，通过平台记录每位参与漂流的阅读者的信息和阅读感想，阅读者之间不仅可以共享同一条漂流链上的阅读评论，亦可了解其他漂流链的阅读状况。

第三，加强对新技术的应用，使全媒体阅读推广富有吸引力。运用虚拟现实、增强现实、移动互联网等新技术，图书馆能够举办新颖、有吸引力的阅读活动，为用户带来全新的阅读体验。"VR+古籍"的出现与应用，展现了创新性的推广方式对用户的吸引力，而且降低了专业文献的阅读门槛，提高了用户阅读的兴趣和积极性。

第四，借助互联网的传播优势，智慧图书馆的全媒体阅读推广服务能够覆盖更广泛的人群。无论是在校园内还是社会上，无论年龄大小，公众都可以方便地获取图书馆提供的资源和服务。这样能够满足不同用户的需求，提高图书馆服务的普及率。

第五，发挥全媒体阅读推广可持续性强的特点，通过新媒体技术的运用，可持续开展图书馆阅读推广活动，不断积累经验和资源，为用户提供稳定、长期的服务。这种可持续的推广方式有助于培养读者的阅读习惯，推动全民阅读事业的发展。

智慧图书馆的全媒体阅读推广以其跨界融合、互动性、创新性、广泛覆盖和可持续性强的特征，为图书馆事业的发展注入了新的活力。在未来的发展中，智慧图书馆应继续深化全媒体阅读推广的实践，以满足用户不断变化的需求，推动全民阅读事业取得更大的发展。

第二节

智慧图书馆信息碎片化的阅读推广实践

一、碎片化的概念解读

"碎片化"（Fragmentation）这一词汇，在二十世纪八十年代出现在后现代主义的相关研究文献中，在这个语境下指完整事物被分解为众多零散的部分。在百度百科中，"碎片化"根据其产生的过程被界定为：社会阶层的多元裂化，导致消费者细分、媒介小众化。

二十一世纪，以黄升民为代表的学者将碎片化的概念引入我国传播学领域。[9] 随着信息技术的不断发展和社会数字化转型的加速，"碎片化"已成为政治、经济、社会和传播等学科关注的热点议题。在这个信息爆炸的时代，人们的信息获取方式、传播渠道以及信息处理能力都发生了显著变化。原有的整体性、系统性的信息传播模式逐渐被打破，取而代之的是零散、多元、个性化的信息传播方式。这种变化不仅体现在信息传播领域，同时也渗透到了社会生活的方方面面。

政治领域中的碎片化表现为政治观点、政策和制度的分散化与多样化。互联网的普及使得民众的政治参与渠道更加多元化，政治议题也逐渐呈现出分散、细化的趋势。这使得政治决策过程更加复杂，但也为政策制定者提供了更多的民意参考。

在经济领域，碎片化表现为市场细分、消费者需求多样化和产业跨界。随着市场竞争的加剧，企业需要通过不断创新来满足消费者的个性化需求。同时，产业间的跨界合作也日益频繁，从而使经济活动呈现出更加碎片化的特征。

社会领域的碎片化主要体现在文化、价值观和生活方式的多样化。互联网的普及使得全球的文化交流更加便捷，各种文化元素交融碰撞，形成了丰富的文化景观。同时，个体价值观的多样化和生活方式的差异化也使得社会更加多元化。

在传播领域，碎片化表现为信息传播渠道的多样化、内容的海量化和个性化。社交媒体、短视频、直播等新兴传播形式的崛起，使得信息传播变得更加快速、便捷。然而，这也带来了信息过载、谣言传播等问题。为此，传播者和接收者都需要学会在碎片化的信息环境中进行有效筛选和判断。

目前，大众对于信息化时代背景下的"碎片化"的理解还仅仅局限于碎片化时间、碎片化阅读、碎片化传播等层面，但从现在以及未来"碎片化"发展的脉络来看，碎片化所影响的不再仅仅是人类生活中的阅读、学习方面，而是渗入人类生活的方方面面，被碎片化的主体内涵不断扩展，只不过信息是碎片化最为严重的一类资源。人们的生活被碎片式知识、即时通信的信息等形式的诸多碎片化内容所分割。这使得人们接触的信息量过大，注意力愈发分散，缺乏深入的思考，所了解的知识如过眼云烟般转瞬消散。

碎片化时代给人们带来了诸多挑战，但同时也创造了更多的机会。在以往人类的社会生活中，统治阶层几乎掌控了全部的社会信息，信息传播的方式单一，大众仅仅是信息的接收者。互联网时代，信息被切割且传递方式多元化，这使得信息传播不再单纯受到身份、财富、地域等条件的限制，也不是处于金字塔顶端的人才能拥有的特权。每个人都可以散发出自身的传播力量，而这种力量逐渐突破层级壁垒，打通顶层和底层交流的障碍。如今，政府的许多信息会因大众的需要、形势的发展成为必须公开的信息。

人类社会的每一个个体也可以被看作是一个个碎片。得益于互联网这个无限可能的平台，而产生互相感召的力量，通过某一个或某些个体，可临时聚集起拥有同样关怀之情的人，以形成强大的自组织力量，这是一种可持续的力量，是一种可以充分信赖的力量。这种组织形成之前每个人都是碎片化的个体，通过互联网，自发组成了一个具有共同目标的全新组织。正如《大连接》的作者——美国耶鲁大学教授尼古拉斯·克里斯塔基斯所形容的那样："群体具备个人所不具备的性质，而究其原因则在于我们组织个体的方式，使得群体优于个体。想一想碳元素，把碳原子以某种方式连接，你将得到铅笔中软而黑的石墨，而如果以另一种方式连接碳原子，则将得到坚硬而清澈的钻石。"[10]

事实上，无论人们是否已准备好迎接信息碎片化时代，这已经成为一个发展大趋势。在这个时代，更需要信息聚合工具和专业信息团队，来帮助人们组织信息、管理信息、整合信息、挖掘信息，辅助人们合理安排时间，培养自己的深度思考能力。只有这样，人们才能在这个充满碎片化信息的时代中找到属于自己的生活方式，实现个人成长。

二、碎片化的成因及特点

（一）碎片化的形成原因

大数据技术、移动互联网、5G等技术发展，新媒体、多元信息的产生，使得人们不得不每日面对着海量微信息组成的资源，而这些资源呈现出零散、碎片、不规则、无关联的特征。与此同时，第五次信息革命更是将人类社会带入了碎片化时代，带给了人们碎片化的生活方式和碎片化的思维方式。

1. 大量信息呈现出碎片化的基本表征

曾经，广播、电视、书籍、报刊等信息传播方式是人们获取信息的主要渠道，它们传播的内容较为系统、真实和完整。网络技术的应用与发展，一方面使得"人人皆媒体"成为可能，信息产生方式碎片化、信息内容碎片化；另一方面，互联网技术及其存在形态先天地具有去中心化的特征，加速了信息零散、无序、互不关联的碎片化状态。正如美国西北大学媒体管理中心的负责人约翰·拉文所说，"碎片化"是"遍及所有媒体平台最重要的趋势"。

2. 信息技术的快速发展提供了碎片化生产的基础工具

工具生产力是推动社会发展的根本动力，而在信息社会中，信息化过程，特别是智能化工具的应用，创造出了许多应用成果。这些成果在改变人们生产生活方式，提高生产、社交沟通效率的同时，也加速信息生产碎片化的速度、催生社会生活碎片化的状态。

搜索引擎、即时通信工具、微博、社交 App、购物 App 及网站等多样化服务，日益深入人们的日常生活。这些服务在一定程度上对个体的注意力构成了持续消耗、转移与分散的效应。人们不得不频繁地在各类信息之间跳跃，导致原本连贯的知识获取、实践操作、工作执行与社交交往过程被逐渐切割成诸多碎化的片段。这一现象不仅影响了个体对信息的深度处理与理解，也可能对个体的生活与工作效率产生不利影响。信息化的生产力促进现代信息技术更加智能化，正是这些迭代更新的智能工具使人们的生活方式更加碎片化。

3. 社会分工的日益细化加快碎片化状态

生产活动的聚集化，是人类社会发展的一个重要特征。在这个过程中，社会分工应运而生，为生产力的发展提供了坚实的基础。生产力的发展推动了社会分工的不断深化，使得人类社会逐渐呈现出精细化、专业化的趋势。而社会分工的深化，又反过来刺激了生产力的进一步提升。因而，社会分工是人类劳动发展及外部交往需求驱动下必然产生的现象，它有助于提高个体协作效率和组织生产效能。目前，人类社会正逐步由"大规模生产"阶段迈入"大规模协作"的新纪元，社会网络分工日益凸显。随着分工的深化，民众的选择权与需求呈现出愈加多样化的态势，进而推动了技术专业化的提升、管理精益化的实现、文化多元化的繁荣以及市场细分化的深化，为社会的全面发展注入了新的活力。整个社会的商品、服务及信息类别的数量均呈现显著增长的态势，这一现象导致了社会现象的碎片化特征日益凸显。与此同时，随着社会分工的不断深化，生产力得到了有效推动，但同时也加速了社会碎片化的进程。

（二）碎片化的特点

碎片化是互联网时代最为明显的一个特征，它颠覆了人类的生活方式，改变了人类的行为模式，并对未来社会的发展产生了深远影响。在发展过程中，碎片化呈现出以下五大特点：自主性、扩散性、高效能、目的性和复杂性。

1. 自主性

维基百科是一个动态的、可自由访问和编辑的全球知识体，自 2001 年创建以来，作为"让所有人都能编辑的百科全书"，它还在不断更新、增长之中。维基百科的大部分编辑是一些字母、数字拼起来的匿名账号，或仅是一串 IP 地址，但他们却完成了有史以来最为庞大的一本"百科全书"。这群不求名不为利的"维基人"以一种异乎寻常的热情，投入大量时间、精力，查找资料，反复讨论，为的只是把词条内容甚至是引用文献的准确性再提高一点。从维基百科的案例中可以发现，这种碎片化力量的产生是来自个人对于特定目标或者价值的追求，而非有专门的组织人员来宣传、筹划，这种主动、自律地贡献自身力量的行为便是碎片化的一大特征——自主性。

互联网不仅为人们提供了自由的空间，使得人们与组织之间的关系也发生了革命性的变化，还为人们提供了无限贡献自身力量的平台与机会，人们可以选择任何可能具有价值意义的机会去贡献自身的热情和能力，且他们的初衷越来越以自身为中心，具有前所未有的独立性、自主性。

2. 扩散性

在信息化的时代背景下，基于网络传递信息体现出的扩散性越来越明显，任何人都可能成为扩散过程中的一个助力器。当下，人们想要创造新的事物，对强大的实物资源的依赖性逐步减小，甚至一部手机、一个应用程序就可能让人拥有自主创造的能力，个性化产品的生产更为容易，扩散性亦变得更为容易。

3. 高效能

加拿大著名学者哈罗德·伊尼斯在《传播的偏向》一书中阐述了传播学领域的开创性观点。他关注了传播媒介本身对人类文明的影响，并提出媒介在时间和空间上对社会组织具有决定性作用。即：文明的产生依赖于新媒介的长处，传播媒介的性质在文明中会产生某种偏向，这种偏向或倚重空间观念，或倚重时间观念。

微博、微信等各种移动应用，突破空间与时间的限制，全天候 24 小时的泛在化在线交流成为人们日常生产生活的常态。基于这种生活习惯与社会交流方式，大大降低了公益的准入门槛，在此以互联网公益为例，公众可依托各大公益线上平台，参与或发起公益活动，逐步衍生出"人人可公益"的理念，将关注延伸到了社会发展的各个方面，提高了公益筹款的速度和效率。高效能是互联网下的碎片化最突出的特点，它适应了当今社会的快速变化，其背后的灵活性、适应性使得组织能迅速应对各种挑战。高效能组织凭借话语自主权、去中心化和扩散性的特点，能更快速、精准、及时地完成任务，超越了传统组织的局限，达到了前所未有的目标。

4. 目的性

网络志愿者是指志愿参加网络在线服务的人群，他们通过网络和被服务者取得联系，了解他们的需求并竭尽全力为他们服务，不计较得失和回报，互联网上自发形成的各种组织，具有边界模糊、打破时空界限、专业优势互补等特点，但它们有着一个共同的特性，即这些网络组织的出现都是因为成员有着共同的兴趣、爱好、价值追求而联系在一起，共同自发地朝着同一个目标前进。这种目标是组织形成的根源，也是组织维系的生命所在，甚至已经成为组织成员的虚拟行为准则。碎片化节点、信息的分布，使得这些目的可能具有多元化、特殊性、差异性等特点，但也恰巧是这些组织的形成初衷不一样，才能比传统组织更能满足被服务者的需求。

5. 复杂性

碎片化现象已广泛渗透至全球各个领域，其影响不再局限于阅读、学习及时间管理等方面。如：权力、资源配置的绝对控制愈发难以实现，分配方式日趋多样化，从而使得调控变得愈发困难。由此可见，碎片化所带来的深远效应导致了其复杂性的特点，潜藏于碎片化背后的种种因素，逐渐引起整个人类社会发生变化，且这种效应不仅局限于个人，而且波及政府，遍及全球范围。

三、碎片化对图书馆阅读推广的影响

随着科技的飞速发展，碎片化已经渗透至整个人类社会的各个方面。只不过信息的碎片化是人们在日常生活中可以切实感受到的，碎片化阅读也就成为当今社会的一种主流阅读方式。图书馆基于短视频等新媒介开展碎片化阅读推广工作，是图书馆积极推动全民阅读工作与新媒体技术紧密结合的有效探索。信息碎片化的发展趋势不可逆转，图书馆开展阅读推广工作将面临新的机遇与挑战。

(一)图书馆开展碎片化阅读推广工作的机遇

1.技术支撑。首先，5G技术的普及与应用，为短视频等碎片化信息的发展与传播奠定了坚实的基础，大规模5G基站的建设，使得网络覆盖范围不断拓展。5G大连接、高速率、低延时的特点使短视频的传播与质量有了巨大改善；其次，以手机为代表的移动终端全面升级，不仅可以作为碎片化阅读推广内容的接收端，还可以利用快剪辑等软件快速生成碎片化阅读推广的内容；此外，运用先进的大数据分析技术对海量的短视频数据库进行深入且精细的挖掘，从而使短视频平台能够全面、高效地支持公共图书馆在策划、内容创作以及用户维护等核心运营环节中的工作。

2.门槛低。图书馆入驻短视频、微信公众号平台、微博的门槛低、成本少、操作简单、包容性强。短视频等碎片化信息形式迅速兴起，各类拍摄、剪辑、数据分析软件也日趋成熟，并具备高度的用户友好性。借助强大的互联网资源，运营各类平台账号时遇到的各种问题均能得到迅速解决。这为图书馆开展碎片化阅读推广活动提供了坚实的保障，为其发展铺平了道路。上海图书馆发起的旅行推荐官荐书活动，用户只需要借助智能手机，便能轻松实现短视频的自主拍摄、精细剪辑与快捷上传。此项活动极大地激发了广大用户的参与热情，不仅提升了公众的文化素养，也显著增强了图书馆的碎片化阅读推广服务效能与社会影响力。

3.用户多。行业调研数据显示，微信、微博以及短视频平台均拥有庞大的用户基数。短视频作为当前用户规模最大的行业，其影响力正在不断扩张。这一趋势已经引起了社会各界的广泛关注和高度重视。这是图书馆积极探索利用短视频开展碎片化阅读推广的主要因素。图书馆入驻短视频平台，可以激发更多的用户群体对阅读的兴趣与热爱，进而提升个体的阅读量和阅读素养，培养用户良好的阅读习惯，提升阅读推广工作的成效。

4.资源丰富。图书馆拥有高度系统化的各类资源，这是图书馆制作碎片化阅读推广内容的基础素材，此外，图书馆馆员在传统阅读推广的工作中积累了丰富的经验，铸就了深厚的专业基础，图书馆馆员们可以依托过去线下阅读推广的丰富经验，积极学习短视频运营的相关知识，以此为基础，更加有效地开展碎片化阅读推广工作。

5.信息传播广泛而快速。当下短视频已经成为流量最多的信息传播媒介之一，创作者发布的作品在通过审核后，根据"去中心化""智能分发""流量池等级"等流量分发机制，使得每部创作作品都能分配到一定流量，作品将被直接推送给并未关注账号的用户，从而获得主动权，只要内容质量上乘、优质独特，将能够引起相关标签用户的浓厚兴趣，并促使其主动关注账号。[11] 如此以往，粉丝的忠诚度与黏性也将得到进一步的提升与巩固。

（二）图书馆开展阅读推广工作的挑战

1.用户的注意力分散。在当下这个信息爆炸的时代，碎片化阅读已经成为人们获取信息的主要方式。手机、平板、笔记本电脑等智能设备的普及，使得人们可以随时随地浏览新闻、社交媒体、博客文章等。然而，这种阅读方式的便捷性却带来了一个问题：阅读者的注意力被海量的信息分散，很难长时间集中在一本书或一个主题上。这种情况对图书馆的阅读推广活动造成了不小的挑战，因为他们需要在这个碎片化的阅读环境下，吸引那些被无数信息牵扯的阅读者。且图书馆以往传统的讲座、展览、读书会等形式的阅读推广方式难以持续吸引用户注意。图书馆需要结合用户当下的阅读需求，创新推广方式，增加个性化、互动性服务去给予用户更好的阅读体验。

2.深度阅读减少。人们的阅读方式发生了翻天覆地的变化，碎片化阅读逐渐成为主流。这种阅读方式往往跟随着社交媒体、新闻推送等数字化工具的普及而出现。它的优势在于快速、便捷，能够在短时间内获取大量的信息。然而，这种阅读方式却存在着明显的缺陷，阅读者往往只能接触到信息的表面，难以深入理解和消化，即缺乏深度和系统性。深度阅读的减少无疑对图书馆阅读推广的质量产生了负面影响。图书馆应该采取积极的措施，引导用户重视深度阅读，培养他们的思考能力和批判性思维。只有这样，才能真正发挥图书馆在阅读推广中的重要作用，为用户提供更为优质、深入的阅读体验。

四、智慧化图书馆的碎片化阅读推广案例

移动互联网已逐步发展为信息传播的核心渠道，图书馆在阅读推广领域的探索正逐步迈向与新媒体深度融合的新阶段。短视频作为新媒体时代的新兴力量，碎片化特征明显，正以其迅猛的发展势头和广泛的市场影响力，深刻改变着公众的思维观念和行为模式。

抖音作为中国目前备受欢迎的短视频平台之一，对于碎片化阅读推广具有显著的价值。图书馆正积极把握这一新兴的宣传阵地，充分利用数据时代的特点，通过"叙事视听化、视听叙事化"的社交语言，更有效地传递信息，提升阅读推广的影响力和覆盖面，使更多的公众了解和参与阅读活动。下面我以浙江图书馆官方抖音号"大咖来了"为例，分析智慧化图书馆的碎片化阅读推广案例。

（一）基本情况

随着移动互联网时代的到来，浙江图书馆积极适应时代变革，由传统的线下模式逐步转向线上线下相结合的新模式。浙江图书馆构建了自媒体宣传矩阵，以官网为基础，将其定位于线上服务宣传窗口：2011 年开通微博；2014 年在微信和支付宝上开设了"浙江图书馆"服务号；2015 年，在微信上开设了"浙江图书馆"订阅号。随着抖音日活用户突破四亿，浙江图书馆决定进军抖音，2019 年 12 月，正式开通了"浙江图书馆—大咖来了"抖音

号，形成"两微一端一抖"的新型自媒体宣传矩阵，以品牌化的方式进行深入广泛的宣传推广，力求满足广大用户日益增长的阅读需求。2020年9月，抖音号"浙江图书馆—大咖来了"参加由上海图书馆学会和山东省图书馆学会联合举办的第三届图书馆创新服务评选，荣获"最具影响力的图书馆新媒体平台奖"。[12]

（二）主要流程

经过充分的前期调研，全面分析其他公共图书馆的抖音号以及本馆微信粉丝群的状况和需求。浙江图书馆基于这些综合考量，最终确定了视频制作的方向，即专注于分享优质的知识内容，以此提升图书馆的碎片化阅读推广的服务水平和影响力。

随后围绕"大咖"这个关键词，确定两大版块的制作方向："大咖有话说""有话说大咖"。"大咖有话说"版块致力于汇聚业内顶尖专家之声，传递深刻而有意义的见解与价值；"有话说大咖"版块专注于呈现与大咖相关的趣味故事，传递温暖人心的信息与深刻体验。"浙江图书馆—大咖来了"抖音号让碎片化知识的分享富有趣味性和吸引力，同时借助抖音平台所拥有的四亿庞大的用户群体，使浙江图书馆得到广泛宣传，实现了信息的快速传播和普及。

（三）成效与措施

自2019年底开通以来，浙江图书馆抖音号的粉丝量、点赞量都已位居全国图书馆前列。"浙江图书馆——大咖来了"通过深入挖掘抖音平台上年轻用户的喜好，巧妙地融入文化和知识元素，以富有创意和启发性的内容，引领年轻人在享受视觉盛宴的同时，在娱乐中收获思考，感受到知识的力量，激发他们进一步探索知识的欲望，甚至产生回到图书馆继续阅读的冲动，从而推动他们形成持续学习和自我提升的习惯。浙江图书馆主要通过以下措施实现智慧图书馆的碎片化阅读推广。

1. 确立账号定位，塑造有辨识度的品牌调性

在开通抖音号之前，务必深入了解抖音平台的用户画像、传播规律和内容调性。基于这些信息，全面思考并明确账号的定位，确立主攻领域，精准选择目标受众群体。这样可以确保账号内容与平台特性及用户需求相契合，为后续的发展奠定坚实基础。为明确"浙江图书馆—大咖来了"的定位，浙江图书馆首先对已开通抖音号的公共图书馆开展前期调研，发现存在若干问题。首要问题是定位不明确，这使得图书馆在抖音平台上的形象模糊不清。其次，发布内容的垂直度不足，导致内容的多样化有余而深度不足，难以形成鲜明的账号标签。这一问题直接影响了抖音后台的精准投送，使得图书馆的视频内容无法得到广泛而精准的受众覆盖。因此，视频播放量、点赞量、评论转发量均未能得到有效提升，品牌特色的塑造也因此受阻。最后，不了解抖音内容的发展演变过程。抖音平台已经从初期以搞笑、创意为主导的内容形式，逐步拓宽至政务、人文、亲子、旅行等多个领域，涵盖了十九个大类。影视和文化类短视频在抖音上呈现出了迅猛的发展态势，这一趋势不仅为抖音平台吸引了更为广泛的用户群体，同时也为公共图书馆的碎片化阅读推广提供了大量的潜在受众。这不仅展示了抖音平台内容的多样性和包容性，也反映了用户对高质量、多元化内容的需求。此外，最重要的一点是浙江图书馆对现有用户进行画像分析。发现微信粉丝约超七成是女性读者，26岁至35岁的读者占45%，年龄跨度较大；头条推送阅读量占八成，内容以情感类、知识类、区域性为主。[13] 故决定将抖音号定位在优秀知识的分享，并把制作方向定位在"大咖"这个方向，分享"大咖"观点，讲述"大咖"趣事。

2. 坚持内容为王，锤炼文案品质

图书馆应始终坚守"内容为王"的核心原则，将文案品质置于首要地位，通过打造优质内容来赢得持续的发展优势。在移动互联网的浪潮中，面

对海量的碎片化信息，图书馆更应坚定"内容为王"的定力，确保内容的高质量，以满足用户日益增长的信息需求。

在"浙江图书馆—大咖来了"中，首先一改传统图书馆讲座的叙事方式，在文案设计、视频剪辑时，注重趣味性，学会运用"喜欢＝熟悉＋意外"这条定律讲好段子，传播知识，让碎片化的阅读推广更适合抖音平台的传播方式，满足当代年轻人的阅读习惯。其次，找热点，紧贴实事，对于诸如国家法定节假日和每年特定事件的固定热点，可以提前充分准备，此类话题对于阅读推广对象比较有话题性；第二类是短期内突然受到公众关注的突发热点，更具爆发性。对于这种热点，需要迅速跟进。如新冠疫情期间，剪辑张文宏教授在讲座中关于1918年大流感的内容。虽然只有短短二十一秒的视频，却能从中迅速抓住重点：大流感、美国、死亡、2500万至5000万。用之前的流感联系到如今的新冠疫情。此条视频在次日即实现了显著的流量增长，并在接下来的一周内持续引发广泛的关注与讨论。最终，其播放量成功突破三百万大关，并获得了十五万的点赞支持。第三，碎片化的阅读推广内容既要有温度又要有态度，用年轻人喜欢和乐于接受的叙事方式，传播优质的碎片化信息，引导其树立正确的人生观和价值观。

3. 了解抖音算法，分析后台数据

抖音平台采用的是一种去中心化的流量分配模式，与许多其他互联网产品的中心化流量分配方式存在显著差异。图书馆必须深入了解并掌握抖音的算法机制。抖音会对每一条新发布的视频进行智能分发，根据用户标签和内容标签，初步为视频分配约一百次的播放量。若新视频的完播率和互动率均表现出色，该视频将有机会获得更多流量的持续加持，从而实现视频内容的快速传播和广泛覆盖。这也是为何即便初始粉丝数为零，某些视频也能在一夜之间获得超过十万的点击量和广泛的关注度，实现所谓的"一夜爆红"现象。

图书馆需要对每条视频背后的数据进行深入且全面的分析，坚持结果导向，以确保内容制作质量的稳步提高。视频完播率，即视频能够吸引用户持续观看直至结束的比率，这一指标反映了视频成功吸引了用户的时间投入，进而促使平台将此类视频推荐给更广泛的用户群体。在"浙江图书馆—大咖来了"的实践中，发现完播率达到30%以上，且点赞率维持在4%左右的视频具备较高的潜在热度。基于这一发现，深入分析这些视频的优劣，持续优化视频制作过程，以期打造出更多受欢迎的视频内容，从而进一步提升碎片化阅读推广的社会影响力。

4. 深耕粉丝运营，探索互动创新

抖音以其显著的开放性、互动性和共享性特质，为图书馆在碎片化阅读推广中提供了线上交流、心得分享的平台。图书馆应充分发掘并利用留言评论区的潜力，深耕粉丝运营工作。

在这个信息交流互动的空间中，如果能引起阅读推广受众的情感共鸣，将是碎片化阅读推广吸粉的好机会。图书馆需要对于用户的留言或评论予以及时互动，以便不间断地发起讨论话题，引导鼓励用户点赞、评论、转发，不断提升账号的活跃程度，并稳固与粉丝之间的紧密联系。此外，在产出内容的过程中，要注意形成自己的品牌特色。口碑的维护与粉丝的积累，是品牌持续展现其价值的重要环节。

5. 组建专业团队，提升推广技能

"工欲善其事，必先利其器"，为了保证基于抖音平台开展碎片化阅读推广效果，图书馆需要建立一支专业的团队，并对资源进行合理分配和管理。在"浙江图书馆—大咖来了"中，一人负责拍摄，一人负责脚本，两人负责剪辑和特效。不定期地组织参加行业内外的培训，以持续提升团队成员的专业技能，确保在各自领域有所成长。[14]同时，定期召开小组集思会，培养团队对短视频平台的敏锐洞察力和创新思维力，以更好地把握传播规律，深入理解受众心理，从而提高推广效果。

五、智慧化图书馆的碎片化阅读推广策略

在碎片化的阅读背景下，智慧图书馆应积极应对挑战，不断创新服务方式和阅读推广策略，以提高图书馆的吸引力，促进阅读推广事业的繁荣发展，让智慧阅读推广的成果惠及更多的用户。

（一）以图书馆的专业化优势整合碎片化资源

在信息碎片化时代，需要有专业化的阅读推广主体，对信息资源进行有效整合、深度加工，如：概括、提炼、整合成简短信息，便于突破时空、载体、形式、渠道的限制。其实图书馆一直都有资源整序的社会职能，在碎片化时代需要与时俱进，通过引进相关专业技术人才，在阅读推广委员会的主导下，深入开展信息碎片化时代的探索、用户分析、内容加工、形式创新、渠道拓展等工作，更好地推进阅读推广工作的开展，此外，也可以依托区域内的图书馆学会，协同会员单位一起加强碎片化信息的筛选、整合、共建、分享工作。

（二）以吸睛的推广主题破解碎片化的时间限制问题

海量信息与时空的限制性，使用户对信息的关注度、获取信息的速度有了比较高的要求，图书馆在策划阅读推广活动的时候就需要采用"吸睛"的主题，才不至于淹没于海量信息中，从而引起用户的注意力。策划实施"吸睛"主题的阅读推广活动，需要运用好语言的艺术，例如"书斋生存十小时"的读书体验活动、"阅读马拉松""为你读诗"的世界诗歌日特别活动等，或是利用流行元素，或是创造诗意浪漫，都从一定形式上创新了阅读推广的主题。优质的阅读推广主题在有效激发用户参与积极性的同时，在提升宣传效果、强化活动辨识度以及塑造独具特色的品牌魅力方面亦具有显著助益。作为活动开展的指导核心，阅读推广主题在构建时，不宜过分追求辞藻

的华丽，而应切实体现阅读推广的实质内容，确保其在创新性与内涵方面均有所建树。

（三）以模块化的推广内容适应碎片化的学习趋势

图书馆要以模块化的方式深度整合海量资源与碎片化的阅读资源，努力实现内容虽碎但整合有序的目标，以确保信息的碎片化不影响其整体价值与系统性。但海量信息发布的主体广泛，资源形式与载体的多样性极易造成信息的碎片化。同时，用户的时间分配与空间利用也呈现出碎片化的趋势。因此，图书馆在阅读推广方面必须顺应这一变化，以满足用户多终端、泛在化的阅读需求。在应对目标碎片化、任务碎片化以及时间碎片化的挑战时，需采取形式碎片化、内容碎而不化的策略，这就要求图书馆深度挖掘内容的核心价值，进行系统化概括，并赋予其深刻内涵，以确保在碎片化的环境中，内容能够保持其完整性和影响力，努力构建一个包含微阅读、经典阅读、立体阅读在内的多元阅读资源建设体系，以适应当前用户的阅读习惯和偏好。

（四）以推广媒介移动化适应碎片化空间特质

在信息碎片化的背景下，大众传媒的多元化发展显得尤为重要，这一发展态势不仅是时代变迁的必然产物，还在深层次上重塑了用户的阅读习惯。为了实现更广泛的推广范围、更高的推广质量以及更显著的推广效益，需将科技手段与内容元素有机结合，同时促进传统媒介与现代化媒介平台的深度融合，有效提升阅读推广的多样性、便捷性和新颖性。

（五）以趣味化的阅读推广形式，丰富碎片化的阅读体验

信息碎片化时代的背景要求图书馆以丰富多彩、具有特色的趣味型推广形式开展阅读推广工作，例如上海图书馆的"从武康路出发"移动终端应用，基于上海图书馆丰富的馆藏资源，结合移动视觉搜索和 AR 等技术，对武康路的历史文化进行标识与导览，将图书馆的阅读推广服务通过技术延伸到馆外的文旅空间和时间维度上。其中，"AR 探索"地图指南功能可实现选

定一栋建筑即可激活路线导航的功能，屏幕上的虚拟箭头叠加在路面实景之上，为游客提供步行导航，"AR扫门牌"功能，获取历史建筑的简介、人物、事件、资料，不仅有对建筑风格和历史人物的介绍，更纵向链接了老房子的前世今生，并列出相关书目、图片和存档的音频资料，点击推荐书目，还能进入上海图书馆的馆藏检索系统。[15] 类似的互动功能不仅对提升阅读体验、增强阅读推广实效很有帮助，同时增加了文旅体验的趣味性。

（六）以碎片化的传播方式扩展推广对象

在社会信息碎片化的时代，其显著特征在于打破了地域界限，实现了"无限受众"的覆盖。在此背景下，图书馆与公众之间的良性互动日益加强，彼此间的距离逐渐缩短。传播媒介的快速发展，进一步扩大了这种影响，使得图书馆的阅读推广服务受到社会各界的广泛关注。图书馆在此进程中，积极担当起"全民阅读"的倡导者、引领者、播种者和实践者的角色，致力于实现文化资源的社会共享和社会共建，为全民阅读活动贡献出显著且积极的力量。

（七）以效果评估助推碎片化阅读的常态开展

在碎片化的信息环境中，图书馆的阅读推广工作注入了多元化的元素，增添了新的活力，同时也遭遇了前所未有的挑战与考验。构建一套科学、系统且合理的阅读推广效果评估机制显得尤为重要。当前的评估视角已不再局限于图书馆及其活动本身，而是致力于构建一个更为全面、多维度的评估体系。这一体系将基于用户的满意度与受益度进行持续的改进和完善，同时综合考虑活动的各个元素与用户的成长受益，以便更精准地把握活动效果，加强各方的互动与合作，塑造独特的品牌特色。这一转变不仅丰富了图书馆阅读推广活动的经验积累，也为创新阅读管理服务提供了有力支撑。对于进一步提升阅读推广工作的质量与效果，这一评估体系具有重要的参考价值与深远影响。

第三节

智慧图书馆基于整合营销的阅读推广实践

一、市场营销

自古以来，人类便开始了营销实践与营销思想的探索。早在公元前七世纪，吕底亚人铸造货币，并以此进行零售贸易活动。相较于原始的物物交换，这种货币交易方式显然更具效率。因此，营销活动的起源可追溯至中世纪时期吕底亚人居住的小亚细亚地区。随着生产力的提高和市场规模的扩大，市场竞争逐渐加剧，人们开始探索并实践新的经营策略，为了更好地理解和指导这些策略，营销逐渐发展为一门独立的理论学科，即"市场营销学"。在该学科的初级发展阶段，由于经济发展态势良好，并没有引起社会和企业的普遍重视。直到西方资本主义世界爆发了经济危机，市场营销学才开始被应用于指导流通领域的销售过程，引起社会的广泛重视。此后，随着全球政治、经济的起伏变化，市场营销学也在不断创新、发展和完善中，并为企业应对新出现的复杂环境和竞争提供了强有力的理论武器。

二、图书馆营销

自二十世纪七十年代，由于西方的经济危机使图书馆的预算大大削减，图书馆需要筹集运营经费，解决生存问题，伴随着非营利组织对于营销理论的认同和广泛应用，图书馆和图情专家也意识到良好的营销方式是改善图书馆服务质量、提高图书馆社会地位的重要手段，故图书馆营销作为一种新的管理方式在图书馆领域频频出现。

国外，随着图书馆界对市场营销的应用和兴趣不断增长，国际图联于1997年成立了管理与营销委员会（Management and Marketing Section），该委员会专注于深入研究和探讨图书馆营销的理念与实践。世界各国的图书馆已经普遍开展图书馆营销理论的研究和应用。从2001年开始，国际图联开始设立图书馆营销奖，在世界范围征集图书馆营销案例，评选出一、二、三等奖予以奖励，目的是鼓励图书馆积极开展营销活动，为分享各国的图书馆营销经验提供平台。

国内，图书馆在二十世纪八十年代末九十年代初受到市场营销理论在国内企业的应用和国外图书馆界营销理论的研究与应用的双重影响下，引入市场营销观念，并在实际工作中加以应用。1993年4月，中国科学技术信息研究所在联合国教科文组织的资助下，于北京成功举办了"图书馆和信息服务机构营销政策国际讨论会"。与会的三十多位来自国际和国内的图书馆服务领域专家一致认为，无论在发达国家还是发展中国家，图书馆和信息服务机构的管理者必须积极采用营销方法，使组织更加关注用户需求，激发组织活力，为用户提供更优质的服务。一些图书馆开始积极探索和尝试通过自我营销来改善和提高服务质量、拓展服务范围、提升图书馆的社会地位。[16]清华大学图书馆的"爱上图书馆视频及排架游戏"获得IFLA第十届（2012年）国际营销奖一等奖，这是我国图书馆界首次获得这一奖项。

由此可见，国内外的图书馆对营销的引入都是源于图书馆扩大自身影响、满足用户需求、提升服务质量、争取公众和政府的支持、缓减经费紧张等生存和发展的需要。

三、智慧图书馆的整合营销

整合营销理论基于企业与消费者之间深入而细致的沟通。该理论倡导企业协调并充分利用多样化的营销策略，以精准满足消费者需求为核心的营销理念，从而降低企业的营销成本。在图书馆领域，阅读推广活动作为服务营销的方式，以满足用户的日常阅读需求为宗旨，增进用户对其价值的认同感。整合营销策略与阅读推广活动相融合，将显著提升阅读推广的效果，从而提高用户的满意度和忠诚度。

数智化背景下的图书馆整合营销工作是以满足用户需求为中心的智慧图书馆营销活动过程及其规律为研究对象，研究领域涵盖智慧图书馆营销的基本概念、特征、载体、程序和管理评价等内涵方面，同时涉及质量管理、绩效评估、品牌建设、公共关系等外延领域。

单纯专注于智慧图书馆营销的内在特质，忽视其与外部环境的关联，可能使研究脱离实际；反之，若过于关注其外在表现，却对内在本质缺乏深入剖析，研究则可能趋于表面化。正确的研究方法是将智慧图书馆的营销置于整个图书馆事业和社会大环境下，从宏观上认识智慧图书馆的营销和智慧图书馆的发展以及与社会大环境的联系，在此基础上，再对智慧图书馆营销的内在本质和规律进行深度揭示，方能找到指导智慧图书馆营销的一般规律和原则。

（一）智慧图书馆整合营销的内容

1. 智慧图书馆的营销概念

专门化的营销理论是建立在营销一般原理基础之上的，因此，要理解智慧图书馆营销的概念，首先要理解和掌握市场营销一般原理的核心概念。在此基础上再来分析在智慧图书馆语境下，需要、欲望、需求、产品、价值、满意、质量、交换、交易、关系、市场、营销者等基础概念的含义。

2. 智慧图书馆的营销特点

智慧图书馆的营销是将企业营销原理应用于智慧图书馆的一种实践。然而，鉴于智慧图书馆的非营利性质及其所肩负的社会职能，将其营销活动与营利性企业的营销相较，呈现出显著的数智化、个性化、公益性、创意互动化等特征。认识这些特点，有助于图书馆制定符合实际且科学的营销战略，对市场营销原理在图书馆更加高效地运用具有深远影响。

3. 智慧图书馆的营销载体

智慧图书馆借助各类营销载体，将营销信息及元素传递至用户，使其产生感知，从而树立良好印象，进而引导用户积极参与并使用图书馆的智慧服务。如何巧妙运用这些营销载体，对于确保营销信息精准送达目标受众、实现传播效果的最优化至关重要。

4. 智慧图书馆的营销程序

首先，通过市场调研与市场分析，挖掘用户的需求和欲望，进而进行市场的细分与定位；其次，设计营销组合方案；接着，制定营销计划；最后，落实营销策略。

5. 质量管理与评价

在图书馆为用户提供智慧产品或服务的过程中，质量管理是最重要的环节，作为市场营销成功的基石，对于提升智慧图书馆的整体市场竞争力与用户满意度具有至关重要的意义。

6. 智慧图书馆的品牌建设

我国图书馆的品牌建设正逐步从半自觉、零散的个体行为转变为自觉、有体系的普遍行为。一个具备广泛知名度、美誉度和忠诚度的智慧图书馆品牌，将有助于图书馆的智慧化服务营销实现最优效益。

7. 智慧图书馆的公共关系

图书馆作为向公众提供公共文化服务的场所，其发展根基在于公众的拥护与参与。没有公众的支持和参与，图书馆的进步与前景将变得遥不可及。因此在数智时代背景下，智慧图书馆的营销中对公共关系的关注日益凸显，其重要性愈发得到广泛认可。

（二）智慧图书馆整合营销的必要性

以用户为中心的理念在智慧图书馆的建设与推广过程中被不断付诸实践，但图书馆仍面临用户流失的风险，因此，通过整合营销智慧图书馆，成为智慧图书馆在运营创新中的必然选择。

首先，通过整合营销，智慧图书馆可真正实现以用户为导向的服务。在传统的图书馆服务中，馆方多扮演主导角色，如：图书馆的分类体系体现了馆方根据自身观点对图书进行整理和组合，从而使用户能够适应这种分类方式。然而，随着时代变迁，智慧图书馆服务亦经历了一系列的优化和改进，愈发重视用户体验。为了适应用户行为及信息工具的变迁，智慧图书馆开始精心设计和提供针对性的服务和产品。

经过深入分析，发现当前的智慧图书馆的改进策略多侧重于对现有用户的调研，而未能全面涵盖潜在用户的实际需求，这在一定程度上限制了用户群体的进一步拓展。对于那些无法有效满足其个性化需求的用户而言，智慧图书馆显然未能展现出足够的吸引力和竞争优势。整合营销策略有助于弥补上述不足。通过精细的数据分析和市场定位，智慧图书馆能够深入洞察用户需求，并根据用户需求来设计和提供相应的产品与服务。这将有助于智慧图书馆真正实现以用户为导向的服务，并为用户带来实际价值，实现"每名读者都能找到适合自己的书籍，每本书都能找到合适的读者"。

其次，通过整合营销，智慧图书馆更容易将服务融入用户的生活和工作。实际上，图书馆完全可以依托其馆藏、设备及人员优势，提供与用户的生活和工作紧密相关的多样化服务场景，以提升用户黏性。例如，我国的公共图书馆针对盲人或老年人或儿童等特殊群体开展的社区服务、为失业者提供的就业信息服务、国外公共图书馆为新移民提供的外语学习服务为家庭提供的作业帮助服务、高校图书馆实施的学科嵌入服务、图书馆馆员在MOOCS中提供的实时参考咨询服务等，均为图书馆服务融入用户的生活和工作的成功案例。但我国图书馆界与用户的生活和工作密切相关的服务种类相对较少或持续性较差，难以对用户形成长久的吸引力。而通过实施图书馆营销，一方面可以调查用户的需求和欲望设计服务和产品，另一方面，还为图书馆提供了深入了解用户的机会。营销人员凭借长期与用户的深入交流和互动，以及对市场动态的敏锐洞察，能够精准捕捉为用户提供增值服务的契机。基于这些洞察，营销人员能够有效开发出与用户的生活和工作紧密相关的服务或产品，进而将图书馆服务巧妙地融入用户乐于参与的各种环境之中。当用户对这些产品或服务感觉满意或形成依赖时，更容易接受图书馆提供的其他信息服务，因此，这些服务或产品反过来又可以促进图书馆其他服务或产品的营销，从而也为用户深入了解图书馆、进一步利用图书馆创造机会。

再次，通过整合营销，使智慧图书馆的服务更注重为用户创造价值。传统的图书馆服务更注重为用户提供了什么，而并没有从用户的角度去衡量他们使用了这些服务或产品后为其带来的效用或利益。当下，用户可以通过除了图书馆外的多种途径获取信息。例如，通过手机百度花费很少的时间和流量费用就能解决的信息搜索问题，与花费一小时的时间赶到图书馆来解决相比，用户会选择手机百度，因为这样更方便更经济。但如果用户需要获取更为详尽且学术性强的资料，则需要通过图书馆网站，输入相应的账号、密码及验证码进行登录，查询并获得更为丰富、精准的资料。然而，这一过程可能需要用户投入更多的时间与精力。究竟选取哪种方式，取决于用户对其获得的价值与使用这些服务所付出的金钱、时间和精力等成本之间的权衡与比较。当用户经过权衡与比较之后，用户会首选他们认为最有价值的服务。智慧图书馆在引入整合营销策略时，将会深入考虑如何在设计产品和服务时更好地为用户创造价值。若用户使用后切实感受到智慧图书馆的服务相较于其他服务的卓越价值，他们将更有可能持续使用图书馆的服务，并乐于向朋友或同事推荐和宣传智慧图书馆。这种正面的口碑传播将为智慧图书馆带来更多的潜在用户，从而实现智慧图书馆与用户之间的互利共赢。

最后，通过整合营销，让智慧图书馆的服务为用户所熟知。营销传播是市场营销重要的策略之一，即企业有了优质的服务或产品，还要保持与用户的持续和有效的沟通，运用广告、促销和公共关系等传播手段，使其产品在用户心中形成一个总体的、综合的印象和情感认同，建立相对稳定、统一的印象，从而提高用户对于该品牌的忠诚度，其中心思想是通过企业与用户的沟通满足顾客的需要，并保持与用户持续稳定的关系。随着互联网和移动通信技术的发展，营销传播的方式从以电视、广播、报刊和户外为主的传统媒体转变到以网络媒体、移动媒体和数字媒体为主的新媒体，媒体形态也多种多样，诸如数字化杂志、报纸、广播、移动电视、网络、桌面视窗、数字电视、数字电影、触摸媒体、手机短信、微信、微博、即时通信等。新媒体具有信息量大、传播速度快、传播范围广、能与用户实现互动传播等特点，为实施营销传播提供了多种手段和途径，从而实现智慧图书馆的服务为用户所熟知。

四、智慧图书馆的阅读推广整合营销案例

整合营销是智慧图书馆阅读推广工作发展和创新的必然选择，智慧图书馆的阅读推广工作必须重视整合营销，深刻理解整合营销并不等同于宣传

推广，宣传推广只是营销的一种功能。整合营销在智慧图书馆阅读推广的应用，需要图书馆按用户需求开发和设计出优质的服务或产品，并把产品的优点告诉用户，通过整合营销传播手段在用户心目中树立起该产品的形象，并保持与用户持续稳定的关系。目前，基于智慧图书馆开展的阅读推广应用较多，但是体现整合营销理念的不多，在此，以佛山图书馆的"易本书"为例，本案例曾获得国际图联图书馆营销奖，其兼具阅读推广与智慧服务的典型性特征，而且彰显了图书馆公共性价值拓展的时代特质。

（一）基本情况

佛山市图书馆"易本书"项目源于"邻里图书馆"运营发展过程，邻里图书馆家庭馆长及读者希望能够将个人收藏的图书纳入图书馆的共享借阅体系中，这样既可以丰富邻里图书馆的对外服务资源，还能保障家藏图书的借阅管理的规范性与安全性，进而惠及更多的周边读者。

本案例很好地体现了智慧图书馆运用整合营销的理念，适应用户行为及信息工具的变迁，精心设计并提供针对性的服务和产品的实践，努力融入用户的阅读生活中，使智慧图书馆的阅读推广服务创造更多的价值。"易本书"家藏图书共享平台是"国内首个实现家藏图书、公共图书馆馆藏全社会流通的公益性、综合性资源共享平台"，既是邻里图书馆（N–Library）的生长和完善，又与邻里图书馆互为表里，相辅相成，相得益彰，共同完美地实现了公民参与公共图书馆服务的社会机制的创新，堪称新时代新征程我国公共图书馆服务体系建设中社区创造的典范。[17]"易本书"既是"邻里图书馆"品牌服务链的延伸，也是佛山图书馆从传统阅读推广到智慧化、网络化阅读推广服务的创新实践。

（二）主要的流程与措施

"易本书"平台采用了区块链技术打造完整、透明、可追溯的图书流通链，突破以公共图书馆馆藏资源为中心的管理与服务模式，保障家藏图书安全可信地进入社会文化资源领域，实现公私藏书的融合流通，可有效地推动智慧化阅读推广工作，其平台的建设、运营及整合营销的主要流程如下：

1. 用户身份认证与访问控制。"易本书"平台通过集成在线身份证识别、AI 人脸识别、活体检测等先进技术，构建严谨的平台准入机制。用户上传身份证照片，手动输入手机号、账号密码等个人信息后，平台将进行人脸识别与活体检测，确保用户身份的真实性与有效性，再对接图书馆业务系统的接口，在保证流程安全与稳定的前提下，实现用户的自助办证服务。"易本书"平台将图书管理业务划分为图书上传、流通和下架三个生命周期阶段。基于角色的访问控制模型，将访问策略和角色许可权限以智能合约的形式发布在区块链上。当用户发起访问请求时，系统将会自动核查智能合约中定义的访问策略以及用户的角色权限。一旦审核通过，系统将激活并执行相应的智能合约，执行结果及其相关的变更信息将实时上链保存，以确保数据的一致性和可追溯性。

2. 去中心化的书目共建与监管。"易本书"书目库采用用户自我服务、系统自动审核与后台人工审核相结合的方式。图书上传者提交图书信息，系统自动判断图书是否在书目库内，对已存在图书默认通过，对不存在图书形成待审核清单，交由后台人工审核。审核通过后，图书自动生成唯一的二维码标签，产生新的区块链并完成图书上架，全网广播书目信息，实现去中心化的书目管理与维护。编目系统获取审核后的图书信息，对接中央书目库和国图联编中心书目库，结合互联网的书目库标准，对 OPAC 系统中缺失的封面、目录、简介、评分及标签等关键信息进行全面的补充与完善。此外，为了进一步推动图书资源的共享与交流，加入了图书漂流相关字段，并通过先进的哈希算法生成唯一的识别码，实现了自动化的编目流程，并将数据顺利添加到家藏图书的共享书目数据库中，实现书目资源共享和数据价值流转。经过严格的审核流程，编目系统获取审核后的图书信息，与中央书目库、国图联编中心书目库进行高效对接。在此基础上，结合互联网的书目库标准，自动生成编目日志，确保书目资源共享的顺畅进行，同时实现了数据价值的最大化流转。

3. 公私融合的流通方式。"易本书"平台提供三种借阅方式：面对面转借、面对面借阅（线上下单线下见面）和下单转借（快递转借）。平台利用智能合约设计排队系统，根据借阅请求顺序、状态、地理位置等进行图书的流通优化。匹配值高的用户优先排队，匹配值低的用户随时间推移匹配值上升，超过临界值后进入优先队列。交易达成后，系统自动解散队列，实现图书的高效流通。平台数据均上链登记，形成可信的交易记录。目前，"易本书"服务平台提供限期借阅（六十天内归还）、漂流借阅（不同用户间持续漂流）、图书赠送（下单者获得图书所有权）和在线展示（仅供对外展示且不对外借阅）四种共享流通模式。

4. 精准推荐与数据监控分析。在智慧图书馆的精准阅读推广服务中，数据治理至关重要，它可实现多领域数据的重组和融合，以便深度挖掘用户需求。"易本书"平台整合了图书、用户行为、业务和管理等多种数据。如：整合用户的职业、年龄、性别、兴趣爱好等信息，构建用户的静态模型，形成个性化标签。将这些标签与图书标签进行关联，系统依据预设的相关度权重值，自动向用户推荐具有关联标签的图书。此外，利用用户行为数据为用户和图书画像，并通过相关推荐算法，实现个性化智能荐书功能，从而提升用户的阅读体验。

5. 五大渠道全域营销。一是平台内部精准触达，首页轮播推送指引和活动信息，消息中心接收订单咨询，人工客服实时回复，用户可生成便于转发的专属海报传播。二是基于互联网平台推广，建立词条和问答，部署社交网络社区，搭建运营渠道，进行多渠道推广。三是线下渠道布局，设置图书共享专架，举办线下交换市集等活动，实现线上线下融合的全场景服务。四是开展社会合作，争取政策、资金支持，协同书店、读书会等进行推广。五是激发用户自传播，建设微信群，融合积分、口碑等游戏元素设计阅读推广活动，引导用户主动传播。

6.凝练品牌内涵。平台以"易本书"及其英文表述"EX-BOOK"为品牌名称，并设计了与之相匹配的品牌 LOGO、宣传口号以及文创产品。为了进一步提升品牌的吸引力和辨识度，平台 LOGO 巧妙地选用了一只松鼠作为主视觉元素，松鼠的谐音"送书"既富有创意又易于记忆。这一设计寓意深远，象征着"易本书"平台如同勤劳的松鼠一般，致力于将一本本珍贵的书籍从一处传递到另一处，从一位书友传递给另一位书友，使家庭藏书的分享变得更为轻松便捷，让知识的传递与分享成为生活的一部分。

（三）成效

佛山市图书馆主导研发的"易本书"家藏图书共享平台，利用区块链智能合约和平台制度规范，确保图书流通全程的透明，进而保障家藏图书能够安全、可靠地融入公共文化服务领域，为智慧图书馆开展全民阅读推广工作提供了全新的样板。平台通过微信小程序提供图书检索、管理、共享、物流追踪等功能。作为国内首个公私图书融合流通平台，"易本书"获得了媒体关注和市民的热烈响应，截至 2023 年 1 月 31 日，平台的访问量达 161.89 万次，用户达 5.70 万，上传图书达 5.10 万册，订单达 1.64 万单，有效扩大了公共文化资源的总量和覆盖面，使人民群众成为公共文化服务资源共建共享和文化治理的积极参与者和受益者。[18]

五、智慧图书馆阅读推广的整合营销策略

（一）树立整合营销的理念

智慧图书馆阅读推广整合营销的理念，其要置身于整个图书馆事业和社会大环境下，图书馆的智慧化阅读推广营销不仅关乎图书馆自身的发展，更

与整个社会的文化进步息息相关。在当前数字化、信息化的浪潮下，图书馆作为知识的殿堂和文化的承载者，不仅仅是一个储存知识的宝库，更是一个集知识交流、文化分享和创新启发于一体的社交平台，需要构建一个全面、多元且互动性强的阅读生态。因而图书馆的智慧化阅读推广整合营销是一项系统工程，需要图书馆自身不断创新、与时俱进，同时也需要社会各界的支持和参与。具体而言，将图书馆、文献资源和推广媒体等核心要素纳入阅读推广的体系中，确保图书馆能够向用户传递统一的推广信息。当用户的阅读兴趣被有效唤起后，他们将积极参与图书馆的阅读推广活动。只有这样，才能推动图书馆事业的持续发展壮大，从而为社会的文化进步作出更为显著的贡献。

（二）提升阅读推广的服务品质

高品质的阅读推广服务是整合营销的基础和出发点，综合运用智慧图书馆的相关技术，基于整合营销理念，满足用户的多元化需求，从而提升阅读推广服务水平。

1. 全域智能感知为阅读推广带来新动力。在终端与网络技术的有力支撑下，智慧图书馆成功实现了人、物之间的互联互通，具备实时感知与精准定位馆内人员与物品动态的能力。图书馆能够全面地收集用户的行为轨迹数据，拓宽了数据来源的广度与深度。智慧图书馆通过对用户行为的深入分析，可把握其入馆目的、阅读偏好以及阅读时长等信息，以便精准有效地开展阅读推广活动。同时，对书籍的动态感知也有助于图书馆精准掌握用户的借阅和阅读情况，从而为用户选择更具针对性的推广内容。此外，智慧图书馆还为用户提供了便捷的文献检索和信息查询功能，降低了资源使用的难度，提升了用户的使用体验。

2. 知识深度整合提升阅读推广内容的价值密度。智慧图书馆致力于深化纸电资源的整合工作，全面收集元数据，并运用大数据技术进行深入的知识挖掘，以满足用户日益精细化的需求。在阅读推广方面，智慧图书馆革新了资源组织方式，以按篇、摘要、综述等细粒度形式推广，并同步推进纸电资源的关联，从而显著提升了推广的深度和广度，更好地满足了用户的个性化、碎片化的需求。在阅读推广过程中，智慧图书馆通过运用实体抽取、数据挖掘等科学方法，挖掘、整合关联的知识内容，输出价值密度高的内容，从而帮助用户更快、更全面地深入掌握知识。[19]

3. 个性化智慧门户满足阅读推广的多场景应用需求。智慧门户可为用户提供高效获取资源及便捷使用服务的解决方案。它通过解决传统图书馆服务门户在移动端访问的局限性，实现了 PC 与移动端数据与应用的无缝对接，从而显著提升了服务质效。此外，智慧门户还集成了多元化的服务平台，并运用先进的用户行为分析技术，实现个性化内容的推送，进而辅助用户发掘更多的资源与服务，显著增强了用户交互的人性化体验。此外，多终端一致性使阅读推广工作更加贴近用户，提高了传播效率。用户可基于智慧门户的定制化功能享受一站式服务，满足其多种应用场景下的不同需求，促进阅读推广工作的场景创新。

4. 元宇宙赋能实现沉浸式的阅读体验。沉浸式的数字阅读体验正逐步成为新时代的流行趋势。借助元宇宙所具备的高沉浸感、可互动化和可交互化等独特优势，通过 AR、VR 等前沿技术，将图书馆环境打造成一个高度逼真的虚拟学习空间、社交空间、游戏空间。这种创新的方式将使用户在虚拟世界中得以体验更加生动、形象的阅读场景，从而从"碎片化"的阅读方式转向更加"多元化"的阅读体验，全方位满足用户的个性化需求。此举将推动智慧图书馆的数字阅读推广领域迈向新的发展阶段。

5. 智慧馆员和智慧用户是阅读推广的重要因素。智慧图书馆的建立，以智能技术和智能设备为基石，同时需要经过智慧馆员的专业服务以及智慧用户的积极参与。智慧馆员是经过能力升级后的专业化服务人员，其不仅具备扎实的岗位基本专业素养，拥有深厚的业务知识，还需广泛涉猎多学科知识，以便更好地理解和满足用户的多样化需求，为用户获取知识性、创造性的内容提供有效的支持与协助，以确保服务的专业性和高效性。当图书馆汇集众多的智慧馆员时，他们将成为阅读推广创新的关键人力资源。这些馆员在引导阅读、提升用户技能、满足用户多样化需求以及内容组织等方面展现出前沿能力。智慧馆员不仅是阅读推广工作的有力支撑，更是推动图书馆事业发展的重要力量。智慧用户的培育是智慧图书馆工作的重要组成部分，这一过程依赖于图书馆精心的培育与引导。智慧用户不仅能够娴熟地运用知识和服务，还积极投身于新知识的创造与新问题的解决之中。同时，用户参与是推广工作价值的判断指标。智慧用户的深度参与促进信息的广泛传播，协助图书馆改进自身的资源与服务，使推广内容更契合用户需求，他们与智慧馆员携手合作，共同致力于推动智慧图书馆的稳步发展。

（三）构建多元化信息传播矩阵

在智慧化图书馆的阅读推广中无法避免媒体泛化与注意力离散所带来的挑战。图书馆需要深入挖掘各种媒体形式的潜力，整合运作多元化的传播手段，构建多元化信息传播矩阵，增强阅读推广效果，实现传播效果的最大化。

首先，充分利用微信、微博等社交媒体平台的互动性，与用户建立紧密的沟通联系。通过定期发布阅读推荐、举办线上活动等方式，吸引用户的注意力，激发他们的阅读热情。

其次，视频媒体的直观性和生动性是不容忽视的优势。图书馆制作精彩的短视频、纪录片等发布于哔哩哔哩、小红书、抖音、微信视频号等平台，将图书馆的丰富资源和优质服务呈现给更广泛的用户群体。这些视频作品不仅能够提高用户的阅读兴趣，还能为图书馆树立良好的品牌形象。

此外，电视、报纸、官方网站、智慧图书馆 App 等渠道也要融合兼顾。

根据不同渠道信息表达的特色进行综合运用。在日常运作中采用全方位、多层次的宣传策略，由点及面，逐步扩大宣传深度与广度，以便在用户心中构建稳固的品牌印象。具体而言，一方面积极开展详尽的阅读推广服务，深化用户对此类活动的认知，产生持久的影响力。另一方面，用非传统的宣传手法，如快闪活动、走读等新形式，迅速地吸引公众注意，从而高效地推动阅读文化的普及。在整合营销策略的实施过程中，注重数据的收集与分析。诸如：通过分析阅读推广受众的特征，动态建立不同用户的阅读特征模型，并依此推送多种表现形式满足用户个性化需求的资源。

此外还要对整合营销阅读推广是否满足了用户的需求开展评价，使用户的阅读特征模型可随用户的变化而改变，以优化图书馆阅读推广的成效。

第四节

·············

智慧图书馆阅读推广的评价

随着科技的快速发展，图书馆已不再是传统意义上的书籍存储地，现已成为一个集阅读、学习、交流、创新于一体的综合性、智慧化的文化空间。图书馆在推动阅读方面已经倾注了大量努力，精心策划了规模、内容、形式到资源的各个方面，使得阅读推广的实践活动变得日益丰富。当前，开展智慧阅读推广的评估工作显得尤为迫切。

一、智慧图书馆阅读推广实践评价的必要性与可行性

学术界对于智慧图书馆阅读推广的评价已经取得一些研究成果。因此，构建智慧图书馆阅读推广实践的评价体系，采用多层次、多维度的评价方法对阅读推广活动进行评估，既必要又可行。

（一）必要性

1. 有利于指导智慧图书馆进行合理的资源配置

智慧图书馆在实施阅读推广服务的过程中，投入了巨大的人力、物力、财力。那么成效如何？用户阅读能力的提升与否和阅读习惯是否改善，均需经过评估方可得出结论。因此，构建科学合理的评价指标体系以对智慧图书

馆的阅读推广实践进行评估显得尤为重要。

2. 有利于提高智慧图书馆的阅读推广服务水平

智慧图书馆，作为区域性的文献信息中心以及用户汲取知识的殿堂，阅读推广工作是其服务工作的主要内容之一。此服务以充分满足用户的需求为目标，故用户构成了阅读推广实践的核心服务对象。对于智慧图书馆阅读推广实践的评价，实质上是对其阅读推广服务工作的全面评估，是对其工作质量的细致核查。通过评价结果，能够精准地识别问题所在，并据此提出针对性的解决策略，进而在持续优化的服务流程中提升阅读推广服务的整体效能。

3. 有利于拓展智慧图书馆阅读推广的评价理论

自二十世纪七十年代以来，国外图书馆界对图书馆阅读推广服务的评估进行了积极探索，并取得了颇具价值的理论成果。这些成果提出了诸如 Climate QUAL 和 EQUINOX 等评价指标，但主要侧重于馆员服务质量和电子资源，对阅读推广服务的关注相对不足。[20][21] 在中西方学界关于图书馆评价的研究中，阅读推广服务的评估往往仅以零散方式包含在图书馆的整体评价中，尚未形成针对阅读推广服务的独立评价体系。因此，构建针对智慧图书馆阅读推广服务的评价体系显得至关重要。

（二）可行性

1. 借鉴经济学投入与产出的评价原则

在图书馆开展各类活动以推动阅读普及的过程中，可以看作是对阅读推广服务在文献资源、终端设备等方面的投入。由于阅读推广成效不易量化，评估成效时首先要分析出实践中的影响因素，制定科学性的评价指标，并对评价指标进行量化处理，从而实现阅读推广效果的量化，进而达成对阅读推广宣传实践的评估。

2. 基于评价模型开展主客观、定性与定量相结合的评价方法

经济领域的投入与产出原则过于量化，不太适用于图书馆阅读推广实践

的评价。传统的评价图书馆阅读推广实践方法过于依赖主观判断。嫡权法既可用于评价指标体系的合理性，也可用于权重分配过程。它巧妙地结合了层次分析法的主观性和可操作性。通过层次分析法，多层次、多维度地全面开展对阅读推广实践的评价。[22]

二、智慧图书馆阅读推广实践的评价原则

（一）内容质量第一

智慧图书馆的阅读推广实践评价中，用户获得信息的途径选择更加多元，从而用户能够更容易地获取信息，但是信息形式应该服务于内容，唯有内容充实，才能够让用户获得更多的有效信息。在智慧图书馆的阅读推广实践评价体系中更应该侧重推广内容质量评价。

（二）动态指标和静态指标相结合

智慧图书馆的阅读推广实践不断更新，呈现出动态变化的特点。因而应该采用动静结合的评价方式来评价阅读推广的实践成效。

（三）评价指标全面

智慧图书馆的阅读推广实践数量不断增多，但不同案例中推广的内容、形式和服务不尽相同，要准确、科学、系统地反映图书馆的阅读推广实践情况，需要评价指标尽量全面，才能够如实反映复杂的信息。

（四）评价指标可理解、易操作

要求评价体系在内容和操作方面均具备较高的可理解性，使用户能在理解的基础上进行操作。此外，基于技术基础的相关应用方法，有助于提高评价体系的科学性。

（五）以用户体验为中心

智慧图书馆的阅读推广实践的评价与反馈是图书馆更好地服务用户的工作基础，而用户的体验评价是阅读推广工作开展的价值所在。以用户体验为

中心的评价体系，能够引导图书馆在用户的建议中吸取经验，以便更加有效地开展阅读推广工作。

三、智慧图书馆阅读推广的评价元素

智慧图书馆的阅读推广评价是个复杂的问题，但可以尝试从以下两个方面评价阅读推广成效，即：推广评价机制和推广成效评价指标体系。

（一）推广评价机制

在数智化时代，图书馆阅读推广活动的重要性日益凸显。然而，如何评估这些活动，确保它们真正为用户带来价值，成为一个亟待解决的问题。推广评价机制就是在这一背景下应运而生的解决方案，可作为图书馆提供评估阅读推广活动成效的根本依据。

首先，要不断完善阅读推广的效果评估机制。这不仅涉及具体的实施办法，还包括组织机构的建立与完善、评价体系的制定与优化，以及信息渠道的拓展与整合。通过这些方面的全面建设，图书馆能够建立起一个全面、系统、科学的评估体系，为智慧图书馆阅读推广活动的成效评估提供坚实的基础。

其次，成立阅读推广成效的线上、线下评估研讨小组是关键。这些小组由图书馆的专业人员、用户代表以及相关领域的专家组成，他们共同负责收集、整理和分析智慧图书馆阅读推广活动的相关数据，为评估活动成效提供有力的支持。同时，这些小组还通过定期的研讨和交流，不断提高评估的准确性和有效性。在收集用户反馈方面，媒介平台发挥了重要作用。图书馆可以利用这些平台，如官方网站、社交媒体、移动应用等，发布活动信息，收集用户的打分和评价。通过这种方式，图书馆能够直接了解用户对阅读推广活动的看法和感受，为评估活动成效提供第一手资料。

最后，结合指标体系进行综合评价是评估机制的核心。这个指标体系应该包括多个维度，如活动的参与度、用户的满意度、阅读量的增长等。通过对这些指标的综合分析，图书馆可以全面、客观地评估阅读推广活动的成效，为未来的活动策划和改进提供有力的依据。

（二）推广成效的评价指标体系

图书馆作为知识的宝库和信息的集散地，为了更好地满足用户的需求，图书馆需要积极应对信息碎片化的挑战，建立起一套科学、合理的信息推广内容和阅读成效评估指标。这不仅有助于提升智慧图书馆的服务质量，还能更好地引导用户在海量信息中筛选出有价值的内容，提高阅读效率。

首先，智慧图书馆应建立起推广内容的评价指标。这些指标应涵盖信息的精炼度、分享度、扩散度和及时度等方面。具体来说，精炼度是指信息的简洁明了程度，能够让用户在短时间内迅速掌握要点；分享度则反映了信息受欢迎的程度，通过统计分享次数可以评估信息的价值；扩散度则是指信息传播的广度，通过监测信息在不同平台上的传播情况，从而了解信息的影响力；及时度则强调信息的时效性，对于过时的信息应及时更新或淘汰。

其次，智慧图书馆需要建立与用户需求和自身发展相符的阅读成效评估指标。这些指标应该包括用户的阅读时间、阅读频率、阅读深度以及阅读后的行为变化等。例如，可以通过统计用户的借阅量、在线浏览时长等数据来评估用户的阅读时间；通过监测用户的阅读偏好和借阅记录来评估阅读频率；通过问卷调查或用户访谈来了解用户的阅读深度和对信息的理解程度；同时，还可以通过观察用户在阅读后的行为变化，如工作效率提升、知识水平提高等，来综合评估阅读成效。

在建立这些评价指标的过程中，智慧图书馆可以借助媒介平台管理数据，形成量化的推广成效评价指标体系。这些数据不仅能够帮助图书馆了解信息的传播情况，还能够为优化信息推广策略提供有力支持。例如，通过分析不同平台上的用户行为数据，图书馆可以了解用户的阅读习惯和偏好，从而调整信息推广的内容和方式，提高信息的覆盖率和影响力。

通过不断优化和完善这些指标，智慧图书馆将在信息时代中发挥更大的作用，为社会的发展进步贡献智慧和力量。

参考文献

[1] 郜书锴.全媒体时代我国报业的数字化转型 [D].浙江大学,2010.

[2] 中国新闻出版研究院全国国民阅读调查课题组,魏玉山,徐升国.第二十一次全国国民阅读调查主要发现 [J].出版发行研究,2024,(04):5—9.

[3][4] 丁勇.全媒体环境下阅读推广创新发展策略研究——以长三角"阅读马拉松"活动为例 [J].图书馆理论与实践,2022,(06):63—67.

[5][7] 陈晨.基于"资源生命周期"的全流程古籍阅读推广模式的构建研究 [J].新世纪图书馆,2023,(09):27—32.

[6] 侯宁.发挥国图优势引领经典阅读——谈国家图书馆的《红楼梦》阅读推广 [J].曹雪芹研究,2021,(03):110—120.

[8] 吕咏梅.新媒介新技术对大学生"深阅读"行为构建的实践与探索——以井冈山大学图书馆为例 [J].中国现代教育装备,2022,(05):166—168.

[9] 黄升民,杨雪睿.碎片化：品牌传播与大众传媒新趋势 [J].现代传播,2005,(06):6—12.

[10] 尼古拉斯·克里斯塔基斯,詹姆斯·富勒.大连接社会网络是如何形成的以及对人类现实行为的影响 [M].简学,译.北京联合出版公司,2017.

[11] 石晶晶.公共图书馆短视频阅读推广研究 [D].湘潭大学,2021.

[12][13][14] 单骅,洪烁.探索公共图书馆阅读推广新模式——以浙江图书馆官方抖音号"大咖来了"为例 [J].图书馆杂志,2021,40(10):119—123.

[15] 戴梦菲，朱雯晶，谭淼，等.AR 技术在数字人文应用上的运用策略——以"从武康路出发"应用为例 [J]. 图书情报工作，2021, 65(24):44—52.

[16] 梁战平《图书馆和信息服务机构营销政策》简介 [J]. 中国信息导报，1994, (04):28.

[17] 程焕文. 公共图书馆是社区的创造者——论"易本书"与"邻里图书馆"的社区创造价值 [J]. 图书馆论坛，2023, 43(04):3—6.

[18] 陈颖仪. 区块链技术下家藏图书共享平台构建与应用研究——以"易本书"平台为例 [J]. 图书馆学研究，2023, (05):32—37+10.

[19] 尹伟宏. 智慧图书馆背景下大学图书馆阅读推广转型研究 [D]. 重庆大学，2021.

[20] 石玥. 基于 ClimateQUAL~(TM) 的公共图书馆服务质量评价研究 [D]. 黑龙江大学，2018.

[21] 李建霞. 图书馆绩效评价国际标准体系分析 [J]. 图书馆杂志，2012, 31(11):38—41+85

[22] 孟凡芹. 新媒体视角下高校图书馆阅读推广模式的评价研究 [D]. 西南科技大学，2018.